Lew Kopelew

Worte werden Brücken

Aufsätze/Vorträge/Gespräche
1980–1985

mit einem Beitrag von
Marion Gräfin Dönhoff

Hoffmann und Campe

Ich danke meinen Mitarbeitern Brigitte Segschneider-Brückner, Mechtild
Roth und Karl-Heinz Korn für die Hilfe bei der Herausgabe dieses Buches.
Besonders Karl-Heinz Korn war mir bei der Zusammenstellung und Redaktion
des Buches ein kenntnisreicher, sorgfältiger und unermüdlicher Assistent.
L. K.

Schutzumschlag- und Einbandgestaltung unter Verwendung eines Fotos von
Wolfgang Weihs: Werner Rebhuhn
Satz: Fotosatz Otto Gutfreund, Darmstadt
Druck und Bindung: Mainpresse Richterdruck, Würzburg
Printed in Germany

CIP-Kurztitelaufnahme der Deutschen Bibliothek

Kopelev, Lev:
Worte werden Brücken : Aufsätze, Vorträge, Gespräche 1980–1985 /
Lew Kopelew. Mit e. Beitr. von Marion Gräfin Dönhoff. – Hamburg :
Hoffmann und Campe, 1985.
    ISBN 3-455-08240-8

Heinrich Böll
dem Dichter, dem Mahner, dem Freund

Die Sprache kann der letzte Hort der Freiheit sein. Worte wirken, wir wissen es, haben es am eigenen Leib erfahren (...) Worte können töten, und es ist einzig eine Gewissensfrage, ob man die Sprache in Bereiche entgleiten läßt, wo sie mörderisch wird.   *Heinrich Böll*

Uns trennen Mauern von Vorurteilen, Abgründe von Nichtwissen...
... bemühe (ich) mich, am Bau von Brücken über diese Abgründe mitzuwirken, und sei es nur als ein kleiner Baustein.
Bauen wir diese Brücken nicht, gehen wir vielleicht gemeinsam zugrunde.   *Raissa Orlowa-Kopelew*

Inhalt

III. Im Spannungsfeld zwischen den Welten

Lew Kopelew

Vieles bewundere ich an Lew Kopelew: Seine Begeisterungs-
fähigkeit; die Hilfsbereitschaft, die er auch in den Grenzsitua-
tionen von Lager und Gefängnis bewiesen hat; die Neugier, mit
der er – jetzt aller Fesseln ledig – jede Gelegenheit nutzt, um zu
reisen, Neues kennenzulernen, bisher Unerreichbares, immer
wieder Erträumtes endlich sehen zu können: Rom, Florenz, die
Malerei des 17. Jahrhunderts im Rijksmuseum in Amsterdam,
Paris, den Prado in Madrid.
Am meisten aber bewundere ich die Fähigkeit, sich einen
Freiheitsraum zu schaffen selbst dort, wo er nicht vorhanden
ist. Als er noch in Moskau lebte zu einer Zeit, da ihm längst
keine Post mehr ausgeliefert wurde und das Telefon gesperrt
war, schrieb er mir einmal: »Ich bin nur mehr meinem eigenen
Gewissen verantwortlich. Ich gehöre zu keiner Partei, auch
nicht zu den Dissidenten. Ich glaube nicht mehr an charisma-
tische Verheißungen. Mein Imperativ lautet, ich will mich nie
mehr fürchten und immer so handeln, daß ich mich nie wieder
meiner Taten und Reden zu schämen brauche.«
Ein Rebell, der keine Angst mehr hat vor den Mächtigen, deren
Zorn er so oft zu spüren bekam; ein Revolutionär der Aufklärung, der an die Autonomie des Menschen glaubt und darum
gegen die alleinseligmachende Ideologie eines Herrschafts-
systems aufstand, von dessen Machtfülle er sich nichts hatte
träumen lassen – wer könnte gegen den etwas ausrichten.
Er selber sagte einmal: »Totalitäre Staatsmächte können Literaten, Künstler und Wissenschaftler verhaften, quälen, umbrin-
gen. Aber sie können nicht eine Kultur nach ihrem Geschmack

9

entstehen lassen. Und ebenso wenig können sie die natürliche Entwicklung einer nationalen, geistigen Kultur auf die Dauer blockieren.«

Ich kenne kaum jemanden, der sein Land, dessen Geschichte und Literatur so tief und in so umfassender Weise zu seinem geistigen Besitz gemacht hat, wie Lew Kopelew. Er ist auch zu Hause in der deutschen geistigen Welt, pflegt ebenso vertrauten Umgang mit den deutschen Dichtern und Schriftstellern, die er besser kennt als die meisten von uns. Viele – von Goethe bis Anna Seghers – hat er übersetzt; er schrieb eine große Brecht-Biographie, ein Buch über Goethes Faust und eine Heine-Biographie.

Er, der sein Leben als Arbeiter begann, wurde 1912 – also noch in der zaristischen Zeit – in der Ukraine geboren, wo sein Vater Agronom auf einem Gut war. Das Gut lag unweit Kiew in unmittelbarer Nähe von Babij Jar, jenem Ort, der später zu einer Stätte des Grauens werden sollte. Auch seine Großeltern wurden dort 1941 von der SS erschossen.

Mit 15 Jahren war für Lew die Schulzeit beendet. Es folgten sechs Jahre als Hilfsarbeiter, Bauarbeiter, Metalldreher. Dann wurde er Werkjournalist und Lehrer in der Erwachsenenschule im Charkower Lokomotiv-Werk. Dort, in Charkow, war er Mitglied des Komsomol und hatte als solcher die Aufgabe, am »Umbau der Landwirtschaft« mitzuarbeiten, also an der Kollektivierung oder – deutlicher gesagt – an der befohlenen Ausplünderung der Bauern.

Lew sagt, er und seine jungen Genossen hätten dies als eine »bittere historische Notwendigkeit« angesehen und ihre Mitwirkung daran als »heilige Pflicht«, weil ja alles dem Aufbau einer glücklicheren Zukunft dienen sollte. Nach der großen Hungersnot 1933 wurde er schwer krank und durfte nun ein Studium an der philosophischen Fakultät der Universität Charkow beginnen, das er später in Moskau weiterführte. In Moskau promovierte er dann 1941 mit einer Arbeit über »Schillers Dramatik und die Probleme der Französischen Revolution«.

Sein Vater war 1935 nach Moskau versetzt worden, und er hatte sich entschlossen mitzugehen. Die Familie: die Eltern, Lew und seine junge Frau sowie Lews jüngerer Bruder – also fünf Personen – lebten dort in einem Zimmer von 18 Quadratmetern. Das Zimmer war Teil einer Wohnung, in der noch zwei andere Familien hausten: »Wir meinten, es im Vergleich zu anderen eigentlich ganz gut getroffen zu haben.«

Lew war damals, wie er selber sagt, zutiefst überzeugt, ein unbestechlicher, radikaler Kommunist und Stalinist zu sein. Er war erfüllt von den proklamierten Idealen des Humanismus und Internationalismus. Dies bedeutete für ihn »objektive, wissenschaftlich-soziologisch bestimmte Auffassung der Weltgeschichte und Achtung für alle Völker, Nationen und Rassen«.

Als am 22. Juni 1941 auch für die Sowjetbürger der Krieg ausbrach und Lew, jetzt 29 Jahre alt, sich sofort als Freiwilliger meldete, war ihm klar, daß während des Krieges diese Ideale ruhen müßten. Aber er glaubte auch, daß die, die ihre Vaterlandsliebe mit Orden und Wunden – er hatte beides aufzuweisen – unter Beweis gestellt hatten, sich die Rückkehr zu jenen Idealen erlauben könnten. Dies war ein Trugschluß: Er wurde im Raum von Danzig im Lazarett, wo er schwer verwundet lag, verhaftet.

Die Anklage lautete auf »bürgerlich-humanistische Propaganda des Mitleids mit dem Feind; Nichterfüllung von Befehlen, Verleumdung der eigenen Truppenführung sowie der sowjetischen Presse, des Schriftstellers Ilja Ehrenburg und der Verbündeten«. Das Urteil: 10 Jahre Straflager.

Hunderte, Tausende von Unglücklichen, am System Gescheiterten kreuzten Kopelews Weg auf dem langen, verzweifelten Marsch durch Gefängnisse und Straflager. Allein die Geschichte der eigenen Familienmitglieder, in kurzen Anmerkungen in seinen Büchern verstreut, fügt sich zu einer Kette unvorstellbaren Martyriums, zu einer unbegreiflichen Mischung von Tragik und Absurdität.

Sein eigener Leidensweg führte, wie man bei Solschenizyn im »Ersten Kreis der Hölle« nachlesen kann, auch durch die

»Scharaschka« unweit Moskaus. Es war ein besonderes Lager, in dem hochqualifizierte Häftlinge zusammen mit freien Ingenieuren und Technikern an Spezialaufgaben arbeiten mußten. Dort hatte das Schicksal 1947 drei ungewöhnliche Geister zusammengeführt: Dimitrij Panin, Alexander Solschenizyn und Lew Kopelew.

Kopelew war damals noch gläubiger Kommunist, obgleich er bereits drei Jahre Gefängnis hinter sich hatte. Er dozierte gern über Goethes Faust, über indische Philosophie, russische Geschichte, auch über Stalin, den er für Robespierre und Napoleon in einer Person hielt. Panin dagegen war ein gläubiger Christ, der alle anderen Wahrheiten als Häresie ablehnte und für den es nur einen Maßstab gab: die christliche Ethik.

Solschenizyn, von Natur skeptisch, konnte sich sehr über Kopelew ärgern, wenn dieser von objektiven Bedingungen und sozial-ökonomischen Voraussetzungen sprach. Diese Erklärungen der Geschichte sind im Nachhinein ausgedacht worden, meinte er. Sie sollen erhärten, daß, weil etwas so gewesen ist, es nicht anders hätte kommen können. Aber, so meinte er, die Ermordung Alexander II. hätte ja auch mißlingen können. Und was eigentlich wäre passiert, wenn Kornilow den Schwätzer Kerenskij besiegt hätte? Wenn Krasnows Kosaken den Rätekongreß auseinandergejagt, Lenin und Trotzkij erschossen hätten? Diese Möglichkeit hat ja bestanden. Dann wäre eben eine andere historische Unvermeidlichkeit dabei herausgekommen.

Es ist klar, daß bei drei so verschiedenen Gesprächspartnern die Diskussionen, die Lew Kopelew in seinem Buch »Tröste meine Trauer« schildert und die von Rußland handeln, vom Sinn der Geschichte, von Literatur und Musik, oft heftig und kontrovers waren. Es mutet einen phantastisch an, wie diese drei Menschen auf dem winzigen Raum zwischen den zweistöckigen Eisenbetten oder im Hof unter den Augen der Aufseher die letzten Dinge der Kunst, des Lebens, der Geschichte abhandeln, so, als befänden sie sich auf dem Marktplatz in Athen oder in dem Luxussanatorium des Zauberbergs.

Es gibt ein Buch von Kopelew, das den Titel trägt »Aufbewahren für alle Zeit«. Das war der Stempel, mit dem die Akten der Verurteilten während des Stalin-Regimes versehen wurden. Dieses Buch umfaßt die Zeit vom Einmarsch der Russen in Ostpreußen 1945 bis zu seiner Verurteilung 1947. Er schildert dort die Eroberung Ostpreußens, seine Verhaftung, seine Verurteilung, die Jahre im Lager. Es ist ein philosophisches Buch, der Rechenschaftsbericht eines Mannes, der als begeisterter Kommunist auszog, sein Vaterland zu verteidigen, die Faschisten zu vernichten, die Imperialisten zu entmachten, um dann mit den Rechtgläubigen – auch den Deutschen – eine neue Welt der Humanität und des Internationalismus aufzubauen. Daß die Wirklichkeit anders war, hat er erst allmählich begriffen. Eine Ahnung, ganz vage noch, überkam ihn freilich bereits bei der Verhaftung. »Schon damals, in der ersten Stunde, empfand ich, noch unklar zwar, jene absolut undurchdringliche Gleichgültigkeit, mit der Worte ohne jede Verbindlichkeit gesprochen werden. Eine Gleichgültigkeit, nicht einmal kalt, sondern einfach temperaturlos, farblos und sinnlos. Sie macht gewöhnliche Menschen fähig zur Teilnahme an jeder beliebigen Sache, öfter an einer bösen als an einer guten, öfter an einem Verbrechen als an einer Heldentat, obwohl sie auch bei sogenannten Massen-Heldentaten – im Krieg, in besetzten Städten, in Versammlungen, in denen wichtige, riskante Beschlüsse zu fassen sind – eine Rolle spielt. Diese Menschen werden dann zu unbeirrbaren, indifferenten Befehlsempfängern, sie sind mit dabei, bewirken etwas, sind nötig. Vielleicht können sie zu Hause oder unter Freunden sich auch freuen, traurig sein, träumen, leiden. Aber wo sie ›dienen‹, wo sie ›einen Posten bekleiden‹, ›Befehle ausführen‹, wo sie keine Namen haben, sondern Dienststellungen und Ränge, dort werden sie zu einer grausam brutalen Kraft, die anwächst, sich ausdehnt wie ein verschlammter Strom.«
Es ist aufregend, Lew Kopelews langsame Verwandlung mitzuerleben, den Entwicklungsprozeß zu verfolgen, der aus einem bedenkenlos Gläubigen erst einen zornigen, dann einen Ent-

täuschten, schließlich aber einen furchtlosen Menschen von großer Weisheit gemacht hat. »Damals, zur Zeit meines ersten Verhörs«, so schreibt er, »war ich von einem fest überzeugt, das Ziel heiligt die Mittel. Unser großes Ziel war der Sieg des Weltkommunismus – um seinetwillen kann man und muß man lügen, rauben, Hunderttausende, ja Millionen von Menschen vernichten, alle, die diesem Ziel hinderlich im Wege stehen könnten.

All dies erkannte ich erst viel später. Doch schon in den letzten Kriegsmonaten fühlte ich es wie eine unaufhaltsam wachsende Bedrohung. Damals begann ich zum erstenmal wirklich nach-zudenken und kam zu dem Schluß, daß absolute, dogmatisch unerschütterliche, sittliche Normen unbedingt notwendig sind. Die Relativität der Moral: alles, was uns nützt, ist gut; alles, was dem Feind nützt, ist schlecht. Diese Moral, die wir predi-gen und Dialektik nennen, schadet schließlich allen, auch dem Sozialismus. Sie erzieht skrupellose Handlanger des Todes.«

Anders als die meisten Emigranten, die ich kenne, hat Lew Kopelew sich von dem Umkehr-Effekt, der jene so leicht befällt, freigehalten. So viele von ihnen werden in ihrem Haß auf das Regime zu umgekehrten Stalinisten, weil der Opposi-tionelle in einem autoritären System im allgemeinen dazu ver-dammt ist, das Spiegelbild dessen zu werden, was er verab-scheut: Was das Regime zu verehren gebietet, verachtet der, der in Opposition ist, und was er zu verachten gehalten ist, verehrt er. Die Vorzeichen werden also nur vertauscht, sonst bleibt alles beim alten. Lew Kopelew hat dieser Versuchung immer widerstanden. Für ihn sind Toleranz, Objektivität und Huma-nität immer die höchsten Werte gewesen – auch in der Zeit, in der er ein glühender Kommunist war.

Hamburg, Mai 1985   *Marion Gräfin Dönhoff*

I. Rußland gestern und heute

Der verschwundene Kontinent

Solange Rußland noch Rußland war, war es ein Land der Bauern. Den Staat hatte vor allem der Adel – das Offizierskorps, das Beamtentum, eine vielschichtige Bürokratie – aufgebaut. Das geistige und öffentliche Leben gestalteten die Kirche und die Gebildeten aus allen Ständen, die sich zur *Intelligenzija* entwickelten. Doch manche unversiegbaren Quellen dieser geistigen Kultur – der Sprache, der Dichtung, der ethischen und ästhetischen Traditionen – drangen aus den tiefsten Schichten des Volkes hervor, aus der Weltempfindung des Bauerntums. Die eigentliche materielle Existenz des russischen Reiches, das tägliche Brot für alle, die in Rußland lebten, sicherten die Bauern.

Die Mühen, Entbehrungen und Leiden der russischen Bauern, die noch 1917 mehr als 80 Prozent der Bevölkerung bildeten, bedingten Entstehen, Entwicklung und Verfall des alten Rußland. Alle russischen sozialen Bewegungen und Revolutionen im 17. und 18. Jahrhundert waren eigentlich Bauernbewegungen und Bauernaufstände. Die siegreiche Februarrevolution von 1917 wurde vor allem von den bewaffneten Bauern getragen, denn sie bildeten die überwältigende Mehrheit des 15 Millionen Mann starken Heeres. Sie waren nach drei Kriegsjahren ermüdet, enttäuscht, verbittert und über das Zarenregime empört.

Der bolschewistische Staatsstreich im November 1917 konnte nur deswegen gelingen, weil die machtbesessene Partei von Lenin und Trotzkij die Bauern durch vorbehaltlose Versprechungen von Landverteilung und sofortigem Friedensschluß für sich gewann. Die Bolschewiki vermochten das bereits aufgelöste Imperium wiederherzustellen – in neuer Form freilich und viel straffer und autoritärer, als es früher war –, weil sie es fertigbrachten, einen bedeutenden Teil der Bauern zu ihren Mitkämpfern oder gehorsamen Gefolgsleuten zu machen. Den anderen, größeren Teil neutralisierten sie, Aufsässige wurden brutal unterdrückt. Arbeiterschaft und *Intelligenzija* waren ebenfalls gespalten. Die aktive Minderheit folgte selbstlos ergeben den revolutionären Fahnen der bolschewistischen Konterrevolution. Ihre Gegner wurden dezimiert oder vernichtet, ins Ausland vertrieben oder zur Resignation gezwungen; viele Neutrale versuchten, unter neuen Bedingungen weiter als Aufklärer, Künstler, Wissenschaftler zu wirken. Der Adel und das Bürgertum waren ohnehin zum Untergang verurteilt und »als Klassen liquidiert«. Das Bauerntum aber blieb bestehen.

Das Buch von Helmut Altrichter, »Die Bauern von Tver«, zeigt auf Grund einer ausführlichen, umfassenden Sichtung von Dokumenten, Pressezeugnissen und Fachliteratur, daß trotz Krieg, Revolutionen, Bürgerkrieg und der grausam utopischen Politik des Kriegskommunismus das russische Bauerntum im wesentlichen so blieb, wie es war. Es bringt objektiv die Belege für das, was manche russischen Augenzeugen dieser bewegten Zeiten subjektiv empfanden, verdammten oder begrüßten.

Maxim Gorkij, der einst ein Freund Lenins und dann zwischen 1918 und 1924 ein zorniger Kritiker der bolschewistischen Machtergreifung und -herrschaft war, publizierte 1922 in Deutschland sein Büchlein »Vom russischen Bauern«[1]. Diese Schrift ist erfüllt von überschäumendem Haß gegen das eigene Volk, vor allem aber gegen die Bauern. Er führt Beispiele von Grausamkeiten an, die er erlebt hat oder die ihm berichtet wurden, und kommt zu rücksichtslos verurteilenden Schlußfolgerungen: »Ich glaube, nirgends werden Frauen so erbarmungslos geprügelt wie im russischen Dorf«[2], »überhaupt prügelt man in Rußland sehr gern, ganz gleich, wen«[3], »die Klagen aus dem Dorf über die eigene geistige Finsternis werden immer zahlreicher, klingen immer besorgter«[4]. Gorkij glaubte, es sei das soziale Ideal des Bauerntums, was ein Bauer im Gespräch so ausgedrückt hatte: »Man müßte die ›Gebildeten‹ alle von der Erde vertilgen, dann wäre für uns dumme Kerle das Leben leichter.«[4a]

Dieser Essay ist nicht nur von Haß, sondern noch mehr von einer apokalyptischen Angst durchdrungen. Gorkij, der auch heute noch als *der* proletarische Schriftsteller und sozialistische Realist gilt, sah damals die Zukunft Rußlands mit Entsetzen als unabwendbare Herrschaft einer grausamen, totalen, bäuerlichen Übermacht: »Fast der ganze Vorrat von geistiger Energie, die Rußland im neunzehnten Jahrhundert angesammelt hat, ist in der Revolution verbraucht worden, hat sich in der bäuerlichen Masse aufgelöst. Der Intellektuelle, der die geistige Nahrung der Arbeiter, der den Mechanismus der städtischen Kultur geschaffen hat, wird allmählich, rasch, mit immer wachsender Geschwindigkeit, vom Bauerntum aufgesogen, das alles ihm Nutzbringende von dem in diesen vier Jahren rasender Arbeit Geschaffenen gierig in sich aufnimmt. Man kann jetzt geradezu sagen, daß um den Preis des Untergangs der gebildeten Stände und der Arbeiter der russische Bauer zum Leben erwacht ist. Ja, es ist dem Bauern teuer zu stehen gekommen, und er hat noch nicht alles bezahlt, die Tragödie ist noch nicht zu Ende. (…) Wie die Juden, die Moses aus der ägyptischen Knechtschaft befreit hatte, werden die halbwilden, dummen, schwerfälligen Bewohner der russischen Dörfer aussterben, alle diese fast Grausen erregenden Menschen... und ihre Stelle wird ein neues Geschlecht von erzogenen, verständigen, lebensmutigen Menschen einnehmen. (…) Es (dieses neue Geschlecht) wird sich nicht so bald den Kopf zerbrechen über Einsteins Theorie und sich keine Mühe geben, die Bedeutung Shakespeares oder Leonardo da Vincis zu verstehen, aber es wird... sich zweifellos sehr bald den Sinn der Elektrifizierung zu eigen machen, den Wert eines ausgebildeten Agronomen, den Nutzen der Zugmaschine, die Notwendigkeit eines guten Arztes für jedes Dorf und die Vorteile einer Chaussee.«[5]

Dieser Essay, der in keiner sowjetischen Werkausgabe zu finden ist und kaum in Bibliographien erwähnt wird, erscheint mir aufschlußreich für Gorkijs wechselndes Verhältnis zum sowjetischen Staat. 1917/18 polemisierte er couragiert gegen die Regierung von Lenin und Trotzkij[6]; 1921/22 griff er in der westlichen Presse die Sowjetregierung wegen der terroristischen Verfolgung der Intellektuellen und der sozialistischen Parteien erneut heftig an. Nach Lenins Tod begann jedoch seine Versöhnung mit der Parteiführung. 1931 kehrte er endgültig aus Italien zurück nach Moskau und wurde von Stalin als der Papst der sozialistischen Literatur gefeiert. Daß Gorkij, ein Gegner von Lenin und Trotzkij, zu einem Freund von Stalin werden konnte, kann nach der Lektüre der zitierten Schrift verständlich werden. Er war ein kleinbürgerlicher »lumpenproletarischer« Romantiker, der viel mehr von einem simplifiziert aufgenommenen Nietzsche als von Marx gelernt hatte und zeitlebens ein Bauernhasser blieb. Vielleicht auch deswegen konnte der Bauernmörder und -bezwinger Stalin ihm wirklich imponieren und ihn für seine Machtpolitik einspannen.

Im selben Jahr 1922, als Gorkijs Pamphlet erschien, schrieb ein anderer russischer Schriftsteller, Kornej Tschukowskij, aus Petrograd an Alexej Tolstoj, der damals ebenso wie Gorkij noch im Ausland lebte: »... und im Dorf gebären die Weiber, krähen die Hähne, balgen sich nacktbäuchige Kinder in der Sonne – ein kräftiges Volk, ein braves Volk, es wird auf dem Seinigen bestehen, da brauchen Sie sich nicht zu fürchten. Sie können mit Kanonen auf sie schießen, aber sie werden ihren Mist auf die Felder hinausfahren, ihre Scholle lieben, werden alle ihre Heiligen im Winter und im Frühling feiern, werden niemandem ihre Ikonen und ihre Kakerlaken weggeben. In diesem Jahr wohnte ich im Dorf und sah, daß *im Grundsätzlichen, in der Hauptsache, im Ideal* alles so geschieht, wie es der Bauer will und wie es ihm nützt, daß der Bauer sich dieses ganze System angepaßt hat und von ihm seine Mühlen bewegen läßt; er nahm von ihm alles, was er brauchte, und warf das Restliche fort.«[7]

Der Liberale Tschukowskij urteilte über die Bauern anders als der Sozialist Gorkij. Dennoch sahen beide – wenn auch mit unterschiedlichen Gefühlen – dieselbe Wirklichkeit des russischen Dorfes, die der Historiker Altrichter nun einer wissenschaftlichen Betrachtung unterzogen hat. Aus der Distanz von sechs bis sieben Jahrzehnten beobachtet und analysiert er die von den beiden Zeitgenossen so leidenschaftlich empfundenen konservativen Kräfte des russischen Dorfes und kommt zu der Verallgemeinerung: »Hinter dem bäuerlichen Verhalten (stand) ein Regel- und Normensystem, das offenbar nicht von ›Klassen‹, sondern von Hof und Familie ausging, offenbar nicht den Staat, sondern das dörfliche Gemeinwesen in den Mittelpunkt stellte, vermutlich nicht größtmöglichen Ertrag, sondern Subsistenzsicherung ohne Risiko als Leitidee hatte.«

Altrichter beschreibt die Geschichte der ländlichen Bezirke in dem Gebiet von Tver – heute Kalinin – im Nordwesten Rußlands, im alten Kernraum Großrußlands. Ausführlich untersucht er den Zeitabschnitt »zwischen Revolution und Kollektivierung«. Diese für die zukünftige Entwicklung wichtige Periode blieb bisher von den meisten westlichen Osteuropahistorikern und Politologen weitgehend unbeachtet. Jedoch ohne die Kenntnis der ökonomischen, sozialen und sozialpsychologischen Realitäten des russischen Dorfes in dieser Zeit kann die sowjetische Gegenwart nicht verstanden werden.

1918–1921 war es vor allem der nachhaltige Widerstand der Bauern – sowohl in immer wieder auflodernden Aufständen als auch im stillen zähen Festhalten an den alten Formen der Bewirtschaftung und des Gemeinwesens –, der Lenin und seine Genossen dazu zwang, ihre militanten kommunistischen Utopien aufzugeben. Die Sowjetregierung mußte bereits 1921 den Bauern, dann aber auch den Gewerbetreibenden, Kaufleuten und kleineren Unternehmern eine relativ freie Marktwirtschaft zugestehen: Die anfänglich von Lenin gestaltete »Neue Ökonomische Politik« (NEP) war laut seinem eigenen Geständnis ein Rückzug. Man diskutierte nur, ob es ein taktischer oder strategischer Rückzug sei. Für die Bauern aber war es ihr eindeutiger, in harten Kämpfen und bitteren Leiden errungener Sieg. Doch er währte nicht lange. Schon bald entbrannten innerhalb der herrschenden Partei heftige Auseinandersetzungen, in denen es vor allem um die Agrarpolitik ging, um die Strategie »des Klassenkampfes auf dem Dorf«. Die »Linken« – die Trotzkisten und Sinowjewisten – wollten eine beschleunigte Entwicklung der Schwerindustrie durch zunehmende Besteuerung der reichen Bauern finanzieren; die armen Bauern und Landarbeiter sollten in den Produktionskooperativen vereinigt werden, um auf diese Weise höhere Leistungen in der Landwirtschaft zu erreichen. Die »Rechten« – die Bucharinisten – lehnten dieses Programm als abenteuerliche Phantasie ab. Sie wollten allen Bauern ausnahmslos zu einer möglichst ungezwungenen effektiven Entwicklung ihrer Wirtschaften verhelfen und dafür vor allem die Gebrauchsgüterindustrie fördern, um durch freien Warenaustausch die Versorgung der Städte und den Export der Nahrungsmittel zu sichern. Die Stalinsche Parteiführung räumte mit beiden »Abweichlergruppen« rigoros auf und setzte auf terroristische Willkür, die von demagogischem, angeblich marxistischem Theoretisieren und von bombastischer Propaganda dekoriert wurde. Viele tausend sowohl fanatische, verdummte, selbstlos ergebene oder nur gedankenlos hörige Gefolgsleute als auch diensteifrige Funktionäre, Propagandisten und sonstige »Kader« wurden mit der Parole »Der Kampf für das Brot ist der Kampf für den Sozialismus!« in die Dörfer geschickt.

Auch ich war einer von den Tausenden städtischer Jungkommunisten, die zu begeisterten Streitern eines Feldzuges wurden, dessen wahren Sinn wir nicht durchschauten. Es vergingen mehrere Jahrzehnte, bis ich endlich verstand, daß es damals ein Krieg war – ein brutaler Krieg des totalitären Staates gegen das Bauerntum, gegen das eigene Volk. Die sogenannte »Kollektivierung« war in Wirklichkeit eine rabiate Beraubung der meisten Bauern und hatte mit »Überführung des Besitzes in Gemeineigentum«, also der ursprünglichen Bedeutung des Wortes, nichts zu tun. Denn, wie Altrichter überzeugend darlegt, bedeutete die Kollektivierung eigentlich eine Verstaatlichung der Landwirtschaft und stürzte »das Land in eine Krise, die tiefer ging als die, die man überwinden wollte«.

Der Krieg des Staates gegen die Bauern begann 1929/30 und führte 1933 zu einer grausamen Hungersnot, in der Millionen Menschen starben und ganze Dörfer entvölkert wurden. Darauf folgten neue strategische Manöver der Staatsmacht, der es gelang, die Bauern wieder zu Leibeigenen zu machen. 1861 hatte der liberale Zar Alexander II. die Leibeigenschaft in Rußland gesetzlich aufgehoben. Siebzig Jahre darauf, nach einer angeblich sozialistischen Revolution, machte die Sowjetregierung, die sich kommunistisch und volkstümlich nannte, die Bauern zu Fronsklaven des partokratischen Staates. Der Zweite Weltkrieg, der Überfall des Nazireiches auf die Sowjetunion im Juni 1941 machte über Nacht das russische Bauerntum zum notgedrungenen Verbündeten seiner Unterdrücker. Man mußte gegen einen gemeinsamen, noch schlimmeren Feind kämpfen, gegen Eroberer, die die Existenz der Nationen bedrohten. Die Ausdauer, die Opferbereitschaft und Tapferkeit vieler Millionen Menschen aller Völker der Sowjetunion brachten dem Nazireich die verdiente katastrophale Niederlage bei. Doch gleichzeitig wurde daraus ein unverdienter triumphaler Sieg des tyrannischen Stalinregimes, der nicht nur die Völker Osteuropas knechtete, sondern auch zwangsläufig zur weiteren Unterdrückung des russischen Volkes und aller anderen »Siegervölker« der Sowjetunion führte.

In den ersten Jahren nach Stalins Tod bedingten die tiefen wirtschaftlichen, innen- und außenpolitischen Krisen das sogenannte »Tauwetter«. Die Regierung von Malenkow/Chruschtschow räumte den russischen Bauern bestimmte Konzessionen ein: Steuerschulden wurden erlassen, Fehler in der Agrarpolitik eingestanden, die Verlogenheit früherer Statistiken zugegeben und großzügige Versprechungen gemacht. Für ein paar Jahre ließ die Landflucht nach. An manchen Orten deutete sich sogar die entgegengesetzte Bewegung »zurück aufs Land« an.

Doch das totalitäre Sowjetsystem, der partokratische Ständestaat behielt sein Wesen und verkraftete die Krisen und die inneren Machtkämpfe. Mit Chruschtschows neuem Programm

– »die USA in der Lebensmittelproduktion zu überholen« und den »Kommunismus bis 1980 vollständig aufzubauen« – begann eine neue Phase im Krieg des Staates gegen das Bauerntum. Die kleinen Schollen »zur Privatbenutzung« wurden verkleinert, die meisten privaten Kühe kollektiviert beziehungsweise verstaatlicht. Die überwiegende Zahl der Kolchosmitglieder, die bis dahin in ihren privaten Gemüsegärten und ihrem Gemüt nach noch Bauern geblieben waren, wurde zusehends proletarisiert zu besitzlosen Landarbeitern.

Das russische Bauerntum – die tausendjährige Grundlage der nationalen Existenz und der nationalen geistigen Identität – ist fast nicht mehr vorhanden. Eine produktive Klasse ist unproduktiv geworden und ging teils in bürokratisierten landwirtschaftlichen Betrieben, teils in verschiedenen städtischen Ständen auf. Ein sozialer Kontinent ist schon fast verschwunden.

Die offensichtliche unmittelbare Folge dieses Unterganges ist der andauernde Mangel an Lebensmitteln, die latente, unlösbare Krise der gesamten Landwirtschaft. Rußland hatte jahrhundertelang Getreide und andere Produkte des Ackerbaus nach West und Ost exportiert. Selbst in den Hungerjahren 1932/33 ließ die Sowjetregierung diese Exporte nicht stoppen. Hungertote lagen in den Dörfern, auf den Landstraßen, an Bahnhöfen vieler ukrainischer Städte; aber in den Häfen von Odessa und Cherson wurden ausländische Schiffe mit Weizen, Roggen und Gerste beladen. Das war die Stalinsche ökonomische Politik; der Staat brauchte Devisen für die Industrialisierung, für die Aufrüstung.

Doch in den letzten Jahrzehnten konnte die sowjetische Regierung sich solche Hasardspiele nicht mehr erlauben, und nun führt die Sowjetunion zunehmende Mengen an Getreide und anderen Lebensmitteln ein, denn die restlichen Besitzer der »privat genutzten« Schollen (kaum ein Prozent des bebauten Bodens) und die verstaatlichten Landarbeiter produzieren weniger, als das Land benötigt.

Die historische Arbeit von Altrichter ist sehr wichtig für die

Erkenntnis der tiefsten Wurzeln auch der gegenwärtigen wirtschaftlichen und sozialen Wirklichkeit Rußlands. Anhand konkreter, zeitlich und räumlich exakt begrenzter Daten macht der nüchtern beschreibende und analysierende Autor manche tragischen Gesetzmäßigkeiten der russischen Geschichte verständlich und kommt zu Verallgemeinerungen, die heute recht aktuell sind.

In diesem Jahrhundert ist das Leben in Rußland viel schwerer, viel komplizierter als je zuvor geworden. Die Untersuchung von Helmut Altrichter erfaßt bestimmte, zwar höchst bedeutende, aber eben unmittelbar vom Verstand erkannte Eigenarten des russischen Dorfes. Er bewertet sie nicht, doch zwangsläufig treten vor allem die Schattenseiten des dörflichen Lebens, seine konservativen, finsteren Kräfte, der zählebige Aberglaube und grausame Bräuche in den Vordergrund.

Der Historiker und Soziologe Altrichter rekonstruiert hier die Wahrheit. Man könnte versucht sein, die Art, wie er diese bittere Wahrheit beobachtet und schildert, damit zu erklären, daß er ein Wissenschaftler, ein Mann der Vernunft und noch dazu ein Ausländer ist. Aber der russische Schriftsteller Maxim Gorkij sah ja die gleichen Seiten des Dorfes und urteilte über sie leidenschaftlich und viel härter als der deutsche Historiker. Auch Anton Tschechow (1860–1904), Iwan Bunin (1870–1953) und andere bedeutende russische Autoren beschrieben manchmal das Leben im Dorf so, daß man einige Abschnitte in diesem Buch mit Auszügen aus ihren Erzählungen illustrieren könnte.

Goethes Maxime lautet: »Innerhalb einer Epoche gibt es keinen Standpunkt, eine Epoche zu betrachten.«[8]

Das russische Dorf entwickelte sich in allen Epochen, insbesondere in den letzten 100 bis 120 Jahren, in den verschiedenen Teilen des Riesenreiches ganz unterschiedlich; und das war eine recht komplizierte, oft auch tragische soziale und sozialpsychologische Entwicklung. Von dieser komplexen Wirklichkeit sind die sentimentalen Dorfgeschichten der alten »Volkstümler« noch weiter entfernt als die Klagen Gorkijs, ebenso wie die idyllischen und pathetischen Schilderungen der Kolchose, wie sie, von Autoren des »sozialistischen Realismus« massenweise produziert wurden.

Doch selbst in den finstersten Zeiten lebten im russischen Dorf auch wirklich gute, menschliche, geistig-schöpferische Kräfte. Sie wirken auch heute noch, trotz all der grausamen und niederträchtigen politisch-administrativen Gewalten, die sie beständig bedrohen.

Der verschwindende Kontinent des russischen Bauerntums strahlt noch immer Energien aus, die vielleicht dem Lichte erloschener Sterne vergleichbar sind. Diese Ausstrahlung belebte sowohl die Poesie des großen russischen Lyrikers Alexander Twardowskij (1910–1971) als auch seine Tätigkeit als Förderer der neuen Literatur: Er war es, der Alexander Solschenizyn und auch manche der sogenannten »Dorf-Autoren« entdeckte. Diese neueste Strömung der russischen Literatur, die »Dorfprosa«, die sich bereits seit den ersten »Tauwetter«-Jahren bemerkbar machte, wird von begabten Schriftstellern vertreten: Fjodor Abramow, Wiktor Astafjew, Wassilij Below, Jefim Dorosch, Alexander Jaschin, Wladimir Krupin, Boris Moshajew, Walentin Rasputin, Wladimir Solouchin u. a. m.

Heute vermag ein Einzelner seine Epoche noch weniger als zu Goethes Zeiten zu überblicken, doch in gemeinsamen Bemühungen von Dichtern und Denkern, Wissenschaftlern und Schriftstellern kann die Wahrheit von Geschichte und Gegenwart immer deutlicher erkannt werden. Das gilt auch für die Geschichte des russischen Bauerntums.

Der tragische Untergang des russischen Dorfes ist eine der wichtigsten Ursachen für den Verfall der gesamten nationalen Wirtschaft. Aber zugleich wächst aus dem verschwindenden Kontinent eine verklärende schöpferische Nostalgie, die Kunst, Dichtung und Wissenschaft befruchtet. Auch darin äußert sich der unsterbliche Geist der russischen nationalen Kultur.

Eine Prinzessin erlebt die Revolution

Katherina Sayn-Wittgenstein – eine Linie des deutschen Fürstengeschlechts Sayn-Wittgenstein gehörte seit dem 18./19. Jahrhundert zum russischen Adel –, die neunzehnjährige Fürstentochter, begann ein neues Heft ihres Tagebuches: »3. August 1914, 11 Uhr abends... Was werde ich schreiben, wenn ich an seinem Ende angelangt bin? Immer noch über den großen europäischen Krieg? Oder über einen Weltkrieg?« Sie gehörte zu einem hochangesehenen aristokratischen Geschlecht. Der Urgroßvater Generalfeldmarschall Peter Wittgenstein war ein erfolgreicher russischer Feldherr im Kriege gegen Napoleon 1812–1815.

Die junge Patriotin ist ergriffen von dem Kriegsgeschehen. Sie bewundert die »Mordskerle, unsere Kosaken« und freut sich über die Einberufung der Sibirier: »sie werden es den Deutschen schon zeigen!« Sie beneidet den älteren Bruder, der schon Soldat ist und zur Front muß, sie beneidet eine Tante und eine Cousine, die sich als Krankenschwestern gemeldet haben. Ungeduldig klagt sie: »Werde ich noch lange mit gefalteten Händen dasitzen...?«

Die letzte Seite dieser Tagebücher, die erhalten blieben und nach 65 Jahren unter dem Titel »Als unsere Welt unterging« deutsch erschienen, wurde am 7. (20.) Januar 1919 in Czernowitz geschrieben. Die Familie ist aus der Heimat, wo der Bürgerkrieg wütet, geflüchtet. In Rußland besaß sie ein großes Gut, mehrere Häuser in Moskau und Petersburg, jetzt hoffte sie, in einem rumänischen Dorf »eine kleine Landwirtschaft und Geflügelzucht [zu] beginnen und alles selbst [zu] machen.«

Doch die nun dreiundzwanzigjährige Prinzessin glaubt, »daß aus dieser Sache nichts werden wird«. Denn die einst begeisterte, siegesbewußte Nationalistin ist bitter enttäuscht und resigniert: »Wir Slawen sind zu nichts fähig! Früher war ich böse, wenn das jemand gesagt hat, aber jetzt entdecke ich in mir und meiner Umgebung diese Züge slawischer Faulheit und Inkonsequenz...«

Es vergingen nicht einmal drei Jahre, da wechselte sie von einem naiv-exaltierten Patriotismus zu einer ebenso naiv-exaltierten Anklage gegen die eigene »Rasse«.

Zwischen diesen Aufzeichnungen auf der ersten und der letzten Seite schrieb sie über Krieg, Revolution, Bürgerkrieg, chaotische Umwälzungen altgewohnter Lebensformen, traditioneller Beziehungen von Menschen und Ständen. Das alles hat die sensible junge Frau miterlebt, miterlitten und immer wieder zu begreifen und zu erklären versucht.

Bereits im August 1914 muß die fürstliche Familie aus ihrem Gut Borniza fliehen, denn es lag nahe an der damaligen österreichisch-ungarischen Grenze. Aber in Moskau feierten sie die Eroberung von Lemberg – »den großen Sieg des Slawentums« (23. August). Es erfüllt sich endlich Katjas Traum, sie wird Krankenschwester in einem Militärspital und zwingt sich trotz Schwäche, trotz Ohnmachtsanfällen, im Verbandsraum mitzuhelfen. Doch als sie krank wird, muß sie auf ärztliche Anordnung die Arbeit aufgeben und kommt daraufhin zurück nach Borniza.

»16. Juni 1915. Worüber soll ich schreiben? Viel zu viele Ereignisse und Gefühle habe ich ausgelassen, als daß ich sie aus der Erinnerung wieder aufleben lassen könnte... diese Mißerfolge, die Aufgabe Galiziens, die Übergabe von Przemysl und Lemberg! Das alles schmerzt so sehr, als ob man mir ins lebende Fleisch schneiden würde.« Bald muß die Familie wieder flüchten, die Front rückt näher.

»24. August 1915. ... obwohl die nahende Katastrophe unvermeidlich ist, denkt man unwillkürlich: vielleicht doch nicht?...« Katja ist empört über die Streiks in Moskau. Sie vermutet, daß »diese Herde« der Streikenden von bezahlten »Verrätern« aufgehetzt wurde.

Im Sommer 1916 konnte die fürstliche Familie wieder auf ihr Gut zurückkehren, wo gefangene Österreicher eine reiche Ernte einbrachten.

»Diese ganze Zeit haben Tatjana und ich uns sehr für Alexandre Dumas begeistert. ›Les trois mousquetaires‹, ›Vingt ans après‹, ›Le Vicomte de Bragelonne‹ – alles in allem elf Bücher... In unserer bedrückenden Zeit ist es angenehm, alles zu vergessen und sich, weit weg vom Krieg des 20. Jahrhunderts, in die Tiefe der Geschichte zu versenken. Athos, Portos und Aramis, d'Artagnan und so weiter dienen mir dazu, unser großes, stilles Haus, in dem ich bei Tag fast immer allein sitze, zu bevölkern und mit Leben zu erfüllen; sie sind meine Freunde und Genossen. Es kann merkwürdig scheinen, daß ich mich... in die neutrale Ferne des 17. Jahrhunderts versenken möchte, möglichst weit und tief, daß ich möglichst lang in dieser Epoche verweilen möchte, um von der Gegenwart auszuruhen. Das ist Kleinmut, aber es ist eine Reaktion.«

Im Februar/März 1917 in Petrograd werden die Tagebuchaufzeichnungen immer aufgeregter, beinahe hektisch; manche Notizen versieht sie sogar mit Stundenangaben. »27. Februar, 5 Uhr [nachmittags]... Unter unseren Fenstern wird die Menge immer dichter, und es wird immer lauter gebrüllt. Schade, daß man das Maschinengewehr weggebracht hat. Wir beobachten die Straße von den Erkerfenstern in unserem Zimmer... Auf den Straßen umringen Massen von Soldaten und ›Genossen‹ die Offiziere und nehmen ihnen die Säbel ab... Durch die Straßen fahren Autos voll Soldaten mit Gewehren und roten Fahnen. Die Menge stürzt ihnen entgegen und gröhlt ›Hurra‹. Das alles ist abstoßend, und es ist schwer, seinen Augen zu trauen...«

Zwei Tage darauf schrieb sie: »Diese lange Nacht vom 27. auf den 28. Februar, da es schien, als ob unter dem Lärm von Schüssen in der Finsternis durch die schwarzen Straßen ein grauenhaftes Ungeheuer kröche mit dem Namen Revolution.

Aber wenn mir die Nacht schrecklich vorkam, der nächste Tag war noch viel schlimmer.«

Diese Tagebücher sind ein wertvolles Dokument. In ihnen kommen Gedanken, Gefühle, Leidenschaften und Stimmungen zum Ausdruck, Glaubensbekenntnisse, Hoffnungen und Verzweiflungen, wie sie damals vielen Menschen »höherer Stände« in Rußland eigen waren.

Doch sind diese Tagebücher nicht nur Illustrationen zu Geschichtsbüchern, sondern auch gute Prosa – naive, aber eben in dieser Naivität durchaus künstlerisch. Die Autorin war vor allem an dem großen Zeitgeschehen, an politischen Ereignissen interessiert, aber zugleich blieb sie immer ein lebenslustiges, neugieriges Mädchen mit scharfem Blick und wachen Sinnen. Alles, was ihre Aufmerksamkeit erregte, versuchte sie möglichst genau zu beschreiben. Oft unwissend, manchmal übertrieben leidenschaftlich oder auch bitter ungerecht, blieb sie doch stets aufrichtig und ehrlich, auch in Selbsterkenntnissen.

Am 24. September 1917 versuchte sie, sich den Gang der Geschichte zu erklären: »Das, was jetzt geschieht, ist furchtbar. Aber muß man dafür einen einzigen Schuldigen finden? Man muß tapfer bekennen, daß entweder alle schuld sind oder niemand. Zweifellos sind die Bolschewiken schuld, weil sie, die gekauft wurden, durch ihre Propaganda die Armee und die Bauern demoralisiert haben. Schuld sind die Soldaten, die, um ihre eigene Haut zu retten, ihre Stellungen im Stich gelassen und ihre Offiziere erschlagen haben, die ihre Flucht aufzuhalten versuchten. Schuld sind auch die Arbeiter, die nichts für die Verteidigung des Landes getan haben und jetzt Geld verlangen; schuld sind die Bauern, die den Städtern und der Armee kein Brot geben wollten; die Eisenbahner, die Gewerbetreibenden, die Industrie; schuld sind auch die verschiedenen politischen Parteien. Aber können wir sagen, daß alle schuld sind außer uns, daß wir unschuldig leiden? Natürlich nicht. Wir, das heißt unsere Klasse, ist schon seit Jahrhunderten den anderen Klassen gegenüber schuldig! Daran denken wir nicht, aber es ist doch ganz natürlich, daß der Haß gegen uns ein Haß ist, der dem Neid entspringt, der früher oder später ausbrechen mußte.

Jetzt hassen sie uns, hartnäckig und bösartig, ohne zwischen den einzelnen Personen zu unterscheiden. Sie sehen nur die ›Klasse‹ der ›Gutsbesitzer‹, die ›Burshui‹, die ›Herren‹... Daß sie uns hassen, ist verständlich und verzeihlich – aber daß auch wir sie hassen, ebenso böse und hartnäckig, ja mehr noch, daß wir sie verachten, ist das verständlich? Wir verurteilen sie wegen ihrer Dummheit, ihrer Habgier, ihrer Grobheit und ihres Schmutzes; wir beschuldigen sie, daß sie keine patriotischen Gefühle und menschlichen Regungen zeigen und sich nur für ihr eigenes Wohlergehen interessieren. Daß sie unwissend und ungebildet sind, ist natürlich richtig, aber können sie etwas dafür? Sie sind keine Patrioten, für sie ist Rußland uninteressant, aber wer hat ihnen beigebracht, die Heimat zu lieben? Kann man von einem Volk etwas Besseres erwarten, das bis vor kurzem noch versklavt war, das von Zivilisation und Kultur unberührt geblieben ist?«

Katherina Sayn-Wittgenstein war erzkonservativ, eine überzeugte Monarchistin, sie verwünschte die Bolschewiki, alle Roten und alle »Rosigen«, den »von Deutschland gekauften Juden« Trotzkij, die Ukrainer, die eine unabhängige Heimat für sich verlangten. Aber eben die leidenschaftlich konterrevolutionären Ansichten der Chronistin bestimmen die besondere Beweiskraft ihrer Zeugnisse vom Verfall des Zarenreiches, von der Zersetzung seiner führenden Schichten. Dank ihrer naiven Aufrichtigkeit straft sie all diejenigen alten und neuen konservativen Historiker und Belletristen Lügen, die die russische Geschichte der schicksalsschweren Jahre 1914–1919 als eine »Dolchstoßlegende« vorzustellen pflegen und von der »importierten« Revolution, von den artfremden jüdischen, lettischen oder polnischen Verführern des Volkes sprechen.

Sie dagegen beweist, daß es eine grausam gewalttätige, zerstörende, chaotische, aber eben doch natürliche, spontane soziale und nationale Revolution war, die ihre Welt zum Untergang brachte. Dabei machen diese Tagebücher eindeutig klar, daß

Klassenideale auch in ihrem Stand sozialpsychologische Realitäten und keine abstrakten Schemen waren.

Zugleich beweist dieses Buch, daß ein ehrlicher Schriftsteller trotz seiner subjektiven Aversionen und Vorurteile, trotz heftigster ideologischer Voreingenommenheit – sowohl unbewußt als Künstler, als Zeuge der Zeit wie auch manchmal bewußt sich selbst überwindend – wahrheitstreu zu schildern vermag. Solche Selbstüberwindung gibt den Tagebüchern der jungen Frau eine zusätzliche, dramatische Dimension. Die subjektiven sozialen Vorurteile, die zeitbedingten Fehlschlüsse vergehen. Es bleibt aber ein künstlerisches Zeitdokument.

Moskau in uns

Wir können nicht nach Moskau zurück. Wir dürfen dort nicht länger leben, aber Moskau lebt weiter in uns, in unseren Träumen, Briefen, Gesprächen. Wie sollte es auch anders sein. Meine Frau ist in Moskau geboren. Sie und ihre Eltern lebten 50 Jahre in derselben Wohnung. Aus dieser Wohnung ging ich im August 1941 an die Front. Und aus derselben Wohnung brachte ich 21 Jahre später meine Tochter auf die Entbindungsstation. Der kleine Russe, der damals zur Welt kam, studiert heute an der Moskauer Universität.

Das ist eines der zahllosen, unzerreißbaren Bande. Unsere Töchter, unsere Enkel, Geschwister, Freunde, Bekannten leben in Moskau; sie gehen durch die uns so vertrauten Straßen, fahren mit der U-Bahn, lesen in den Bibliotheken. Auf den alten Friedhöfen liegen unsere Eltern, Lehrer, Freunde.

Aus Charkow, der Stadt meiner Jugend, kam ich 1932 zum erstenmal nach Moskau, damals 20 Jahre alt. Meine Eindrücke von unermeßlicher Größe, unfaßbarer und doch irgendwie freundlicher Weite bleiben bis heute unvergeßlich. Augen und Ohren wurden überfüttert mit dem bunten, vielstimmigen Durcheinander von Geräuschen, Gestalten, Silhouetten. Straßenlärm, Schilder und Plakate in grellen Farben, das Kreischen, Klingeln, Hupen von Straßenbahnen und Bussen, das alles war schwindelerregend – in Kiew und Charkow, in den Städten meiner Kindheit war alles friedlicher, gemächlicher, gedämpfter zugegangen. Dieser riesige Ameisenhaufen mit seinen wimmelnden, sich schiebenden und schubsenden Menschenmengen war neu für mich.

Schon damals mochte ich die Stadt. Und drei Jahre später begann ich mein Studium an der Moskauer Universität. Mit meinen Eltern, meiner ersten Frau und meinem Bruder teilte ich einen 18 Quadratmeter großen Raum in einer Vierzimmerwohnung, in der noch zwei andere Familien wohnten. Von unserem einzigen Fenster aus konnten wir über die grünen Baumkronen hinweg die Kuppeln und Türme des Kreml sehen.

In jenen Tagen verfolgte ich voller Hoffnung und Interesse den Ausbau Moskaus und seine Modernisierung. Ich bedauerte es sehr, daß das lebendige Grün der Bäume und Sträucher in den Straßen des »Gartenrings« unter dem leichengrauen Asphalt verschwand. Aber die neuen Brücken und neuen Granitufer der Moskwa gefielen mir. Ungeduldig warteten wir auf den Abriß der alten Häuser, die den Blick vom Flußufer auf die Basilius-Kathedrale versperrten. Und wir freuten uns über jeden gelungenen Neubau.

Ein paar Sommernächte hindurch standen wir Schlange vor dem Moskauer Kunst-Theater, um sicher zu sein, daß wir am Morgen Karten für die jüngste Inszenierung von »Anna Karenina« oder Tschechows »Drei Schwestern« bekamen.

Wir lasen die entsetzlichen Berichte über die Schauprozesse; wiederholt tauchten Gerüchte über Verhaftungen auf; einige Dozenten und Kommilitonen verschwanden, und es hieß, sie seien »Feinde des Volkes«. Wir waren besorgt, empört, oft mißtrauisch, manchmal verzweifelt. Aber Moskau blieb Moskau, genau wie Rußland Rußland blieb. Wir glaubten noch immer daran, daß der Sozialismus trotz allem Sozialismus bleiben könne, und am 22. Juni 1941 war alles völlig klar: Die Front war der Ort, wo man hingehörte. Einen Monat später, als die ersten Bomben auf Moskau fielen, verwandelte sich die Besorgnis in Wut und unbarmherzige Entschlossenheit.

Jahre später sah ich ein neueres, bunteres, reicheres Leben in den alten Straßen, sah die sterile, steife, stereotype Geometrie neuer Stadtteile, die kubistisch-skelettartige Bauweise neuer, kasernenähnlicher Wohnhäuser, sah harte, schmucklose Fassaden, schön nur bei Nacht, wenn sie zu einem dichten Lichternetz wurden. Und in all dieser Fremdheit suchte und fand ich die vertrauten Züge meines alten Moskau: schlafzerknittert, unterernährt, sich schiebend und schubsend, brummig, mürrisch und fluchend, aber immer gutherzig und, selbst nach bitteren Augenblicken, von erstaunlicher Großzügigkeit.

Ich weiß, daß seit dem düsteren Morgen im November 1980, als wir Moskau zum letztenmal sahen, das Leben für seine Menschen ständig schwerer geworden ist. Uns erreichten verschiedene beunruhigende und bedrückende Berichte von Hausdurchsuchungen und Verhaftungen. An einem einzigen Tag, am 6. April 1982, durchsuchte das KGB rund 50 Moskauer Wohnungen und verhaftete elf Menschen. Einem alten Historiker konfiszierte man das gesamte Archiv: Manuskripte, Notizbücher, Karteikarten, Briefe.

Aber wir bekommen auch neue Bücher und Zeitschriften aus Moskau, und wir lesen mit Freude neu erschienene Gedichte, Erzählungen und Romane, die oft dichterische Kraft und künstlerische Reife verraten. Es gibt Werke der Philosophie, der Geschichte, der Literatur- und Kunstkritik, die dort publiziert werden und deren Verfasser nicht nur begabt, sondern offenbar auch innerlich frei sind.

Das ist Moskau heute – facettenreich wie eh und je, vielschichtig, nicht nur die Hauptstadt eines gefährlichen Riesenreichs, sondern auch das unauslöschbare, bedeutendste Zentrum des russischen Geisteslebens.

Moskau hat so viel Schreckliches durchgemacht, hat Zerstörung und Dezimierung überlebt: die Brandschatzungen durch Mongolen, die Besetzung durch Napoleon, Hitlers Bomben und Stalins Terrorherrschaft. Es wird auch die letzten Zuckungen des gegenwärtigen totalitären Regimes überdauern. Es wird für alle Zeiten die materielle Verkörperung des russischen Geistes bleiben, ständig neu geboren in neuer Gestalt.

Moskau besteht fort wie unsere eigene Vergangenheit, die uns niemand nehmen kann, und als eine Hoffnung auf die Zukunft.

Was ist meine Heimat?

(Ein Gespräch mit Wolfgang Müller-Funk)

Müller-Funk: Was ist Ihre Heimat? Ist das die Sowjetunion, ist das Rußland, ist das Kiew, ist das die Ukraine? Was ist für Sie, was ist für den Schriftsteller Lew Kopelew Heimat?

Kopelew: Ja, es gibt viele Dinge, die man mit dem Begriff Heimat umfassen kann. Es ist die große Heimat Rußland, und dann sind es nicht nur die Landschaft, nicht nur die Städte Moskau und Leningrad und die Dörfer, in denen man war. Es ist vor allem die Heimat der Sprache, die Heimat der Erinnerungen, in der man aufgewachsen ist. Das Wort, die Dichtung, die Menschen, die dort leben, die Freunde und Verwandten, und die Toten, die ja mit einem leben, solange man sein Gedächtnis hat. Aber, Anna Seghers hat mir einmal einen schönen spanischen Begriff erklärt, *patria chica*, die kleine Heimat, die konkrete Heimat. Für mich war es immer Kiew, die Stadt, in der ich meine ersten 15 Lebensjahre verbrachte. Kiew sehe ich immer wieder mit einem ganz besonderen Gefühl, selbst wenn es nur auf einer Postkarte ist.

Müller-Funk: Es gibt eine kleinere und eine größere Heimat?

Kopelew: Es gibt eine überschaubare, faßbare Heimat und eine unfaßbare, unübersehbare, die man in sich trägt.

Müller-Funk: Und man trägt beide in sich?

Kopelew: Ja, eigentlich. Es war dieser tapfere französische Revolutionär Danton, der sagte, als man ihm die Emigration anbot: »Man kann seine Heimat nicht auf den Stiefelsohlen mitnehmen.« Damit hat er recht, auf den Stiefelsohlen nicht, aber im Gedächtnis, das nicht nur in den Gehirnwindungen wurzelt, kann man die Heimat mitnehmen.

Müller-Funk: Wir im Deutschen unterscheiden zwischen Vaterland und Heimat. Vaterland meint das Politische, und die Heimat hat eigentlich, im Grunde genommen, eine ganz andere Bedeutung. Wir sind inkonsequent, wir reden auch von Heimatland und meinen das so ähnlich wie Vaterland. Gibt es diesen Unterschied zwischen Heimat, also sagen wir mehr faßbarer Heimat, also *patria chica*, wie Sie gesagt haben, im Spanischen und dieser großen, unfaßbaren Heimat? Wie ist das im Russischen?

Kopelew: Ja, im Russischen unterscheidet man auch die Begriffe *otetschestwo* für Vaterland – oder auch *otschisna*, das ist eher ein pathetischer Begriff, ein politischer und romantischer – und *rodina, rodnoj kraj*, das Land, wo man geboren ist, in dem man lebt. Ja, Heimat ist da, wo man sein Heim hat. Das ist ein schönes, trautes Wort: Heimat, wo man sein Heim auch finden kann. Das Land der Geburt kann nicht gewählt werden. Da wird man eben geboren. Das hat man schon mit sich. Ich glaube nicht an materialistische Erklärungen dieser Begriffe. Es gibt zwei Arten: eine biologisch-materialistische, die alles auf Verwurzelung im Blut und im Boden begründet, und eine soziologisch-materialistische Erklärung, die nur wirtschaftliche, soziale Verbindungen anerkennt. Ich dagegen glaube an geistige Verbindungen mit der Heimat. Die französisch-stämmigen Schriftsteller wie Chamisso und de la Motte-Fouquet waren deutsche Dichter, und Deutschland war ihre Heimat. Ebenso wie solche Autoren jüdischer Abstammung wie Heinrich Heine, Berthold Auerbach, Kurt Tucholsky, Arnold Zweig und Alfred Döblin – sie alle waren ohne Zweifel deutsche Dichter.

Müller-Funk: Heine hat ja, als er noch in Paris war, »Deutschland, ein Wintermärchen« geschrieben, und im ersten Gedicht, wenn ich mich nicht irre, kommen die Zeilen vor: »Und als ich an die Grenze kam, da spürt ich ein stärkeres Klopfen.« Ist Heimat ein Gefühlswert oder was ist das überhaupt?

Kopelew: Vor allem ein Gefühlswert. Es ist schwer, das rational zu definieren.

Müller-Funk: Können Sie das nachempfinden, was Heine in diesem Gedicht geschrieben hat?

Kopelew: Selbstverständlich kann ich es nachempfinden in bezug auf meine *patria chica*, auf die Ukraine und auf Rußland. Ästhetische Empfindungen ebenso wie alle im Unterbewußtsein wurzelnden Gewohnheiten und Vorstellungen haften ja sehr stark, und die wird man nicht los, sein Leben lang. Für mich sind die ukrainischen Lieder für immer die schönsten: ukrainische Muster auf Hemden, auf Handtüchern sind für mich für immer überaus schön, obwohl, wenn ich rational denke, ich mir gut vorstellen kann, daß es anderswo auch viel Schönes gibt. Zutiefst bewegt mich die Musik von Beethoven, Mozart, Tschajkowskij, Mussorgskij, Chopin, aber ein ukrainisches Lied kann mir die Augen naß machen. Das hat ja nichts mit dem Rationalismus zu tun.

Müller-Funk: Ist dieses Heimatgefühl einfach nur ein Gefühl, das man akzeptieren muß, oder würden Sie sagen, es ist auch ein positives Gefühl?

Kopelew: Es gibt so etwas wie primitiven Nationalismus, wenn es heißt »right oder wrong, my country«, wenn man seine Heimatliebe darin äußert, daß man von seiner Heimat nur Gutes zu berichten hat, aus Geschichte und Gegenwart; wo man um Gottes willen nichts Schlechtes von den Ereignissen oder von den Menschen in seinem Lande hören und um so weniger sprechen will. Das ist meines Erachtens ein schlechter Nationalismus.

Müller-Funk: Ich habe eigentlich mehr das Gefühl gemeint, dieses irrationale Gefühl.

Kopelew: Das irrationale Gefühl ist das Gefühl der Verbundenheit nicht nur dank Schönheit und dank der guten Erfahrungen, sondern manchmal trotz all dem Bitteren, trotz all dem Schlechten, das man in der Heimat erlebt hat. Majakowskij hat das in einem Gedicht sehr schön ausgedrückt: »Das Land, mit dem man zusammen gehungert und zusammen gefroren hat, das kann man nie vergessen, von dem kommt man nie los.« Selbstverständlich waren die Heimatgefühle in Krisenzeiten besonders stark. So war es im Kriege, als ich beinahe Nationalist wurde. Ja, als wir aus Nowgorod gingen, und ich wußte, daß Nowgorod zum erstenmal in Feindeshand ist – im Nowgoroder Kreml standen die Batterien der Wehrmacht, und wir beschossen sie und trafen die alten schönen Kirchen –, das war ein sehr bitteres Gefühl, und da spürt man die Verbundenheit mit der Heimat nur um so deutlicher, wenn auch schmerzlich. Das sind ja besondere Umstände, und Gott behüte uns davor.

Müller-Funk: Gerade das Heimatgefühl hat ja immer wieder Mißtrauen geschaffen, und es ist auch oft ausgenützt worden, ich denke zum Beispiel an die Blut- und Bodenideologie der Nationalsozialisten, die ein zunächst vielleicht positives Heimatgefühl ausgenützt haben.

Kopelew: Dann haben sie es so mißbraucht, daß es schon eigentlich verschwunden war. Die Spekulation mit dem Heimatgefühl, der chauvinistische Mißbrauch dieser Heimatverbundenheit ist ja letztendlich der Heimat feindlich. Man brachte das größte Unglück in das Land, das man seine Heimat nannte, und dessentwegen man glaubte, in den Krieg ziehen zu müssen.

Also, ich unterscheide drei Begriffe: Patriotismus, Nationalismus, Chauvinismus, wenn wir schon um den Begriff »Heimat« herumspekulieren. Patriotismus, die Verbundenheit mit seiner Heimat, zur heimatlichen Sprache, zur heimatlichen Tradition, das ist etwas absolut Natürliches. Ein Mensch, der seine Heimat nicht liebt, der seine Sprache nicht liebt, der seine Geschichte nicht schätzt, und dem sie nichts wert ist, der ist ein unglücklicher, ein kranker Mensch. Dem fehlt etwas sehr Wichtiges.

Patriotismus ist ein normaler Zustand. Nationalismus ist ein natürlicher, aber krankhaft überzogener Patriotismus, natürlich unter Umständen, wenn ein Volk in seiner Existenz gefährdet ist, wenn es unterdrückt wird, wenn es zerstückelt ist, wie das polnische Volk oder das ukrainische es 150 Jahre lang waren.

Nationalismus ist eine krankhafte, aber immer noch natürliche Erscheinung. Chauvinismus aber ist schon etwas Widernatürliches. Das ist eine Spekulation auf patriotische und heimatliche Gefühle, das ist eine Spekulation auf nationalistische Überzogenheit und Übertreibung dieser Gefühle, eine Ideologie, die letzten Endes dem Volke schadet, in dessen Namen man sie behauptet und predigt. Chauvinismus ist immer Haß, ist immer Lüge. Nationalismus kann auch mit patriotischen Mythen verbunden sein, die nicht immer der Wahrheit entsprechen. Da übertreibt man, da lobt man eigene Helden mehr, als sie es verdient haben. Aber da kann es immer noch gut gemeint und geistig fruchtbar sein. Chauvinismus dagegen ist nur steril, nur verderblich.

Müller-Funk: Sie haben die Gründe dargelegt, warum es eigentlich natürlich ist, wenn man ein Heimatgefühl hat, eine Verbundenheit mit dem Land, in dem man geboren ist. Aber auf der anderen Seite birgt es doch auch die Gefahr, daß man nicht über den eigenen Tellerrand hinaussieht. Und es sind ja immer die Intellektuellen, die kritischen Intellektuellen gewesen, die einen internationalen Standpunkt eingenommen haben. Läßt sich das eigentlich miteinander verbinden, Heimatgefühl und eine gewisse Internationalität?

Kopelew: Selbstverständlich läßt sich das verbinden. Ich glaube an keinen Internationalismus, der antinational wäre. Mit dem Begriff Internationalismus spekulierten die Stalinschen Chauvinisten und haben dadurch viele Menschen irregeführt. Ein nationales Gefühl, solange es nicht zum chauvinistischen Haß gegenüber anderen Völkern führt, widerspricht nicht einem internationalistischen Weltblick; wenn man sein eigenes Volk wirklich achtet, braucht man auch die Einflüsse anderer nationaler Kulturen auf sein Volk nicht zu verheimlichen. Im Gegenteil kann man stolz darauf sein, so wie die Japaner stolz darauf sind, daß sie so vieles den Europäern erfolgreich abgeguckt haben, von ihnen fruchtbar gelernt haben, das stört sie nicht in ihrem nationalen Gefühl.

Es ist manchmal schwer, Grenzlinien zu ziehen. Aber mich hat es niemals gestört, daß ich meine Heimat liebe und immer liebte, über alles liebte, und daß ich dabei auch andere Länder und andere Völker achtete und keinem von ihnen Schlechtes wollte. Und letztlich war ich immer stolz darauf, daß die russische Sprache zum Beispiel auch fremde Wörter und Begriffe aufgenommen und verarbeitet, sich zu eigen gemacht hat. Es ist ja ein künstlicher Mythos, ein Märchen, daß es reinrassige Völker oder absolut reine Sprachen gibt. Das sind und waren Mischungen. Aber dabei bleibt immer die kollektive Individualität, die kollektive Persönlichkeit jeder Nation, bleibt jedem seine eigene Heimat. Das ist das gleiche wie das Verhältnis eines Menschen zur Gemeinschaft. Wenn Sie sich zu einer Nation, zu einem Stamm, zu einer Gemeinde zugehörig fühlen, brauchen Sie doch nicht Ihre Persönlichkeit aufzugeben. Sie bleiben Persönlichkeit, Sie bleiben ein Ich, und dabei sind Sie Mitglied einer Gemeinschaft.

Ebenso ist es mit Völkern: Jedes Volk ist eine Persönlichkeit. Goethe hat einmal schön gesagt: »Das höchste Glück der Erdenkinder sei stets nur die Persönlichkeit.« Das bezieht sich auch auf kollektive Persönlichkeiten, auf Völker, Nationen, ethnische Gruppen – sie sind kollektive Persönlichkeiten, inmitten der großen Gemeinschaft der Menschheit.

Müller-Funk: Habe ich Sie jetzt richtig verstanden, daß die Achtung des anderen Volkes nicht ohne die eigene Selbstachtung möglich ist?

Kopelew: Eines ist ohne das andere nicht möglich. Ein wahrer Kosmopolitismus, ein wahrer Internationalismus – ich betone ein wahrer, nicht ein leerer Slogan, nicht eine politische Spekulationsformel – ist ohne wahren Patriotismus nicht möglich.

Müller-Funk: Man könnte unser Jahrhundert als ein Jahrhundert bezeichnen, wo Heimatverlust fast ein alltägliches Schicksal ist.

Kopelew: Ja, das ist wahr, das ist sehr schlimm.

Müller-Funk: Gibt es Werte, die vielleicht höher stehen als die Heimat, die Freiheit zum Beispiel, um es ein bißchen pathetisch zu sagen? Ist das ein höheres Gut als die Heimat, was einen dann bewegt, die Heimat zu verlassen? Wie ist das, wie sehen Sie das?

Kopelew: Nein, das möchte ich nicht so gegenüberstellen. Wenn Sie die Freiheit als ein hohes Gut bezeichnen, dann ist das Allerhöchste die Freiheit in der Heimat.

Müller-Funk: Ja, und wenn das nicht verwirklichbar ist, aus verschiedenerlei Gründen?

Kopelew: Wenn man gezwungen ist – ich habe ja nicht freiwillig meine Heimat verlassen –, also wenn man gezwungen ist, in der Fremde zu leben oder in einer Wahlheimat, wie es bei mir der Fall ist, dann vergißt man doch nicht die alte Heimat. Und man liebt die Freiheit auch in der Hoffnung auf die Freiheit seiner Heimat, die ihr einst zuteil werden kann.

Müller-Funk: Sie würden die Alternative nicht gelten lassen, die ich aufgestellt habe?

Kopelew: Nein, solche Vergleiche sind schief. Wissen Sie, meine Kinder haben mich einst gefragt: Wer ist stärker, ein Elefant oder ein Walfisch? Ich wußte nie, wie man darauf antworten kann.

Müller-Funk: Aber es ist doch eine ernsthafte Frage: Die Grenzen, daß man gezwungen wird, das Land zu verlassen, oder daß man sich vorher entscheidet, lieber freiwillig zu gehen, sind ja fließend. Ich denke nicht nur an die russischen Emigranten, ich denke auch an die Emigranten von 1933.

Kopelew: Thomas Mann und Bertolt Brecht blieben ja deutsche Autoren, deutsche Dichter in Amerika, in Schweden, in Finnland, überall, wo sie waren. Sie dichteten überall für ihre Heimat.

Müller-Funk: Das ist richtig. Aber ihrer greifbaren Heimat sind sie doch verlustig gegangen. Das ist doch ein Opfer, ein Preis, den man bezahlt?

Kopelew: Ja. Aber das hat doch nichts mit Heimatliebe zu tun, die Notwendigkeit, manchmal die Birken nicht zu sehen, die man am liebsten sieht, oder nicht am Fluß zu stehen, an dem man seine Kindheit verbracht hat, nicht über die vertrauten Straßen zu gehen; das ist ein Verlust der greifbaren Heimat.

Aber das bedeutet nicht den absoluten Heimatverlust. Das ist immer ein Fall, mit dem jeder Mensch für sich allein fertig werden muß. So war es in Rußland nach der Revolution. Ein Bunin, ein Nabokow sind gegangen und haben ihre Heimat mitgenommen, in ihren Schriften, in ihren Manuskripten. Aber Anna Achmatowa ist geblieben und schrieb stolz Jahre darauf: »Ja byla togda s moim narodom tam gde moj narod k nesčastju byl.« »Ich war mit meinem Volk da, wo mein Volk zu seinem Unglück war.« Ja, das ist ein sehr starkes Gefühl, ich liebe und achte Anna Achmatowa über alles, aber ich will es doch nicht Bunin und Nabokow zum Vorwurf machen.

Müller-Funk: Sie möchten das nicht werten?

Kopelew: Nein, in jedem konkreten Fall muß man konkret urteilen. Einer, der davongelaufen ist, aus Feigheit, der die Heimat verraten hat, und der sie verdammt hat, und dem sein eigenes Wohlergehen mehr wert ist als das Schicksal seines Volkes, über so einen lohnt es sich doch überhaupt nicht zu reden.

Müller-Funk: Sie haben vorher davon gesprochen, daß Heimat etwas mit Sprache zu tun hat. Sie sprechen zwar sehr gut Deutsch, aber es ist doch nicht Ihre Heimatsprache?

Kopelew: In der deutschen Sprache bin ich schon ziemlich beheimatet. Aber die russische Sprache führe ich ja mit mir und in mir. Sie ist da, nicht nur bei uns zu Hause, ich spreche Russisch mit meiner Frau, mit russischen Freunden, doch die Sprache lebt auch in meinem Bewußtsein, in den Büchern, in Gedichten, in Liedern, die unvergeßlich bleiben... Selbstverständlich, wenn man mit der Sprache auch noch beruflich zu tun hat, ist es besonders viel wert, daß man sich im Sprachelement frei bewegt. Und das vermißt man manchmal.

Müller-Funk: Es ist also doch eine Art »Sprachverlust« bei Ihnen?

Kopelew: In meinem Alter ist das vielleicht schon nicht mehr so schlimm. Die Jüngeren erleiden es wohl schwerer. Ich kann die Sprache nicht mehr verlernen. Hin und wieder schalte ich meinen Radioapparat ein, höre, was aus Moskau gesprochen wird. Auch von Tonbändern und Schallplatten hören wir – meine Frau und ich – Lieder und Gedichte.

Müller-Funk: Ich muß jetzt noch einmal nachfragen: Ukrainisch ist doch eine Sprache für sich? Ist das Ihre Heimatsprache, und dann kommt erst die russische Sprache?

Kopelew: In der Jugend waren die sozusagen parallel. Meine Eltern sprachen Russisch, und die Kameraden in der Schule sprachen Russisch und Ukrainisch, meine erste Kinderwärterin sang ukrainische Lieder. Es waren zwei Sprachwelten. Ich bin aber dreisprachig aufgewachsen, denn seit unserer Kindheit sprachen mein Bruder und ich auch Deutsch. Eine Zeitlang in der Jugend, da sprach ich viel Ukrainisch, im Betrieb, in der Universität habe ich sogar ukrainische Gedichte gemacht. Es sind nahverwandte, obwohl doch verschiedene Sprachen.

Müller-Funk: Wie groß ist der Unterschied, so wie zwischen Bayerisch und Rheinisch?

Kopelew: Ich glaube eher geringer. Auch das Hamburger Platt unterscheidet sich vom Münchner Bayerisch viel mehr als Russisch von Ukrainisch. Und doch sind es verschiedene Sprachen, verschiedene historische Schicksale.

Müller-Funk: Das haben Sie auch angesprochen in Ihrer Rede zum Friedenspreis, das Verhältnis alte Heimat – neue Heimat. Könnten Sie sich vorstellen, daß eines Tages für Sie Rußland eigentlich nur noch Erinnerung ist und daß Sie hier heimisch werden oder in einem anderen europäischen Land?

Kopelew: Ich fühle mich hier heimisch, weil ich hier viele Freunde habe, weil ich in ein Land komme, von dem ich schon seit vielen Jahren nicht nur lese, sondern auch träume. In dieser Hinsicht bin ich im Vergleich zu anderen Schicksalsgenossen besonders glücklich. Denn Deutschland ist für mich keine Fremde, aber Rußland wird niemals aufhören, meine Heimat zu sein. Diese Gefahr besteht nicht. Da habe ich zu viele Wurzeln, die unlösbar sind, meine Kinder und Kindeskinder, Freunde, Erinnerungen, Menschen und Landschaften, auch Gräber. Gräber von Eltern, von Freunden, die wir begraben haben. Das sind auch Wurzeln. Davon löst man sich niemals.

Müller-Funk: Manchmal kommt es mir so vor, daß die Stärke dieses Heimatgefühls, dieser Verbundenheit einem erst deutlich wird, wenn man diese Heimat handgreiflich verloren hat. Wie ist es Ihnen dabei ergangen?

Kopelew: Schwer ist es mir gegangen. Ich träume oft von Rußland, nicht unbedingt von der großen Landkarte, manchmal von einem kleinen Dorf oder von einem Haus. Das zu vermissen ist schwer.

Müller-Funk: Wenn ich in der mir vertrauten Umgebung lebe, dann ist mir das so selbstverständlich, daß ich darüber nicht nachdenke, genauso wenig, wie wenn ich mit einer Frau zusammenlebe.

Kopelew: Solange einer gesund ist, weiß er nicht, was es bedeutet, gesund zu sein. Aber sobald er einmal krank wird, dann spürt er deutlich, was er vermißt. So können Sie sich auch nicht vorstellen, was es bedeutet, frei zu sein. Wenn Sie das Unglück gehabt hätten, einmal auch nur für ein paar Tage im Knast einzusitzen, würden Sie auch den Wert der Freiheit besser empfinden können. Ebenso ist es mit der Heimat. Man liebt sie aus der Ferne noch mehr als in der Nähe.

Müller-Funk: Sie haben ja jetzt die Vergleichsmöglichkeit, daß Sie »fern von der Heimat« leben, aber doch in politischen Umständen, die doch – vorsichtig gesagt – günstiger sind als in Ihrer richtigen Heimat, in Ihrer ersten Heimat. Würden Sie tauschen wollen? Würden Sie jetzt lieber in Moskau sein?

Kopelew: Wenn ich in der nächsten Stunde nach Moskau fahren dürfte, würde ich sofort fahren. Ich habe drüben drei Töchter, vier Enkel und sehr viele Freunde. Aber am liebsten hätte ich es so, daß ich in Moskau leben und jedes Jahr für ein paar Monate nach Köln kommen könnte. Und auch nach Weimar. Das ist die Stadt, die ich noch vor dem Tod sehen möchte. Und nicht bloß sehen, sondern ein paar Wochen oder vielleicht ein paar Monate dort verbringen. Ich bin bisher nur einmal dort gewesen. Es war 1964, als ich zum erstenmal nach Deutschland kam, in die DDR. Für mich gibt es nur ein Deutschland.

Karl Schlögel findet Moskau

Jedesmal, wenn wir ein Buch lesen, das ein Ausländer über Rußland geschrieben hat, sind wir darauf gefaßt, auf irgendwelche »schattigen Moosbeerbäume« zu stoßen. Ein französischer Literat im 19. Jahrhundert, der nach Rußland gereist war, schrieb, daß die Russen es lieben, ihren Tee »im Schatten der Moosbeerbäume« zu trinken. So wurde der »Moosbeerbaum« zum Inbegriff aller unsinnigen Vorstellungen von Ausländern über russische Exotik.

Wir freuen uns immer, wenn wir ehrliche, aufschlußreiche Berichte lesen, in denen man nur wenige oder keine »Moosbeerbäume« trifft. Im letzten Jahr (1984) waren es zwei bedeutende deutsche Bücher: Klaus Mehnerts »Die Russen: Was sie lesen, wie sie sind« und Lois Fisher-Ruges »Alltag in Moskau«. Es sind in vielem unterschiedliche Bücher, aber beiden sind herzliche Verbundenheit mit Rußland und Russen zu eigen.

Karl Schlögels Buch wirkt auf den ersten Blick überraschend, bereits der Titel ist ungewöhnlich: »Moskau lesen«. Das klingt wie eine Aufforderung. Ungewöhnlich ist auch das Genre: Ist es ein Reisebericht? Ein Reiseführer? Eine geschichtliche oder kulturgeschichtliche Abhandlung? Doch von Seite zu Seite wird man immer mehr fasziniert und zuletzt gefangengenommen und mitgerissen.

Die Titel der ersten Kapitel lauten: »Über die Macht des Auges«, »Mit der Oberfläche beginnen«, »Hochhäuser...«. Auch manch andere Kapitel beginnen mit der »Oberfläche«, mit sichtbaren äußeren Erscheinungen. Der Autor betrachtet

Straßen, Gebäude, Standbilder, Kunstwerke, Menschengestalten. Er berichtet zunächst darüber, was er *sieht*. Doch sowohl flüchtige Skizzen wie auch ausführliche Schilderungen führen zu weiteren Nachforschungen, werden zu historischen, philosophischen, soziologischen oder ästhetischen Essays.

Das Kapitel »Der Schatten eines imaginären Turms« beginnt mit dem Satz: »Es gibt Gebäude, die werfen einen Schatten, obwohl sie nie gebaut worden sind.« Der kurzen Beschreibung eines Freiluftbades, in dem die Moskauer mitten im Stadtzentrum in der Steinlandschaft zu jeder Jahreszeit schwimmen können, folgt eine historische Skizze. Früher stand an dieser Stelle die Christ-Erlöser-Kathedrale. Sie wurde 1931 abgerissen, um dort einen Palast der Sowjets zu errichten. Er sollte das größte Gebäude Europas werden. An der Ausschreibung der Projekte beteiligten sich nicht nur sowjetische, sondern auch ausländische Architekten, etwa Le Corbusier, Gropius, Mendelssohn, Pölzig.

Damals hieß es, dieser Palast solle die Träume von der weltumfassenden Verbrüderung aller Werktätigen verkörpern, solle zum Werk einer allerneuesten freien Kunst werden. Doch die Sowjetregierung wählte ein Projekt aus, das unmittelbar nach Stalins Anweisungen erarbeitet war. Alle »modernistischen« experimentellen Neuerungen wurden verworfen, und es triumphierte der »sozialistische Realismus«, als eine eklektische Menge epigonenhaft übertriebener Überlieferungen von Barock und Klassizismus. Stalin verlangte auch noch, daß auf dem 420 Meter hohen Gebäude ein 70 Meter hohes Standbild Lenins errichtet werden sollte. Zwar wäre es schon bei leicht bewölktem Himmel überhaupt nicht mehr sichtbar gewesen, aber solche Einwände wurden überhört. Die Bauarbeiten wurden bereits 1939 unterbrochen und nach dem Kriege nicht wiederaufgenommen. 1956, als das »Tauwetter« und die Entstalinisierung begannen, wurde das gesamte Projekt »als eine der Folgen des Personenkults« gestrichen. An der Stelle des geplanten Palastes entstand ein Freibad.

Schlögel führt seine Leser noch weiter zurück in die Vergangen-

heit. »Fast scheint es, als wäre in der Baugeschichte des Sowjet-
palasts die Baugeschichte der Kathedrale verkapselt.« Das erste
Projekt der Kathedrale, das ein Denkmal für den Sieg über
Napoleon 1812 werden sollte, hatte ein begabter Architekt,
Alexander Witberg, entworfen. Ein Riesengebäude – das größte in Europa – sollte die humanen Ideale des Christentums
verkörpern. »Die Idee eines hoffnungsvoll angebrochenen Zeitalters sollte Stein werden!« Die Gegner des Projekts sahen darin
eine Spiegelung der liberalistischen kosmopolitischen Stimmungen, die zu Beginn auch den jungen Alexander I. verlock-
ten. Die Bauarbeiten wurden abgebrochen, der Architekt wegen Verschwendung und Veruntreuung verbannt. 1839, auf
Befehl des Zaren Nikolaus I., begann man nach einem anderen
Entwurf und an anderer Stelle die Christ-Erlöser-Kathedrale zu
errichten, die etwa ein halbes Jahrthundert später fertiggestellt
wurde und ihre vergoldete Kuppel hoch über Moskau erhob.
Die byzantinische Pracht sollte die Ideologie einer panslawi-
stischen imperialen Großmacht ausdrücken. Vor der Kathedra-
le wurde ein entsprechendes Monument des Zaren Alexander
III. errichtet. Nach der Revolution wurde zunächst dieses
Monument gestürzt und abgetragen.
In den zwanziger Jahren befaßte man sich in Moskau noch mit
einem Projekt des Komintern-Palastes. Einer von mehreren
Entwürfen – der Spiralturm von Tatlin – ist weltbekannt gewor-
den. Doch er blieb auf dem Papier.
So erscheint die Geschichte des ungebauten Palastes als eine
Parabel.
Schlögel beschreibt und schildert viele äußere und innere Cha-
rakterzüge des heutigen Moskau: die Bahnhöfe, die berühmte
Metro (U-Bahn), die »proletarische Festung« – den Stadtbezirk
Krasnaja Presnja, wo 1905 Barrikadenkämpfe geführt wurden.
Auch Kaufhäuser, Märkte, Buchläden, Aushängeschilder, Pla-
kate, manche Klöster, Friedhöfe und anderes. Er erzählt von
bekannten Architekten, Theaterkünstlern, Schauspielern, Lite-
raten und von unbekannten Menschen »von der Straße«.
Er sichtet und vergleicht die alten Adreßbücher »Wsja Mos-

kwa«: 1900, 1910, 1923. Er schöpft aus ihnen Informationen über die Wandlungen im Gesellschaftssystem und im kulturellen Leben, im Bewußtsein und im Alltagsdasein. Im Adreßbuch von 1923 findet man noch Anschriften von Nikolaj Bucharin und Wsewolod Meierhold, die 15 Jahre später erschossen wurden. Und die Anschrift einer Rechtsanwaltskanzlei von Andrej Wyschinskij, der in folgenden Jahren erst zum Generalstaatsanwalt, zum Regisseur der Schauprozesse und Massenmorde, nach dem Kriege aber zum Außenminister, zum Wortführer der sowjetischen »Friedenspolitik« wurde.

So »liest« Schlögel Moskau auch zwischen den Zeilen, berichtet auch über die nur geplanten und über die zerstörten Gebäude. So entdeckt er in den sichtbaren, plastisch-dreidimensionalen Gestalten der Stadt eine vierte Dimension – die geschichtliche – und auch noch eine fünfte – die geistige, den regen Geist des alten und des neuen Moskau. So erkennt er manches »über den Leib der freischwebenden Intelligenz und die Innenausstattung der Macht«. Das Kapitel über die Adreßbücher ergänzt er mit einem eigenen Nachtrag, eine Anschriftenliste von Dichtern und Denkern, Künstlern und Verlegern, von Menschen, die den lebenden Geist Rußlands personifizieren. Es sind Namen von Verstorbenen, von Ermordeten und Vertriebenen, die in keinem neuen sowjetischen Stadtführer zu finden sind, wie Ossip Mandelstam und Boris Pasternak, wie Andrej Sacharow und Andrej Sinjawski.

Die fünfte, geistige Dimension erkennt Schlögel auch in den Menschen, denen er im Konservatorium, in Theatern, in den Hallen der Lenin-Bibliothek begegnet. Dort erinnert er sich an die alten Klöster, an die Mönche, die sich gleichsam selbstlos, sich selbst vergessend den Erkenntnissen des Geistes widmeten. Er glaubt, daß die heutigen Moskauer auch nach geistiger Zuflucht suchen und von dem lästigen geistlosen Getue der Außenwelt hinter die Mauern der Bibliotheken, der Theater und Konzertsäle zur uneigennützigen Erkenntnis und zu uneigennütziger Kunst fliehen.

Er ging durch die Moskauer Antiquariate: »Was eine Stadt ist, zeigt sich auch daran, welche Bücher in ihr produziert und gelesen wurden.« Er wurde davon überrascht, daß bereits seit dem Ende des 19. Jahrhunderts alle bedeutenden und auch einige weniger bedeutenden Bücher ausländischer Philosophen und Schriftsteller in Rußland sofort nach dem Erscheinen in ihren Heimatländern übersetzt und verlegt wurden. Noch mehr überraschte ihn, daß in diesen Antiquariaten auch Bücher von russischen idealistischen Philosophen und Theologen verkauft werden, die kurz zuvor noch tabuiert waren.

Schlögel ist Wissenschaftler – Historiker und Soziologe, Kunst- und Literaturwissenschaftler. Er fuhr nach Rußland, als er bereits vieles darüber wußte und die russische Sprache beherrschte. Doch er kam unvoreingenommen nach Moskau. Manches erkennt er, was die Einheimischen einfach nicht mehr bemerken. Deswegen konnte er sowohl die steinernen Seiten der Stadt, wie auch Zeitungen, Zeitschriften, alte Bücher so aufmerksam und aufschlußreich lesen, immer wieder Neues erkennen, entdecken, sich auch immer wieder wundern. Dabei bleibt der Autor der Wahrheit treu. Manchmal beschreibt er vielleicht zu detailliert, nennt zu viele Namen, schildert zu ausführlich weniger bedeutende Einzelheiten. Das ist wohl darauf zurückzuführen, daß er unbeirrbar objektiv bleiben will, zugleich aber leidenschaftlich verliebt ist – verliebt in Moskau, in seine Geschichte und in seine Menschen. Eben darum kann er nicht nur die Schatten der nie dagewesenen Türme und die verschwundenen Bilder sehen, sondern auch die verstummten Stimmen, die nicht gesprochenen Reden hören, die einstigen Schauspiele, die vergessenen Feste nachvollziehen.

Aus seinem Buch kann man einige wesentliche Züge der Geschichte des geistigen russischen Lebens erkennen, die einem begreifen und erklären helfen, wie es kam, daß die russische geistige Kultur trotz aller Zerstörungen, Verfolgungen, Opfer und Verluste, trotz aller ideologischen Irrwege und Zwänge niemals vollständig unterdrückt werden konnte und immer neue Früchte brachte und weiter bringt. Wir beide lebten in

Moskau. Aber auch wir entdeckten dank Schlögels Buch in unserer Heimatstadt einiges, was wir früher kaum wußten und was uns jetzt bedeutend erscheint, was neue Beweise dafür bringt, daß die russische Kultur – ein unabdingbarer Teil der abendländischen Kulturgeschichte – unbezwingbar, unzerstörbar ist.

Das geistige Leben in der Sowjetunion

(Vortrag in Alpbach am 22.8.1984)

Verehrte Damen und Herren,

ich freue mich, zu diesem Thema hier in Alpbach sprechen zu dürfen.

Es wurde an verschiedenen Orten über das Verhältnis Rußlands zu Europa viel diskutiert. Der Vizepräsident der Vereinigten Staaten, George Bush, behauptete 1983 in Wien, daß Rußland nie zu Europa gehört habe, weil es eben keine Renaissance erlebte, keine Reformation, keine Aufklärung, es sei immer ein Land der östlichen Barbaren geblieben. Amerikanische Vizepräsidenten brauchen vielleicht nicht gebildet zu sein; aber leider las ich Ähnliches auch bei Czesław Milosz und Milan Kundera, bei Autoren, die ich hoch achte, und denen ich mich als Leser herzlich verbunden fühle. Der vortreffliche polnische Schriftsteller Kazimierz Brandys schreibt in seinem neuesten Buch, »Ein Warschauer Tagebuch«, sogar, daß er vor der klassischen russischen Literatur Furcht habe. Weiter heißt es: »Wenn ich Rußland höre, woran erinnere ich mich? Sibirien, Lager, Stalin, Kolchose, Hinrichtungen, Elend.«

Das zu lesen ist schmerzlich, ist entsetzlich. Rußland und die Sowjetunion sind nicht identisch.

Solche erschreckenden Vorstellungen über das alte Rußland sind nicht heute und auch nicht erst gestern entstanden. Seit zwei Jahren leite ich ein Forschungsprojekt an der Bergischen Universität – Gesamthochschule Wuppertal: »Deutsch-russische Fremdenbilder vom Mittelalter bis zur Gegenwart«.

Dort untersuchen wir, wie Rußland und Russen in deutschem

Schrifttum und wie Deutschland und Deutsche in russischem Schrifttum dargestellt wurden. Wir sehen darin einen Beitrag zu einem neuen Wissenschaftszweig, zur Imagologie beziehungsweise Xenikonologie oder Fremdenbildkunde. Bei dieser Arbeit erkennt man, wie die heute noch gravierenden und relevanten Vorurteile und Zerrbilder recht alten und trüben Quellen entsprangen.

Das erste große Rußlandbuch, das im Westen erschien, war ein Bericht des österreichischen Botschafters Baron Sigismund von Herberstein (1549). Nachdem die Mongolenherrschaft, die fast ein Vierteljahrtausend dauerte, um 1480 endgültig abgeschüttelt worden war und das Großfürstentum Moskau sich immer stärker konsolidierte und erweiterte, entdeckte man im Westen Rußland erstmalig als ein geheimnisvolles, fremdartiges Land. Herbersteins Buch blieb für einige Jahrhunderte maßgebend. Es galt lange als das sicherste Nachschlagewerk für alle, die aus dem Westen nach Moskau reisten, für Diplomaten, Kaufleute, Landsknechte, Handwerker und andere. Heute noch ist es eine wichtige Quelle für Historiker. Doch sowohl Herberstein wie alle, die nach ihm über Rußland schrieben – zum Beispiel der Italiener Possevino, der Engländer Fletcher –, waren Gelehrte, Gebildete, die die Schriften von Herodot, von Xenophon und Strabo kannten, ihre Berichte über die wilden Skythen, Sauromaten, Anthropophagen und »sonstige barbarische Ostvölker« gelesen hatten.

Diese Kenntnisse bildeten sozusagen den literarischen Hintergrund, vor dem die meisten neuzeitlichen Reiseberichte aufgebaut wurden. Deren Autoren glaubten auch, daß ihre eigenen Erfahrungen und Erlebnisse diese klassischen Schilderungen bewiesen.

Was konnten die westlichen Reisenden in Moskowien zu sehen bekommen? Nur begrenzte Ausschnitte des Lebens und Treibens in der Hauptstadt, in Moskau. Sie sahen die tyrannischen Großfürsten und Zaren, ihre rüden Bojaren und Gefolgsleute, die fanatischen Popen und Mönche, die jeden Fremden als einen Heiden oder einen verteufelten Häretiker verachteten.

Als in den fünfziger Jahren des 16. Jahrhunderts die Heere Iwans des Schrecklichen zur baltischen Küste vorzudringen versuchten, erlebten die dort beheimateten Deutschen Brandschatzungen und Greueltaten. Die deutschen Kaufleute, Handwerker, Ärzte und Landsknechte, die in das Moskau Iwans des Schrecklichen kamen, wurden mit den wildesten Umtrieben, der grausamsten Willkür des wahnsinnigen Selbstherrschers konfrontiert.

So entstand bereits vor 400 Jahren in vielen Ländern Europas das schreckenerregende und zählebige Bild vom »wilden Moskowiten«.

Es gab aber auch Ausnahmen: Der deutsche Dichter Paul Fleming, der 1633–1636 mit der Holsteinischen Handelsexpedition, die Adam Olearius leitete, durch Rußland reiste, schrieb Gedichte über Moskau und Nowgorod, über die Wolga, über andere russische Städte und Landschaften.

Flemings Poesie war von wahrem Verständnis und herzlicher Sympathie für Rußland durchdrungen. Auch heute noch erscheint es symbolisch für die Möglichkeiten fruchtbarer, freundschaftlicher Beziehungen zwischen verschiedenen Völkern, daß diese ersten poetischen Würdigungen Moskaus und Rußlands aus deutscher Feder kamen. Doch in den nachfolgenden Jahrzehnten und Jahrhunderten blieben diese Gedichte so gut wie vergessen. Die alten Vorstellungen von den »wilden Moskowiten« gelten dagegen manchmal auch heute noch. Sie überlebten mehrere Jahrhunderte, trotz aller Wandlungen in den Beziehungen von Staaten und Völkern, trotz durchaus längerer Perioden von Freundschaft. In der Zeit der Napoleonischen Kriege wurden in allen deutschen Ländern, auch hier in Österreich, wahre Lobeshymnen auf die russischen Waffenbrüder, auf die Selbstaufopferung des abgebrannten Moskau gedichtet. Aber bald darauf wurden die alten Zerrbilder neu belebt und neue Legenden geschaffen, wie die von der »geheimnisvollen russischen Seele«, die »himmelhochjauchzend, zu Tode betrübt« zu den extremsten Gegensätzen sowohl im Bösen wie im Guten fähig sei. Diese phantastischen Vorstellungen blieben bis heute bestehen, und die schlimmsten von ihnen werden immer wieder, selbst von sachverständigen Kennern und ehrlichen Augenzeugen, durch eigene Erfahrungen und authentische Dokumente belegt; die »russische Wildheit« glaubt man mit der Tätigkeit von Lenin, Stalin, Chruschtschow und Breschnew erneut illustrieren zu können.

Die tiefsten Quellen und die zählebigsten Wurzeln solcher vorurteilsbehafteter Vorstellungen, solcher voreingenommenen Rußland- und Russenbilder entstanden in der Vergangenheit und entstehen in der Gegenwart immer wieder aus einem alten Vorurteil, aus der Überzeugung, daß Staatsmachten und Nationen identisch sind.

Unsere Ahnen glaubten fest, daß die Sonne sich um die Erde dreht, und bewiesen es mit der täglichen Erfahrung des Sonnenauf- und -untergangs. Ebenso überzeugt glaubt man auch heute noch aufgrund eigener Erfahrungen, daß ein »Nationalstaat« und eine »Nation« eine untrennbare Einheit sind.

Aber in Wirklichkeit sind die Staatsmächte und die von ihnen beherrschten und regierten Völker grundsätzlich verschieden. Die administrativen, politischen und ideologischen Traditionen eines Staates sind den geistigen Überlieferungen, den Traditionen einer nationalen Kultur bestenfalls fern, gleichgültigfremd, oft aber auch direkt entgegengesetzt, schädlich, feindlich. Darüber habe ich eine größere Abhandlung »Staatsmacht und Nation« geschrieben. (»Im Willen zur Wahrheit«, S. Fischer Verlag 1984, S. 95–204). Hier will ich nur einige konkrete Beispiele erwähnen.

Ihnen brauche ich nicht zu erzählen, daß in dem Vielvölkerstaat Österreich-Ungarn verschiedene nationale Kulturen sich fruchtbar entwickelt hatten, daß nicht nur die tschechische, die ungarische, die kroatische, die polnische, die westukrainische, sondern auch die Prager-deutsche, die Wiener-deutsche Kultur sich unabhängig von der jeweiligen Staatsmacht und ihren politischen Gewalten entwickelte.

Die polnische Literatur, die polnische Musik, der nationale

Geist der Polen brachten die schönsten Früchte auch in den 150 Jahren hervor, als das Land unter drei Großmächten aufgeteilt war. Die farbenreiche armenische Nationalkultur gedieh überhaupt ohne jegliche staatliche Form in der tausendjährigen Zerstreuung der armenischen Gemeinden, die in der Türkei, in Syrien, in Italien, in Rußland, in Frankreich, in Amerika und an anderen Orten beheimatet waren.

Die deutsche Dichtung, die deutsche Philosophie, die deutsche Musik, die auf viele Völker befruchtend wirkende deutsche nationale Kultur entwickelte sich in vielen recht unterschiedlichen Staaten.

In Rußland war die Staatsmacht dem Volk, dem nationalen Geist, der nationalen Kultur schon immer fremd und feindlich. Über die Verhältnisse in dem Moskauer Großfürsten- und Zarentum gibt es zwar heute manchmal recht verschiedene Meinungen – die konservativ-romantischen Patrioten wollen die Vergangenheit idyllisch verklärt sehen. Aber die Entfremdung des Petersburger Kaiserreichs seit dem 18. Jahrhundert von der Mehrheit der russischen Nation ist unbestreitbar; es war die Entfremdung einer anderssprechenden, sich anders kleidenden, anders gesitteten Oberschicht von dem größten Teil des Volkes. Im letzten Jahrhundert bauten die konservativen Slawophilen, die nichts weniger als Revolutionäre, sondern treue Untertanen waren, ihre Utopien auf der Unterscheidung zwischen Staat und »Land« auf. Sie glaubten, der Staat solle den weltlichen Gesetzen gehorchen und dürfe anders als das Volk sein, das Land aber solle nach göttlichen Geboten leben und beide sollten getrennt, doch friedlich nebeneinander existieren.

Friedrich Meineke, der die gleichen Widersprüche erkannt hatte, prägte vor 80 Jahren die Begriffe »Staatsnation« und »Kulturnation«. Diese Begriffe wurden in den letzten Jahrzehnten besonders eifrig von den DDR-Propagandisten benutzt, mit leninistisch-stalinistischer Phraseologie ornamentiert und als Argumente für die angebliche Entstehung einer besonderen DDR-»Staatsnation« verwendet.

Doch die sozialhistorische Wirklichkeit kann nicht einfach »wegformuliert« werden. Die Staatsmachten der UdSSR, dieses riesigen Vielvölkerreiches, sind den nationalen Kulturen aller von ihnen beherrschten Völker und Stämme fremd und feindlich. Aber weil die Sowjetunion eine neue Hypostase des zaristischen Imperiums ist und deswegen eben die russische Sprache als Staatssprache führt und die zaristischen staatspolitischen Traditionen oft in ihren extrem chauvinistischen Formeln als innenpolitisches Werkzeug gebraucht, glauben viele Menschen im Westen, daß die Sowjetunion und Rußland identisch sind.

Gleich wirklichkeitsfern ist die Vorstellung, daß der sowjetische Staat, der 1917 aus der Revolution hervorging und sich seitdem revolutionär, marxistisch, sozialistisch, kommunistisch und volkstümlich nennt, auch eine wirklich große Mehrheit der von ihm regierten Völker repräsentiert. Daran glaubten früher viele aufgeklärte Menschen im Westen. Daran glaubten auch viele meiner Landsleute, meiner Kameraden und Freunde. Unser Glaube führte zu manchen Tragödien und verführte viele Menschen zu verhängnisvollen Fehltritten, zur Teilnahme an Untaten und Verbrechen. Diese Vorstellung teilen auch heute noch manche Menschen in West und Ost, wobei die einen diese vermeintliche Einheit von Staat und Volk in der Sowjetunion idealisieren, die anderen dämonisieren.

Gestern hörte ich hier eine sehr interessante und aufschlußreiche Diskussion über das Gesamtkunstwerk und erinnerte mich an die Gesamtkunstwerke der Nachrevolutionsjahre. Sie entstanden eben aus dem erwähnten Glauben an die Einheit von sowjetischer Staatsmacht und der Mehrheit des werktätigen Volkes; davon waren damals auch viele Künstler überzeugt.

1921, als der dritte Kongreß der Kommunistischen Internationale in Moskau und in Petrograd tagte, wurde das expressionistische Schauspiel »Mysterium buffo« aufgeführt. Den Text schrieb Wladimir Majakowskij. Die Aufführung leitete Wsewolod Meyerhold, als Bühnenbildner und Schauspieler wirkten die bedeutendsten Künstler mit und mehrere hundert Laien

nahmen als Komparsen teil. Das war ein revolutionäres Gesamtkunstwerk, und so wurden auch viele Demonstrationen,
Kundgebungen, Massenfeste von Berufskünstlern und enthu-
siastischen Laien aufgeführt. Sie sollten die Einheit des Volkes
mit der herrschenden »proletarischen« Partei und dem Arbei-
ter- und Bauernstaat darstellen. Doch symbolisch für die weitere Entwicklung wurden der Selbstmord von Majakowskij im
Jahr 1930 und die Verhaftung von Meyerhold 1938 (1942 in der
Haft umgekommen). Viele Künstler, die als Revolutionäre
bekannt waren, wurden in den dreißiger Jahren als Formalisten
verdammt, viele verschwanden in den Gefängnissen und Lagern. Der große russische Poet Alexander Blok, der 1917 die
Revolution begrüßt hatte und noch 1918 »die Musik der Revolution« erkennen und wiedergeben wollte, erfuhr bald schwere
Enttäuschungen. In seiner letzten öffentlichen Rede 1921
sprach er von den Gefahren, die der Kunst, der Dichtung, dem
schöpferischen Geiste von den Gewalten drohen, die nicht nur
auf das Leben der einzelnen Menschen und der einzelnen
Dichter und Künstler einwirkten, sondern auch »die Quellen
des schöpferischen Geistes zu trüben« versuchten.
Das war eine prophetische Warnung. In den nachfolgenden
Jahrzehnten versuchten die ideologischen Behörden mit größ-
tem Kraftaufwand, das geistige Leben im Lande zu kontrollieren, die »Quellen des Geistes« zu überwachen und zu leiten.
Unter dem Druck der nachhaltigen, zielbewußten Propaganda
und der wissenschaftlich verbrämten weltanschaulichen Beleh-
rungen ließen sich viele Literaten, Wissenschaftler, Theaterkünstler, Musiker auch überzeugen, ja sogar enthusiasmieren,
sie glaubten wirklich an die Volkstümlichkeit, an die sozialistische Natur des Sowjetstaates, an die Fortschrittlichkeit des
kommunistischen Parteiprogramms, an die Größe Stalins.
Andere wurden eingeschüchtert; manche durch Preise, Orden
und Privilegien bestochen und korrumpiert. Es gab auch solche, die aus ehrlichem Patriotismus und realistischer Einschät-
zung der aus- und inländischen Situation überzeugt waren, daß
man sich mit dem geistig fremden staatspolitischen System

irgendwie arrangieren mußte, um schließlich doch zur Volks-
aufklärung, zum Erhalt der nationalen Kultur beitragen zu
können.
Aber selbst in den schwersten Jahren der totalitären terroristischen Unterdrückung lebte in Rußland der wahre schöpferische
Geist, der aus den ungetrübten Quellen der nationalen Kultur
gespeist wurde.
Er lebte in Bibliotheken und in Buchhandlungen, in den Bü-
cherschränken der Familien und in Schulprogrammen, auf
Theater- und Konzertbühnen, in Liedern und Gedichten, die
man seit der Kindheit kannte.
Vor hundert Jahren schrieb der Historiker, Schriftsteller und
Anarchist Pjotr Kropotkin, daß in Rußland die Literatur deswegen eine ganz besondere Rolle spiele, weil sie alle anderen
Formen des geistigen Lebens ersetzen müsse: eine freie öffentliche Meinung, eine freie Kirche, eine freie Presse und dergleichen. Der Lyriker Ossip Mandelstam pflegte zu sagen, daß in
keinem anderen Lande die Poesie so hoch geschätzt werde wie
in Rußland. »Bei uns kann man für ein Gedicht erschossen
werden.« Er kam 1938 im Lager um.
Im letzten Jahrzehnt schrieb der in Moskau lebende Lyriker
Dawid Samojlow ein Gedicht, in dem er den Namen Puschkin
mit einem symbolischen Bild aus Pasternaks Poesie – der
Kerze, die auch im Schneesturm leuchtet – verbindet.

Ich will uns nicht zu hoch erheben,
Doch wir müßten beten:
Solang in Rußland Puschkin dauert
Keine Schneestürme können die Kerzen verlöschen.

So war es immer, selbst in den schrecklichsten Jahren unserer
jüngsten Geschichte wirkten Lyriker und Epiker, Dichter und
Denker. Ich will hier nicht die Namen all der Autoren nennen,
die trotz Gefahren und Verfolgungen innerlich frei blieben.
Nur einige, die hier bekannt sein müßten: Anna Achmatowa,
Michail Bulgakow, Boris Pasternak. In den dreißiger und vier-

ziger Jahren publizierten sie wenig, nur selten in Zeitschriften; aber sie schrieben, sie dichteten. Ein Stück von Bulgakow, »Die Tage der Geschwister Turbin«, wurde im Moskauer Künstlertheater stets aufgeführt, und Pasternaks Nachdichtungen von Goethe, Schiller und Kleist erschienen in Massenauflagen.

In diesen Jahren lebten, dichteten, publizierten auch Alexander Twardowskij, Arsenij Tarkowskij und manch andere guten Lyriker. Viele – ebenso wie Achmatowa – schrieben nur »für die Schublade« beziehungsweise für den engsten Freundeskreis; aber nach zehn, zwanzig, dreißig Jahren erschienen diese Werke auch im Druck.

So erging es auch den Arbeiten des großen Philosophen und Kulturhistorikers Michail Bachtin (1885–1975). Er machte wichtige Entdeckungen in der Kunstgeschichte, er schrieb über die karnevalistischen Quellen der Kunst und der Literatur. Er war lange verbannt, hatte aber trotzdem Schüler in Moskau und Leningrad. Erst in den sechziger Jahren begann man, ihn in Rußland zu publizieren, seitdem sind seine Arbeiten auch in Deutsch, Englisch, Französisch, Spanisch, Japanisch und in mehreren anderen Sprachen erschienen.

Die Lebensfähigkeit des unabhängigen, schöpferischen Geistes offenbart sich auch in der jüngsten Geschichte. Andrej Sacharow lernte in einer sowjetischen Schule, studierte an einer sowjetischen Hochschule, bekleidete hohe Ämter, genoß die höchsten Privilegien. Doch gerade er personifiziert heute den freien Geist seines Volkes. Ebenso wie er entwickelten sich viele seiner schwer leidenden und verfolgten Freunde, zum Beispiel der Physiker Jurij Orlow und der ukrainische Poet Mykola Rudenko. Sie beide waren auch eine Zeitlang Parteigenossen, überzeugte Kommunisten, Rudenko ein höherer Offizier, Kriegsheld und dann später Vorsitzender des Schriftstellerverbandes der Ukraine. Heute aber, nach sieben Jahren schweren Lagers, müssen beide noch ihre Zeit in der Verbannung verbringen. Wie konnte eine solche Entwicklung zustande kommen bei diesen Männern und bei vielen anderen, die man hier im Westen als Dissidenten kennt?

Sie alle sind eben die »Kinder des Geistes«, der im unsterblichen Worte lebt. Von ihren Eltern und ihren Lehrern, aus den Liedern und Gedichten, die sie schon im Kindergarten lernten, aus den von Jugend an geliebten Büchern, aus den Überlieferungen in Wort und Bild, in der Musik und in der Plastik, erhielten sie die ersten Vorstellungen von der Heimat, von Menschlichkeit und menschlichem Gewissen, erkannten, was Güte, Barmherzigkeit und Gerechtigkeit sind.

In der offiziellen Propaganda waren diese Begriffe bis etwa 1934–1935 verpönt, sie galten als »abstrakter Humanismus« oder sogar als bürgerliche beziehungsweise spießbürgerliche Vorurteile. Doch bereits in den dreißiger Jahren versuchten die ideologischen Funktionäre sie zu vereinnahmen und anders zu kanonisieren; dafür bildete man solche »Zentaurenbegriffe« wie »sozialistischer Humanismus« oder »parteiliches Gewissen«. Während des Krieges und in den Nachkriegsjahren trachtete man danach, die natürliche Heimatliebe, den wahren Patriotismus zu nationalistischen und chauvinistischen Vorurteilen ausarten zu lassen. Leider gelangen auch manchmal diese Versuche, »die Quellen des schöpferischen Geistes zu trüben«. Es sind Unmengen von schlechter Literatur und schlechten Versen produziert worden, die als Musterstücke des sogenannten »sozialistischen Realismus« auch exportiert wurden.

Doch trotz alledem blieben die wahren Quellen fruchtbar und belebend. Das erkennt man deutlich an den Werken solcher Autoren, die im westlichen Exil leben, die aber drüben gelernt haben und drüben begonnen hatten zu schreiben. Wassilij Axjonow, Anatolij Gladilin, Wladimir Maximow, Wiktor Nekrassow, Andrej Sinjawski, Alexander Sinowjew, Alexander Solschenizyn, Georgij Wladimow, Wladimir Wojnowitsch u. a. m.

Heute werden Sie hier die Lieder von Alexander Galitsch und Wladimir Wyssozkij hören – vortreffliche und volkstümliche Lieder. Galitsch war ein prominenter, erfolgreicher Dramatiker und Drehbuchautor. Doch dann trieb ihn sein Gewissen, trieb der vertraute Geist der russischen Literatur ihn zu einer Wandlung und er wurde ein zornig-satirischer, volkstümlicher Liedermacher. Deswegen mußte er auch emigrieren; er starb 1977 in Paris. Wyssozkij lebte und starb in Moskau. Er war ein sehr begabter Schauspieler an dem weltbekannten Avantgardetheater »Auf der Taganka«. (Dessen Gründer und Leiter Jurij Ljubimow, der sich ideologischer Zensur nicht beugen wollte, wurde 1983 ausgebürgert.) Wyssozkij genoß bestimmte Privilegien, durfte mehrmals ins westliche Ausland reisen; hätte er sich arrangiert, wären ihm die höchsten Preise und Orden verliehen worden. Aber er dichtete und komponierte Lieder, die nichts mit der offiziellen Ideologie und dem »sozialistisch-realistischen« Kanon gemeinsam hatten, meist sogar eher als direkter Widerspruch zu ihnen empfunden wurden. Es sind spöttische und wehmütige, parodistische und schwärmerische Lieder, die er selbst zur Gitarre sang, hauptsächlich im Freundeskreis, in kleineren zufälligen Auditorien. Doch sie machten ihn weitbekannt und beliebt, obwohl kaum eines von seinen Liedern zu seinen Lebzeiten publiziert war. Er starb im Sommer 1980, zur Zeit der Olympischen Spiele. Alle Moskauer Studenten und die älteren Schüler waren in den Ferien, allen ideologisch »Unzuverlässigen« wurde nahegelegt, die Hauptstadt zu verlassen. Es gab nicht einmal Todesanzeigen in den Zeitungen. Aber zu seiner Beerdigung kamen mehr als 50000 Menschen, und selbst die stärksten Aufgebote der Miliz und der Sicherheitsbeamten konnten die gewaltige Trauerkundgebung nicht verhindern. Es war eine gewaltlose, aber eben doch gewaltige Demonstration des freien Geistes der Moskauer, die ihrem Poeten das letzte Geleit gaben. Auch heute ist sein Grab ein Pilgerziel für Menschen aus verschiedenen Gegenden der Sowjetunion. Nun versuchen auch die staatlichen Stellen seinen Ruhm zu vereinnahmen: Es werden Sammelbände seiner Lieder (selbstverständlich »filtriert«) herausgegeben und Schallplatten, auch für den Export, produziert.

Die Vorstellungen von einem barbarischen Land, von ausgebranntem Kulturboden verbreiten nicht nur einige konservative, westliche Politiker; auch in russischen Emigrantenpublikationen werden diese Vorstellungen manchmal breitgetreten. In den letztgenannten Fällen kann man wohl ein gewisses Verständnis für äußerst verbitterte Kritiker haben. – In Stalinschen Gefängnissen und Straflagern erlebte ich mehrmals das sogenannte »Zellenkübelsyndrom«. Selbst intelligente und vernünftige Menschen, die jahrelang in Haft waren, begannen zu glauben, daß alle oder zumindest die allermeisten ehrlichen Mitbürger auch in der Gefangenschaft sein müßten, daß draußen nur ihre unglücklichen Verwandten, nur ganz wenige Freunde, sonst aber lauter Feiglinge, Gesinnungslumpen, angepaßte Karrieristen oder gewissenlose Funktionäre bleiben. Ein vergleichbares Emigrationssyndrom entsteht manchmal auch bei den ausgebürgerten Literaten: Wer kann da drüben schon anständig bleiben, wenn man uns vertrieben hat?

Aber das geistige Leben im heutigen Rußland bleibt trotz zunehmender Schwierigkeiten, trotz immer neuer behördlicher Bemühungen, »die Quellen zu trüben«, fruchtbar und facettenreich. In Moskau leben die Schriftsteller Inna Lisnjanskaja, Lidija Tschukowskaja, Wladimir Kornilow, Semjon Lipkin, der Philosoph Grigorij Pomeranz, der Theologe Jewgenij Barabanow, die Historiker Michail Gefter und Roj Medwedew, die jetzt nur noch im Westen publizieren können. Sie werden immer wieder bedrängt und bedroht, doch als ein Literat, der jetzt in der Emigration lebt, den im Westen erschienenen Gedichtband von Inna Lisnjanskaja sehr hoch lobte und dabei bemerkte, daß sie eigentlich die einzige wahre Lyrikerin sei, die noch in Rußland lebt, schrieb sie einen traurigen und bitteren Brief mit der Frage: Wie kann man so etwas behaupten? Wenn allein im selben Jahr, als ihr Buch im Ausland erschien, 1982, in Moskau drei vortreffliche Lyrikbände herausgegeben wurden: der von Maria Petrowych, einer vor kurzem verstorbenen Dichterin der älteren Generation, der von Bella Achmadulina und der von Oleg Tschuchonzew, die zu den bedeutendsten Lyrikern der Nachkriegsgeneration gehören. Keiner dieser Autoren verdient das Etikett »offiziell« oder »angepaßt«, wie es manche westliche Slawisten und verbitterte Kritiker aus Emigrantenkreisen oft wahllos verwenden.

Hoffentlich haben viele von Ihnen schon von der sogenannten »Dorfprosa« gehört. Das ist eine höchst bedeutende Neuerscheinung in der russischen Literatur der letzten drei Jahrzehnte. Es handelt sich um gute, epische oder auch prosaisch-lyrische Werke begabter Autoren, aus denen man die Wahrheit über das Leben, vor allem des russischen Dorfes, erfahren kann, die aber auch von der Unsterblichkeit der nationalen Kultur schlechthin zeugen. (Siehe oben, Seite 26)

Die Erzählungen von Fasil Iskander sind in der Bundesrepublik und in der DDR publiziert worden. Sie erscheinen auch in Moskau, und seine neuesten Publikationen sind ebenso wie seine Lyrik von einer existentiell-philosophisch geprägten vitalen und humorvollen Gestaltungskraft durchdrungen.

Abschließend möchte ich noch einiges über zwei im Westen nicht bekannte Schriftstellerinnen sagen. Lidija Ginsburg gehört zur älteren Generation, sie war eng mit Anna Achmatowa befreundet. In der Sowjetunion kennt und verehrt man sie seit langem als eine hervorragende Literaturwissenschaftlerin und Philosophin. Nun publizierte sie im Januar 1983 erstmalig eine große Erzählung beziehungsweise einen Kurzroman, »Aufzeichnungen eines Menschen aus der Blockade«. Das ist kristallklare, gedankenreiche Prosa: präzise gezeichnete Menschengestalten, tiefschürfende psychologische und soziologische Erkenntnisse einer Dichterin, die in mancher Hinsicht mit den Werken von Camus und Kafka vergleichbar sind.

Ljudmilla Petruschewskaja ist bedeutend jünger, eine Epikerin und Dramatikerin, stets scharfsichtig, sensibel, schonungslos wahrheitsgetreu und bis zur Absurdität realistisch. Sie ist schon mehrmals von der ideologischen Kritik »verrissen« worden, aber ihr neues vortreffliches Stück, »Drei Mädchen in Blau«, ebenso wie einige Erzählungen wurden doch vor kurzem publiziert.

Ich will Sie nicht weiterhin mit unbekannten Namen ermüden, doch mit bestem Wissen und Gewissen kann ich behaupten, daß in allen Ländern der Sowjetunion, über die ich relativ gut informiert bin – in Rußland, in der Ukraine, in Georgien, in Lettland, in Estland, in Armenien – heute viele gute Autoren leben, die auch drüben manches veröffentlichen. Selbstverständlich kommt nicht alles, was sie geschrieben haben, durch die Zensur; aber das, was von ihnen in Büchern und Zeitschriften publiziert wurde, ist meistens gute Lyrik, gute Epik und gute Essayistik. Ich nannte jetzt nur wenige, meines Erachtens die bedeutendsten Beispiele.

Der Geist lebt in Rußland nicht nur im Untergrund, nicht nur in beschatteter Klausur und im direkten Widerstand zur Staatsideologie; er bricht auch durch in Publikationen und Vorlesungen, in Hochschulen und wissenschaftlichen Instituten, er kommt zum Ausdruck nicht nur in dichterischen, sondern auch in philosophischen, historischen und kulturhistorischen Werken. Hier muß ich wieder einige Namen nennen, Autoren, deren neueste Arbeiten, die in Moskau erschienen, auch im Ausland bereits bekannt wurden. Es sind die Philosophen, Kulturhistoriker und Philologen Wladimir Admoni, Alexander Anikst, Sergej Awerinzew, Jurij Dawydow, Natan Ejdelmann, Ilja Fradkin, Arsenij Gulyga, Wjatscheslaw Iwanow, Jurij Lotman, Nina Pawlowa, Iwan Roshanskij, Wladimir Toporow, Marietta Tschudakowa.

Selbstverständlich stoßen viele innerlich freie, geistig unabhängige Autoren oft auch auf unüberwindbare Hindernisse, werden bedrängt oder müssen sich selbst abschotten, müssen sich vor dem Getriebe des politischen, totalitären Alltags in stille »Kulturnischen« flüchten. Aber sie leben, sie wirken, sie bleiben produktiv, und wenn auch bisweilen nur in verhältnismäßig kleineren Kreisen bekannt, ist ihre Wirkung doch fruchtbar und von Dauer.

Über das religiöse Leben in der Sowjetunion kann ich Ihnen nur wenig berichten, denn darüber habe ich nur geringe Informationen.

In der Entwicklung der Beziehungen des Sowjetstaates zum

religiösen Leben, zu den Kirchen aller Konfessionen, glaube ich einige deutlich unterschiedliche Perioden erkennen zu können. In den ersten Jahren, nach 1917, und noch bis zum Ende der zwanziger Jahre führte die Partei eine offenkundig antireligiöse Politik; sie bedrängte alle Kirchen, auch durch die aktive Propaganda der »militanten Gottlosen«. Es war eine agitatorische, propagandistische und pädagogische Belagerung mit einzelnen administrativen Durchbrüchen. Geistliche aller Konfessionen wurden ebenso wie alle »Vertreter feindlicher Klassen«, das heißt frühere Gutsbesitzer, Offiziere, Unternehmer, Kaufleute, Großbauern als Staatsbürger offiziell diskriminiert: Sie durften weder wählen, noch gewählt werden, und überhaupt am öffentlichen Leben nicht teilnehmen; ihre Kinder kamen nicht in die Hochschulen, ihre militärpflichtigen Söhne wurden in besondere Arbeitsbataillone eingezogen, mußten schwer arbeiten und durften keine Waffen in die Hand nehmen. Aber damals konnte man in einzelnen Fällen noch relativ offen über religiöse Probleme diskutieren. 1925 kam ich mit meinen Schulkameraden in einen Klub, wo der Metropolit Wwedenskij, das Oberhaupt der »lebendigen Kirche«, die sich von der eigentlichen orthodoxen Kirche abgespalten hatte und als politisch loyal galt, mit dem Volkskommissar für Bildungswesen, dem Altbolschewiken Lunatscharskij, diskutierte. Der Metropolit verteidigte seine Ansichten und griff den Opponenten manchmal mit Witzen an, die auch wir junge Atheisten beklatschten, eben weil es lustig war. So zum Beispiel, als er sagte: »Sie verteidigen sehr leidenschaftlich Darwins Behauptung, daß die Menschen vom Affen abstammen. Darüber kann ich nur sagen, daß jeder seine Verwandtschaft am besten kennt. Aber ich weiß genau, daß ich ein Nachkomme des ersten Menschen Adam bin.«

1929–30, gleichzeitig mit der Zwangskollektivierung und Vertreibung der »Kulaken«, begann auch eine vernichtende Offensive gegen alle Kirchen. Sehr viele orthodoxe Kirchen wurden rücksichtslos ausgeplündert. In den Städten und Dörfern wurden die meisten russischen Kirchen, Moscheen, Synagogen,

Gebetshäuser der Baptisten und alle Klöster beschlagnahmt, bestenfalls in Museen und Klubs, aber auch in Warenlager und Scheunen umfunktioniert. Viele Geistliche und Mönche wurden verhaftet und verbannt. Auch die aktivsten Vertreter der Gemeinden kamen wegen »antisowjetischer Tätigkeit« in Straflager.

Noch vor dem Kriege, zum Teil parallel zu den terroristischen Säuberungen, begann der Staat auch die konfessionelle Obrigkeit zu vereinnahmen. Während des Krieges schloß Stalin eine Art Konkordat mit dem neugewählten Patriarchen der orthodoxen Kirche, und es wurden sogar einige Priesterseminare und Klöster wiederhergestellt. Zu Beginn der sechziger Jahre startete Chruschtschow wieder eine ideologische und »finanzielle« Offensive gegen die Kirche. Aber der Prozeß der neuen Verstaatlichung, vor allem der russisch-orthodoxen Kirche, wurde, wenn auch mit Rückschlägen, immer weiter vertieft. Besondere »Komitees für religiöse Angelegenheiten« – vielschichtige bürokratische Dienststellen – kontrollieren wachsam die Einstellung von Priestern und Kirchenältesten, ihr Einkommen und ihre Tätigkeit, die Aufnahme der Studenten in Priesterschulen und alle Publikationen von Bibeln und Gebetbüchern, die nur in beschränkten Auflagen erscheinen dürfen. Weder Kirchen noch Klöster dürfen wohltätige Aktivitäten betreiben, auch nicht Kinder unterrichten, und jeder missionarische Auftritt kann als antisowjetische Propaganda kriminalisiert werden. Zugleich schreibt die Zeitschrift »Der Nachrichtenbote des Moskauer Patriarchats« immer nur in ganz abgehobener Form über die Freiheit und freudenreiche Entwicklung der russisch-orthodoxen Kirche; die Artikel über interne und internationale Politik der UdSSR unterscheiden sich nur geringfügig in der Wortwahl von den Leitartikeln der Parteizeitungen, inhaltlich sind sie mit ihnen identisch. Das Patriarchat unterhält Verbindungen mit mehreren ihm untergeordneten ausländischen Bistümern, auch mit anderen Kirchen, und erfüllt dabei gewissenhaft diplomatische und propagandistische Aufträge der sowjetischen Regierung.

Dennoch bleibt das religiöse Leben in Rußland und in anderen Ländern der Sowjetunion weiterhin in grundsätzlichem Widerspruch zu den offiziell propagierten ideologischen Doktrinen.

Auch inmitten der staatlich kontrollierten orthodoxen Kirche wirken viele fromme und ehrliche Kleriker. Die meisten von ihnen können sich keine oppositionelle Tätigkeit erlauben, weil sie ihre Aufgabe als Seelsorger nicht gefährden wollen. Ihnen erscheint es am wichtigsten, daß die Gemeinden ihre Kirchen behalten und ihre Pfarrer immer in der Nähe haben können und sie nicht als Vertriebene oder als Gefangene beklagen müssen.

In der Kirche selbst gibt es auch gewisse oppositionelle Strömungen: die »wahren Orthodoxen«, die betont national und manchmal auch nationalistisch argumentierend eine wirkliche Unabhängigkeit der Kirche vom materialistischen Staat anstreben, und die ökumenischen Christen, die eine liberale Reform der kirchlichen Dogmatik beabsichtigen und auch sonst liberal und demokratisch gesinnt sind. Kirchliche Dissidenten werden vom KGB verfolgt und als Gegner des Staates kriminalisiert. Seit Jahren schmachten der Pfarrer Gleb Jakunin, die Schriftsteller Soja Krachmalnikowa, Leonid Borodin, Wiktor Nekipelow u. a. m. in Gefängnissen und Lagern. Sie wurden zu schweren Strafen verurteilt, weil sie ihre Glaubensbekenntnisse offen ausdrückten, in Typoskripten (*Samisdat*), oder im Auslande publizierten. Ökumenische Ansichten vertrat der 1983 verstorbene Pfarrer Sergej Sheludkow, dessen Bücher »Ist Gott in Rußland tot?«, »Warum ich Christ bin« in der Bundesrepublik und in der Schweiz deutsch publiziert wurden. Die Mehrheit der wegen ihrer religiösen Ansichten verhafteten und verbannten Menschen in der UdSSR sind Baptisten und Pfingstler, diejenigen, die ihre Kinder nicht in den Schulen zum Unterricht über den »wissenschaftlichen Atheismus« gehen lassen, und die sich nach Einberufung zur Armee weigern, Waffen in die Hand zu nehmen.

Einige katholische Pfarrer und Laien wurden in Litauen verhaftet. Dort erscheinen viele katholische *Samisdat*-(Selbstverlag)

Zeitschriften. Dagegen blieb die katholische Kirche des Heiligen Ludwig in Moskau, die auch häufig von Ausländern besucht wird, auch in den Jahren der schwersten Verfolgungen fast unbehelligt.

Die bedeutendsten buddhistischen Theologen und geistlichen Führer der Burjaten und Kalmücken wurden in den siebziger Jahren wieder verhaftet. Professor Dondoron, ein international bekannter Erforscher der Lehren Buddhas, starb im Lager.

Eine besondere Bedeutung haben die autonomen Kirchen von Armenien und Georgien, die auch in den schwersten Zeiten verhältnismäßig wenig bedrängt und verfolgt wurden. Die armenische Kirche, deren Zentrum in Etschmiadsin (bei Jerewan) und ihr Oberhaupt, der *Katolikos*, von allen Armeniern weltweit anerkannt wird – unterhält Verbindungen mit Glaubensgenossen in allen Kontinenten, erhält von ihnen auch reiche Spenden und bringt somit viele Devisen in die staatlichen Kassen. Der amtierende *Katolikos* Wosgen wird von den meisten Armeniern im In- und Ausland als geistiger Führer anerkannt, und auch von den sowjetischen Behörden hofiert. Eine ähnliche Rolle spielt seit Beginn des letzten Jahrzehnts der neue Patriarch der georgischen Kirche, Ilias II. Noch vor 15 bis 20 Jahren war der größte Teil der georgischen Jugend religiös indifferent. Aber seit der Mitte der siebziger Jahre strömt auch die Jugend in die Kirchen. Diese neue religiöse Aktivität ist sozusagen ein Teil der nationalen Selbstbehauptung.

Über die Situation in den islamischen Gebieten der UdSSR kann ich am wenigsten sagen. Sicher ist nur, daß der Zustrom der Gläubigen aus allen Generationen zu den Moscheen wächst, sowohl in ländlichen als auch in industriellen Gebieten Aserbeidschans, Usbekistans, Turkmenistans, Tadschikistans, Kasachstans, in Kirgisien, Baschkirien, in Kasan und in anderen tatarischen Orten. Sicher ist auch, daß sich manche dort lebenden russischen Arbeiter und Intellektuelle, auch solche, die man weder als Marxisten, noch als russische Nationalisten bezeichnen kann, in den letzten Jahren zunehmend Sorgen über die Gefahren eines untergründig aufkeimenden islamischen Fanatismus machen, manche sogar regelrecht verängstigt sind. Die Behörden benutzen solche Ängste, um durch entsprechend ausgerichtete Flüsterpropaganda die brutale sowjetische Invasion in Afghanistan zu rechtfertigen.

Der Leitspruch Ihres Kollegs – die Maxime von Saint-Exupéry: »Nur wenn der Geist den Lehm behaucht, kann er den Menschen schaffen«, erinnerte mich an die Worte von Novalis: »Mensch werden ist eine Kunst«.

Hier wurde über die Probleme des Gesamtkunstwerks diskutiert. Ist aber nicht jeder Mensch, jedes Menschenschicksal und jede menschliche Gemeinschaft ein wahres Gesamtkunstwerk, »das vom Geist behaucht« wird?

Im Dasein der Russen und aller Völker der Sowjetunion werden heute wie früher immer wieder die Worte des Apostels bestätigt: »Der Wind weht, wo er will. Du hörst sein Brausen, weißt aber nicht, woher er kommt, noch, wohin er geht. So verhält es sich auch mit dem, der vom Geiste geboren ist.«

Zuflucht und Brückenschlag

> *Und das Licht leuchtet in der Finsternis,*
> *doch die Finsternis hat es nicht erfaßt.*
>
> (*Joh. 1, 5*)

Für die meisten der älteren Sowjetbürger bedeutet die Jahreszahl 1937 ein grausiges Symbol; sie steht stellvertretend für alle Schreckensjahre des großen Stalinschen Terrors, der Schauprozesse, Massenverhaftungen, Foltern und Morde.

Doch im selben Jahr wurde der 100. Todestag des großen Dichters Alexander Puschkin Anlaß zahlreicher Veranstaltungen, mit Reden und Vorträgen, mit anschließenden Konzerten. Es erschienen viele neue Ausgaben seiner Werke, wissenschaftlich edierte Sammelbände und populäre Bücher in Millionenauflagen.

Damals geschah es oft, daß für einen politischen Witz, der als »antisowjetisch« denunziert wurde, sowohl derjenige, der ihn erzählte, als auch diejenigen, die darüber lachten, ins Gefängnis, in Straflager kamen. Aber die Witzbolde in Rußland waren immer unverwüstlich, und so ging es von Mund zu Mund: Das neueste preisgekrönte Projekt eines Puschkindenkmals sei ein großes Standbild: Genosse Stalin mit einem Buch von Puschkin in der Hand.

Witze an und für sich, um so mehr solche, bei denen man schwere Strafen riskiert, sind Merkmale eines Zeitgeistes, der eben nicht »der Herren eigener Geist« ist.

Puschkin war stets mit uns: In den grausamsten Zeiten war er für uns ganz besonders wichtig.

Die dreißiger Jahre begannen mit der Zwangskollektivierung der Bauern. Die große Mehrheit der russischen, ukrainischen und weißrussischen Bauern wurde zu rechtlosen Kolchosknechten, Millionen anderer wurden vertrieben, starben in

Lagern, in Verbannung, mehrere Millionen verhungerten. Darauf folgten die mörderischen Jahre der sogenannten Stalinschen Säuberungen. Dieses Jahrzehnt endete mit dem Hitler-Stalin-Freundschaftspakt, dem die räuberische Teilung Polens und ein schändlicher Krieg gegen Finnland im Winter 1939/40 folgten.

Doch auch in diesen Jahren – wohl den finstersten in der neuzeitlichen Geschichte Rußlands – erschienen immer neue Ausgaben russischer und ausländischer Klassiker.

Nicht weit von den Geheimzellen und Folterkammern der berüchtigten Lubjanka (der Zentralverwaltung der Staatssicherheit) und von den Gefängnissen Lefortowo und Butyrka, ganz nahe bei den ebenso geheimen Räumen im Kreml, in denen Stalin und seine nächsten Gehilfen residierten – die tyrannischste und verderblichste aller Regierungen, die jemals über Rußland herrschte –, stand das große Verlagshaus *Goslitisdat* (Staatsverlag für schöngeistige Literatur). Dort wurde die vollständige, 90bändige Ausgabe der Werke von Lew Tolstoj (in den Jahren 1928–1958) verlegt, gesammelte Werke und Einzelausgaben von Michail Lermontow, Fjodor Tjutschew, Nikolaj Nekrassow, Iwan Turgenew, Taras Schewtschenko, Nikolaj Leskow, Anton Tschechow u. a.

In den grausamen Zeiten waren die Werke der großen Dichter der Vergangenheit für uns wie eine sichere Zuflucht. Sie blieben stets und immer das einwandfrei legale, ja hoch geehrte *klassische Erbe*. Sogar die Bücher von Fjodor Dostojewskij, der hin und wieder von doktrinären Literaturhistorikern als Reaktionär gebrandmarkt wurde, blieben in den Bibliotheken, in den Programmen der philologischen Hochschulen; selbst in den Mittelschulen gehörten seine »Armen Leute« zum Lehrstoff, und »Die Aufzeichnungen aus einem Totenhaus« wurden zur Lektüre empfohlen.

Aus den Liedern und Gedichten, die man schon im Elternhaus hörte und las, die man in den ersten Schulklassen auswendig lernte, aus den Büchern großer russischer Dichter atmeten wir von klein auf nicht nur die Freude am poetischen Wort, an der

Muttersprache, sondern auch die Höhenluft der wahren Menschlichkeit ein. Die meisten von uns waren sich kaum bewußt, wie kraß diese Atmosphäre dem widersprach, was man in den Schulen, in Jungpionier-Abteilungen und Komsomolzen-Zellen gelehrt und eingetrichtert bekam.

Dank der Klassiker waren uns die Ideen von Güte, Barmherzigkeit, Gewissen und Heimatliebe vertraut geblieben, obwohl diese und ähnlich »abstrakte« Begriffe für lange Zeit aus der Pflichtlektüre, den Reden und Zeitungen klassenkämpferisch verbannt wurden. Sie galten als »undialektisch«, bürgerlich oder auch spießbürgerlich. (Die schlauen Stalinschen Propagandisten vereinnahmten die Klassiker schon früher, aber kurz vor dem Kriege erfanden sie auch noch neue Parolen von »sozialistischer Heimat«, »sozialistischem Humanismus« und »Parteigewissen«.)

Aber nicht nur die eigenen Klassiker waren uns damals notwendiger denn je zuvor. Im Schreckensjahr 1937 erschien das Buch des großen russischen Philologen, Germanisten und Slawisten Wiktor Shirmunskij (1891–1972), »Goethe in Rußland«, ein Werk, das bis heute an Fülle und Tiefe unübertroffen bleibt und 1982 wieder aufgelegt wurde. Dieses Buch war kein Einzelfall. Es erschienen noch zwei weitere Bände der 1932 begonnenen russischen Ausgabe von Goethes gesammelten Werken, ein Band »Briefwechsel Goethes mit Schiller«, ein Band der Dramen von Lessing. Seine »Hamburgische Dramaturgie« wurde 1936 verlegt. Man gab weiter immer neue Bücher von Shakespeare, Balzac, Stendhal, Dickens, Mark Twain u.a.m. heraus.

All diese Bücher wurden auch wirklich gelesen. In den Buchhandlungen waren sie in wenigen Tagen, manchmal auch in wenigen Stunden vergriffen. In den Bibliotheken entstanden lange Wartelisten für diese Bücher.

In den Zeitungen, in den Versammlungen, in Hochschulen und Schulen wurden »bolschewistische Wachsamkeit« und unerbittlicher Haß gegen alle Volksfeinde gepredigt, gegen Trotzkisten, Faschisten, »Kulaken«, alle Abweichler usw. Eifrige Propagandisten schäumten vor Begeisterung und Bewunderung für den Weisesten aller Weisen, den größten aller großen Führer, den makellosen Vater aller Werktätigen – den Genossen Stalin.

Manch sowjetischer Schriftsteller und Künstler machte dabei mit: der eine im aufrichtigen Glauben, daß eben der totalitäre Stalinsche Staat die einzige und bestmögliche Staatsform für Rußland angesichts all der äußeren Gefahren sei; der andere wollte sich nur mit wenigen Lippenbekenntnissen und ideologischen Pflichtübungen eine Möglichkeit sichern, ungestört wahre Kunst zu schaffen; viele versuchten, abseits von allem Trubel zu bleiben. Doch immer wieder wurden Schriftsteller, Wissenschaftler, Künstler und andere Intellektuelle verhaftet, sowohl solche, die sich aktiv für diesen Staat engagierten, als auch die stillen, unpolitischen. Und dann hieß es auf einmal, sie seien Spione, Verschwörer, Terroristen. (Im Dezember 1962 wurde auf einer Versammlung im Moskauer Schriftstellerverband offiziell berichtet: 660 Autoren waren »in der Zeit des Personenkults« gesetzwidrig verhaftet worden, wurden aber nach 1956 rehabilitiert – 180 von ihnen allerdings posthum. Zu diesen erschossenen, zu Tode gefolterten oder in Lagern umgekommenen Autoren gehören Boris Pilnjak, Isaak Babel, Ossip Mandelstam, Nikolaj Kljujew und andere russische, ukrainische, armenische, georgische Lyriker, Epiker, Dramatiker.)

Doch es waren damals nicht nur die Werke der längst verstorbenen Klassiker, in denen das Licht der russischen nationalen Kultur unverlöschbar blieb. Die großen Poeten Anna Achmatowa (1889–1966) und Boris Pasternak (1890–1960) dichteten allen finsteren Gewalten zum Trotz; viele ihrer Gedichte blieben wohl in den Schubladen, doch einige wurden auch damals publiziert. Die großen Epiker Michail Bulgakow (1891–1940), Andrej Platonow (1899–1951) und Michail Soschtschenko (1895–1958) durften kaum publizieren. Ihre Manuskripte, ihre bedeutendsten Werke erschienen erst nach 1956 – und nur zum Teil. Aber sie waren eben in jenen finsteren Zeiten verfaßt worden...

Diese Autoren wurden auch zu Klassikern, lange bevor es die

Zeitgenossen erkannten. Den wahren Geist der Nation und der Kultur haben gerade sie entscheidend mitbestimmt und nicht diejenigen, die als führende Ideologen, Schulmeister und Erfolgsautoren des »Sozialistischen Realismus« gefeiert wurden.

Dichter wurden mundtot gemacht, ermordet oder korrumpiert, aber die Dichtung lebte.

Im Frühjahr 1938 mußte ich als Student im letzten Semester praktischen Unterricht in den höheren Klassen der Mittelschule halten – Deutschstunden. Laut Programm nahmen wir Schillers »Handschuh« und den letzten Faust-Monolog durch. Die Schüler übersetzten die Texte Wort für Wort, und dann analysierten sie textologisch, poetologisch, ästhetisch und auch ethisch und psychologisch. In entsprechenden Schulbüchern gab es wohl auch einige der üblichen Floskeln vom »bürgerlichen Humanismus«, »naivem Idealismus« und dergleichen. Aber viel wichtiger war das, was die Mädchen und Jungen über die Schönheit dieser Worte, die edlen Gefühle und die Menschlichkeit dieser Poesie sprachen und wie sie darüber diskutierten.

Ausländische Klassiker, sowohl die des Altertums – Homer, Aischylos, Sophokles, Aristophanes, Horaz, Vergil, Ovid – als auch die der Renaissance – Dante, Petrarca, Shakespeare, Cervantes, Rabelais – und der Neuzeit – Molière, Voltaire, Lessing, Goethe, Schiller, Heine, E. T. A. Hoffmann, Swift, Byron, Dickens, Balzac, Stendhal, selbst die konservativen Naturalisten Flaubert und Maupassant, gehörten zu dem »Kulturerbe«, das offiziell durch die entsprechenden Äußerungen von Marx und Lenin mit einer Art Schutzbrief für alle Zeiten versehen war.

Schwerer tat man sich mit den zeitgenössischen Ausländern, denen damals der Titel Klassiker unter keinen Umständen zuerkannt wurde, die als Reaktionäre und Formalisten galten: Für Joyce, Faulkner und Kafka waren die Türen der sowjetischen Verlage versperrt. Proust, den man noch in den zwanziger Jahren mehrmals verlegt hatte, wurde als dekadent zur Seite gedrängt, ebenso wie Rilke und die deutschen Expressionisten. In den zwanziger Jahren wurden noch die Dramen von Kaiser und Toller in vielen Theatern aufgeführt und als Bücher herausgegeben. Nachdem aber jeglicher Formalismus als bürgerliche Dekadenz und volksfremde Ausartung der Kunst verdammt wurde, mußten auch sie von der Bühne weichen.

Doch viel wichtiger für die Schicksale der literarischen Zeitgenossen waren unmittelbar politische Kriterien. Nach 1933 verschwanden die Dramen Gerhart Hauptmanns von den Bühnen, die Romane von Hans Fallada wurden nicht wieder aufgelegt, weil beide Autoren während des Dritten Reiches in Deutschland blieben und publizierten. (Übrigens durfte Hauptmann nach dem Hitler-Stalin-Pakt bis 1941 wieder aufgeführt werden.) Die Bücher von André Gide und John Dos Passos, die in den zwanziger und auch noch in den frühen dreißiger Jahren populär waren, wurden über Nacht, nachdem die Autoren sich kritisch über die sowjetische Politik geäußert hatten, einfach verboten. Auch Bertolt Brecht blieb lange fast unbekannt; er galt als Formalist und ideologisch unzuverlässig, weil sein nächster russischer Freund und Übersetzer, Sergej Tretjakow, verhaftet und 1939 hingerichtet wurde. Dazu kam, daß einige orthodoxe deutsche Kommunisten Brechts Werke abweichlerisch und »bürgerlich« nannten.

Die Romane von Thomas und Heinrich Mann, Lion Feuchtwanger, Erich Maria Remarque und Leonhard Frank dagegen wurden in den dreißiger Jahren zu regelrechten Bestsellern, ebenso wie die Bücher von Romain Rolland, Theodor Dreiser und Ernest Hemingway.

In Deutschland werde ich oft gefragt, wie sich das Verhältnis der Russen zu Deutschland nach 1933, nach der Hitlerschen Machtergreifung, änderte; ob man damals den Deutschen feindlich gesinnt wurde und sie fürchtete. Manchmal bemerke ich mißtrauische Blicke, wenn ich erkläre, daß alle Drohungen der Nazipropaganda, von denen die sowjetischen Informationsquellen immer ausführlich berichteten, alles, was man vom Rassenwahn, von den Ansprüchen auf Lebensraum im Osten usw. erfuhr, nicht die Erkenntnisse zunichte machen konnte, die man aus der deutschen Klassik und auch aus der zeitgenössischen deutschen Literatur gewonnen hatte.

Aber auch in den schwersten Kriegsmonaten erschienen in sowjetischen Verlagen Bücher deutscher Klassiker, wenn auch in weit geringerem Umfang als früher. Es waren hauptsächlich Ausgaben für die Schulen, einige auch mit deutschsprachigen Glossaren oder Übersetzungen einzelner Sätze.

Goethe, Schiller, Heine und E. T. A. Hoffmann blieben auch jetzt in den Verlags- und Lehrplänen, in den Bibliotheken. Ihre Werke zeugten trotz alledem von einem anderen Deutschland. Und diese Zeugnisse galten nicht nur für die Leser im Hinterland, für Schüler und Studenten.

Vor dem Krieg, in den Jahren, die für Russen ebenso wie für Deutsche immer finsterer wurden, glaubten die meisten meiner Altersgenossen und auch viele meiner Landsleute anderer Generationen, daß ein anderes Deutschland immer noch bestehe, ein Deutschland, das nicht vom Dritten Reich der wahnwitzigen, eroberungslüsternen Naziführer, ihrer SA, SS und der waffenstolzen Wehrmacht verschlungen sei.

Das haben auch viele deutsche Soldaten in der russischen Kriegsgefangenschaft erlebt. Bereits im Frontbereich wurden sie über ihr Verhältnis zu den großen deutschen Dichtern befragt.

Dem Gefreiten Otto Engelbert begegnete ich im Sommer 1943 in einem Dorf südlich des Ilmensees, nachdem er gefangengenommen worden war. Schon beim ersten Gespräch entdeckten wir gemeinsame Interessen und Sympathien für deutsche und russische Dichter. Wir gehörten unversöhnlich verfeindeten Staaten und Armeen an, aber wir beide konnten einander nicht als Feinde empfinden. Viel später besuchte er mich und meine Freunde in Moskau, half uns immer tatkräftig. Jetzt sind wir Mitbürger, und mir und meiner Frau ist es immer eine Freude, Otto und seine Frau wiederzusehen. Die Freundschaft verdanken wir unmittelbar den deutschen und russischen Klassikern.

Der Glaube an das »andere«, das geistige Deutschland wurde 1941 zum Verhängnis für viele Russen, Ukrainer, Weißrussen und besonders Juden, die vor der Wehrmacht nicht geflohen waren. Die Älteren von ihnen, die die deutsche Besatzung von 1918 noch in Erinnerung hatten, glaubten, daß die Nazifaschisten wohl viel Schlimmes beabsichtigten, beruhigten sich aber damit, die Truppen kämen doch aus dem Lande von Goethe und Schiller... Kein Wunder, daß bei vielen, die die schrecklichen Erlebnisse der Okkupation überlebten, dieser Glaube in Verbitterung, ja in Haß umschlug.

Die sowjetische Kriegspropaganda schürte diesen Haß, und nach dem Kriege gehörte das Mißtrauen gegen die »westdeutschen Revanchisten«, ebenso wie gegen die »amerikanischen Imperialisten« und die »zionistischen Verschwörer«, zu den Grundpfeilern der offenkundig chauvinistischen Großmachtideologie der Stalinschen Propaganda- und Erziehungsapparate. Aber nach dem Tode Stalins und der öffentlichen Verurteilung des »Personenkults«, also des Stalinismus, waren es wieder die Bücher – die der deutschen Klassiker und auch mancher neuen Autoren –, die Brücken über Abgründe schlugen und Löcher in den Eisernen Vorhang rissen.

In den Jahren des »Tauwetters« war es zunächst Erich Maria Remarque, der von mehreren Millionen sowjetischen Lesern als eine Wiederentdeckung des »guten Deutschen« empfunden wurde. Seine Romane »Zeit zu leben, Zeit zu sterben« und »Drei Kameraden« wurden 1957/58 zu Bestsellern und lösten eine Remarque-Welle aus. Danach gab es auch neue Ausgaben von »Im Westen nichts Neues« und »Heimkehr«. Diese Remarque-Welle ebbte erst im nächsten Jahrzehnt ab. In den sechziger und siebziger Jahren wurden immer neue Bücher deutscher Autoren aufgelegt: Gesammelte Werke und einzelne Bücher von Goethe und Schiller, Heinrich und Thomas Mann, von Bertolt Brecht, Wolfgang Borchert, Anna Seghers, Siegfried Lenz, Paul Schallück, Hans Werner Richter, Erwin Strittmatter, Christa Wolf, Martin Walser u.a.m.

Zum meistgelesenen deutschen und überhaupt ausländischen

Autor wurde Heinrich Böll. Er blieb es auch nach 1975, als man seine Werke nicht mehr neu auflegte, weil seine »politische Einstellung« den sowjetischen Behörden mißfiel.

Viele Menschen im Westen, darunter auch manche Emigranten aus der UdSSR, vermögen nicht zu erklären, wie es geschehen konnte, daß in dem totalitären, durchaus ideologisch gleichgeschalteten Staat geistig freie Menschen aufwachsen können, solche wie die Physiker Andrej Sacharow und Jurij Orlow, der General Pjotr Grigorenko, die Schriftsteller Viktor Nekrassow, Alexander Solschenizyn, Georgij Wladimow, Wladimir Wojnowitsch und zahllose andere, die man Menschenrechtler oder Dissidenten nennt. Sie alle haben ja in sowjetischen Schulen gelernt, in sowjetischen Hochschulen studiert, viele von ihnen waren früher Jungpioniere, auch Jungkommunisten. Sollen sie alle nur glückliche Ausnahmen oder zufällige Erscheinungen sein?... So etwas würde auch der sturste Russenfeind kaum glauben können. Die Erklärung dafür aber ist eben das, was oben berichtet wurde. Das geistige Leben in allen sowjetischen Republiken entwickelt sich letzten Endes doch unabhängig von den grausamen staatspolitischen Mächten! Trotz all der gewaltigen und in vielem leider auch erfolgreichen Einwirkungen der offiziellen Propaganda und Pädagogik wirkte stets und immer die heilsame Widerstandskraft, die die geistigen, die ethischen und ästhetischen Überlieferungen, die die Poeme und Romane, Dramen und lyrischen Gedichte auf die Seelen und die Gedanken der Menschen ausstrahlen.

Um wieviel wirksamer müssen diese verbindenden Kräfte dann werden, wenn keine Kriege die Völker zerteilen, und wenn es auch nur etwas weniger finstere Zeiten sind. Das Licht, das diese Kräfte ausstrahlen, kann keine Finsternis erfassen.

Ist Freiheit in Rußland möglich?

(Vortrag in Hamburg am 19. 1. 1983)

Verehrte Damen und Herren,

in der Bundesrepublik und in anderen Ländern des Westens, aber auch schon früher in Moskau, nahmen wir – meine Frau und ich – oft an Diskussionen teil, die ein und dasselbe Vorurteil zum Gegenstand hatten. Es hieß: Die Russen sind für Freiheit und Demokratie nicht disponiert, sie sind vielmehr zur Tyrannei veranlagt.

So reden und schreiben vor allem die offenen Feinde nicht nur der Sowjetunion, sondern Rußlands schlechthin. Ich brauche Sie nur an bestimmte Seiten in Hitlers »Mein Kampf« zu erinnern. Im Kapitel »Ostorientierung oder Ostpolitik« behauptet er, die Russen seien überhaupt nicht zu einer Staatsbildung fähig, sie seien von einer germanischen Minderheit regiert worden. Und nach der Vernichtung dieser Oberschicht durch die Revolution sei Rußland zu einem geographischen Begriff geworden. Aber auch manche wohlwollenden Ausländer, die sich als Freunde Rußlands begreifen, urteilen ähnlich. Vor etwa 170 Jahren schrieb Joseph de Maistre, daß Gehorsam und Demut die Tugenden der russischen Menschen seien, sie seien sozusagen – und er meinte das als Vorteil – als Untertanen geboren. Manche der alten und der neueren russischen Nationalisten behaupten, daß Demokratie eine westliche Erscheinung und der Begriff der Freiheit in Rußland ein anderer als der im Westen sei.

Ein national gesinnter aufrichtiger Dissident in Moskau schrieb etwa so: »Es gehört zum Wesen des russischen Menschen, daß er sich von einem allgemeinen Wahlrecht gedemütigt fühlen würde.«

Solche Vorstellungen entstanden nicht im Vakuum, sie haben Vorgeschichte. In der Geschichte des alten Rußland gab es Perioden brutaler Knechtung, angefangen mit der mongolischen Herrschaft vom 13. bis 15. Jahrhundert, die fast 250 Jahre währte. Mit der Übernahme der byzantinischen Tradition im 15. Jahrhundert gelangte nicht nur das Wappen, der zweiköpfige Adler, nach Rußland, sondern fand auch die Vergötterung des Monarchen ihre Fortsetzung. Die Moskauer Zaren, insbesondere Iwan der Schreckliche im 16. Jahrhundert, sorgten dafür, daß jede freie Regung ihrer Untertanen rücksichtslos unterdrückt wurde. Seit der Zeit Iwans des Schrecklichen waren sowohl die Kirche als auch der Adel gehorsam und untertänig, waren sowohl Leibeigene als auch Bojaren unmündige Knechte des Zaren. Selbst der große Reformator Peter der Große, der, wie es hieß, »das Fenster zum Westen« aufstieß, war ein recht willkürlicher Herrscher, der selbstbewußt und despotisch sein Land befehligte.

Das alles sind die äußeren Merkmale der inneren Gesetzmäßigkeit, die in der tragischen Geschichte nach dem Februar 1917, nach den wenigen Monaten einer beinahe absoluten Freiheit, dann seit November 1917 zu einem grausamen Unterdrückungssystem führte, zu einer sich ideologisch gebärdenden totalitären Macht, die nicht nur über die Körper, über die Arbeit der Menschen, sondern auch über ihre Gesinnungen, über ihre Seelen herrschen wollte.

Das sind Tatsachen, aus denen die alten wirklichkeitsfremden Mythen von der für die Knechtschaft geschaffenen Russen entstanden. Doch sie sind der vergangenen Wirklichkeit ebenso fremd wie der neuen.

Die Geschichte kennt viele Beispiele von Freiheitskämpfen und vom Freiheitsdrang der russischen Menschen in Nord und Süd. Ich will hier keine Vorlesung über die Geschichte Rußlands halten, sondern nur ganz kurz an Tatsachen erinnern. Es gab die Republiken Nowgorod, Pleskau im Nordwesten und Wjatka im Nordosten des europäischen Rußland, freie Staaten, freie Republiken, die nicht nur das Wahlrecht, sondern auch andere Bürgerrechte gewährleisteten. Die Nowgoroder heuerten ihre Fürsten an und vertrieben sie wieder, wenn sie ihnen nicht gefielen.

Erst im 16. Jahrhundert wurden diese Freistaaten von den Moskauer Zaren endgültig grausam unterworfen. Aber im weiteren Verlauf der Geschichte gab es noch die Kosaken-Republiken am Dnjepr und am Don, später am Ural und noch weiter im Osten. Diese Kosaken, die Ihnen wohl als militärischer Stand aus der neuesten Geschichte bekannt sind, waren ursprünglich eben diejenigen zur Freiheit drängenden Menschen, die aus der Leibeigenschaft, aus der Knechtschaft geflohen waren und ihre freien Siedlungen, ihre Republiken zunächst am Dnjepr, dann auch am Don schufen.

Symbolisch für die Geschichte Rußlands ist die Geschichte der Eroberung des riesigen Raumes östlich des Ural. Sibirien wurde von den Kosaken erobert, die von Zar Iwan dem Schrecklichen in Abwesenheit zum Tode verurteilt worden waren und als vogelfrei galten. Diese Kosaken eroberten, unterstützt von dem Großkaufmann Stroganow, östlich des Ural ein Riesenland und schenkten es dem Zaren. In den folgenden Jahrhunderten wurde Sibirien von Sträflingen und anderen Außenseitern besiedelt und aufgebaut. Sibirien war das Gebiet, in dem Zuchthäusler, Zwangsarbeiter, aber auch freie, wagemutige Menschen in der Taiga und an den Ufern gewaltiger Flüsse lebten. Es waren auch die Kosaken, die die Mündung des Amur erschlossen und bereits im 18. Jahrhundert bis auf den amerikanischen Kontinent, nach Alaska und entlang der Westküste Amerikas bis nach Kalifornien, vordrangen. Später, im 19. Jahrhundert, spielten die Kosaken eine zwiespältige Rolle, denn die Zaren nutzten sie als Hilfstruppen, als Teil des Heeres.

Dies ist ein exemplarischer Ausschnitt aus der Geschichte, sinnbildlich für die wechselreiche Entwicklung Rußlands, in der sich Kräfte der Freiheit und Kräfte der Tyrannei nicht nur bekämpften, sondern manchmal sogar zusammenwirkten.

Widersprüchlich war die Geschichte Rußlands in vielem. Peter der Große führte als erster den Briefadel in Rußland ein. Übrigens führten er und der preußische Friedrich Wilhelm diese Neuerungen nach schwedischem Vorbild beinahe gleichzeitig ein. Nach jahrhundertelanger Knechtung begann mit Peter eine Befreiung des höheren Standes, des Adels.

Der Enkel Peters des Großen, Peter III., der nur wenige Monate russischer Zar war, gab 1761 einen Erlaß über die Freiheitsprivilegien des Adels heraus. Danach durften die Adligen nicht mehr als rechtlose Knechte behandelt werden; es wurde auch der Dienstzwang aufgehoben, das heißt, die Adligen waren nun nicht mehr zum Dienst für den Staat verpflichtet und wurden von der körperlichen Züchtigung, der Prügelstrafe, befreit. Seit dieser Zeit gab es erstmals einen Stand, der nicht mehr geprügelt werden durfte. Damals begann mit der Aufklärung auch die Blütezeit der neuen russischen Dichtung, eine gewaltlose russische Kulturrevolution.

Aus dem nicht mehr von der Prügelstrafe bedrohten Adel gingen die ersten bewußten Revolutionäre hervor, die *Dekabristen*, die im Dezember 1825 auf dem Senatsplatz in Sankt Petersburg für eine liberale Verfassung, für soziale Reformen antraten. (Die rebellischen Truppen wurden auseinanderkartätscht, fünf Anführer gehenkt, mehr als 100 Offiziere kamen in Zuchthäuser und Verbannung, Hunderte von Soldaten wurden nach dem Spießrutenlauf, der für viele den Tod bedeutete, in Strafeinheiten abkommandiert.)

Aus dem Adel gingen viele große Dichter und Denker des 19. Jahrhunderts hervor, von Karamzin und Puschkin bis zu Turgenew, Tolstoj und Dostojewskij.

Doch neue Privilegien für den höheren Stand bewirkten gleichzeitig eine noch schlimmere Knechtung für die leibeigenen Bauern. Früher blieben sie an ihre Scholle gebunden, an ihre Herren, die zum Dienst als Offiziere oder Beamte verpflichtet waren und dafür mit »Land und Leuten« belohnt wurden. Die Bauern hatten zwar Frondienst zu leisten, aber man durfte sie nicht von ihrem Grund und Boden entfernen, sie gehörten fest dazu. Nachdem aber die Herren von ihren Pflichten am Staat befreit worden waren und dafür nur noch Steuern zahlen sollten, durften sie ihre Leibeigenen wie Vieh verkaufen.

Hier in Deutschland erlebte man im 18. Jahrhundert die schlimmen Zeiten, als manche Fürsten ihre Soldaten verkauften, nach England, nach Amerika, nach Holland. Die Szene aus »Kabale und Liebe« ist Ihnen allen bekannt. Schiller hat dieses grausame und tragische Unrecht von der Theaterbühne aus öffentlich angeprangert. Die Französische Revolution zwang die deutschen Duodezfürsten und Aristokraten zur Mäßigung, so daß dieser Mißbrauch von Macht bald ganz aufhörte. In Rußland aber nahm die Leibeigenschaft eben um diese Zeit immer schlimmere Formen an.

Hunderttausende russischer Bauern kämpften für die Freiheit ihres Landes gegen Napoleon; zuerst in Rußland, dann in Deutschland, später kamen sie bis nach Paris. Sie halfen mit, die Freiheit Europas zu erkämpfen. Aber sie kehrten danach wieder als rechtlose Leibeigene in ihre Heimat zurück, ihre Lage war eher noch schlechter geworden.

Diese und andere so deutlich sichtbare, aus jedem Geschichtsbuch leicht zu erkennende besondere Eigenschaften der russischen Geschichte zeugen von dem ewigen Widerspruch, von dem ewigen Gegensatz zwischen staatspolitischen und sozialen Traditionen einerseits und den Traditionen des nationalen Geistes, der nationalen Kultur andererseits. Dies sind unlösbare Widersprüche, die sich jedoch manchmal innerhalb einer Gemeinschaft, sogar im Seelenleben eines einzelnen entwickeln.

Die Folgen der Französischen Revolution und der Napoleonischen Kriege waren für Deutschland und für Rußland grundsätzlich verschieden. Goethe, der kein Revolutionär, sondern eher ein überzeugter Gegner aller Revolutionen war, sprach mit Eckermann auch über die positiven Folgen der Französischen Revolution (4. Januar 1824). In dieser Zeit zog er bereits die Schlußfolgerung: »Höchstes Glück der Erdenkinder / Sei nur die Persönlichkeit«. Der geniale Denker Goethe spürte auch die besondere Rolle Rußlands in der Geschichte Europas. Während des Wiener Kongresses 1815 schrieb er ein kurzes Epigramm: »Sie werden so lange votieren und schnacken / Wir sehen endlich wieder die Kosaken / Die haben uns vom Tyrannen befreit / Sie befrein uns auch wohl von der Freiheit.« Das paßt so gut ins Jahr 1815 wie 1945.

Der jüngere Zeitgenosse Goethes, Alexander Puschkin, schrieb in einem Gedicht, sinngemäß ins Deutsche übersetzt: »Ich will weder von den Zaren noch vom Volk abhängig sein. Ich brauche eine andere, eine höhere Freiheit.« Er meinte die Freiheit des Geistes, die Freiheit der Gedanken, die innere Freiheit des schöpferischen Menschen. Auch heute berufen sich manche Russen darauf, die es ehrlich mit der Freiheit des Geistes meinen, aber keine Konflikte mit staatspolitischen Mächten anstreben.

Der Begriff der Persönlichkeit, der persönlichen Freiheit und nicht nur der allgemeinen Menschenrechte, wie er zum erstenmal in der amerikanischen Verfassung und dann in der Deklaration der Französischen Republik genauer formuliert wurde, hat in Rußland eine dramatische, wenn nicht tragische Geschichte erlebt. Puschkin faßte diesen Begriff genauso wie Goethe auf. Aber hundert Jahre später dichtete Majakowskij, der die Revolution, die Ideale des Sozialismus leidenschaftlich begrüßte und später an dem totalitären Staat scheiterte: »Eine Eins ist nichts, eine Eins ist Null. Ein einzelner Mensch hat nichts zu bedeuten.« Er behauptete, sein Traum, sein Drang sei es, »wie ein Tropfen im Strom der Massen zu fließen«.

In der Zeit, als meine Altersgenossen und ich in sowjetischen Schulen lernten, waren auch wir davon überzeugt, daß der einzelne Mensch eigentlich ein Nichts ist im Vergleich zu großen Mengen, zu seiner Klasse, zum Vaterland aller Werktätigen und zu der gesamten werktätigen Menschheit.

Menschenrechte und Bürgerrechte erschienen uns als überholte, anachronistische Begriffe aus der Zeit der bürgerlichen Revolution. Sie kennen wohl auch aus der deutschen Literatur und der deutschen Geschichte ähnliche Erscheinungen. In dem Stück »Mann ist Mann« läßt Brecht einen englischen Soldaten sagen, daß ein Mann noch nichts wert sei, auch zehn Mann seien nicht viel wert, bedeutend würden erst mehrere hundert. Die Parole »Gemeinnutz vor Eigennutz« wurde auch in Deutschland zur Faustregel der Nationalsozialisten, zum Grundgesetz der Erziehung nach dem 30. Januar 1933.

Die Geschichte der sowjetischen Gesellschaft, des sowjetischen Staates, der ja nicht nur das russische Volk beherrscht, wurde zur Geschichte einer folgerichtigen Unterdrückung der Grundbegriffe von Menschenrecht und Bürgerrecht. In den ersten Jahren nach der Revolution, nach dem Bürgerkrieg wurden gemäß den Verfassungen von 1918 und 1925, die Bürgerrechte nach der Klassenzugehörigkeit vorsahen, ganze Stände offiziell entrechtet: alle Arbeitgeber, das heißt Kleinunternehmer – denn Großunternehmer gab es seit 1917 nicht mehr –, Großbauern, die Landarbeiter anheuerten, Kaufleute, sogar Kleinhändler besaßen weder das aktive noch das passive Wahlrecht, ebensowenig wie die Angehörigen der einst privilegierten Stände, wie Offiziere der zaristischen Armee und höhere Beamte, sofern sie nicht in den neuen Staat integriert waren. Ebenso waren Geistliche aller Konfessionen – russisch-orthodoxe wie katholische, jüdische wie moslemische – offiziell entrechtet. Damals wurde offen verkündet: Es kann keine allgemeinen Menschenrechte geben, da es Klassenkampf und Klassenrechte gibt; erst wenn sich eine glückliche klassenlose Gesellschaft entwickelt hat, werden alle gleichberechtigt werden.

Nach 1929/30 wurden in der Sowjetunion ganze Schichten der Bevölkerung durch die Kollektivierung und durch die Aufhebung der »Neuen Ökonomischen Politik« brutal entrechtet und von Vernichtung bedroht. Millionen Bauern wurden ohne jegliches Recht und Gesetz ausgesiedelt und in den hohen Norden oder den Fernen Osten verbannt – ebenso diejenigen, die früher aufgrund bestehender Gesetze private Betriebe besaßen und frei kaufen und verkaufen durften.

1930/31 kam das »goldene Fieber«, wie man es nannte. Für die Erfüllung des Fünf-Jahres-Planes wurde Gold gebraucht. Menschen, die einst reich waren, bei denen man Gold vermutete,

darunter auch Zahnärzte und Juweliere, wurden einfach eingesperrt und gefoltert, man gab ihnen nichts zu trinken, ließ sie
nicht schlafen, und sie wurden erst wieder freigelassen, wenn
ihre Angehörigen Gold abgeliefert hatten. Dafür gab es keine
gesetzliche Grundlage, es war jedoch eine Selbstverständlich-
keit: Der Arbeiter- und Bauern-Staat brauchte Gold.

Während des Bürgerkrieges 1918 bis 1920 wurden Vertreter der
»feindlichen Klassen« massenweise als Geiseln verhaftet, und es
hieß, dies geschehe, weil die Weißen Armeen gefangene Kommunisten und Kommissare der Roten Armee brutal behandel-
ten. Zur Vergeltung wurden viele unschuldige Menschen erschossen. Hinterher aber hieß es: »Nun haben wir die neue
sozialistische Gesetzmäßigkeit.« 1923/24 erschien das erste neue
sowjetische Gesetzbuch.

Doch bereits nach wenigen Jahren war es ein Anachronismus,
da viele Gesetze einfach mißachtet wurden. Schon 1928/29
wirkte statt der Gerichte die sogenannte »Troika«, die Dreier-
Kommission der GPU, also keine juristische, sondern eine
administrative Instanz. Sie verurteilte zahlreiche Menschen ohne Anhörung im Fernverfahren aufgrund der Materialien der
Untersuchungsrichter; die meisten wurden zu Gefängnisstra-
fen, Lager oder Verbannung verurteilt.

Am 1. Dezember 1934 wurde Sergej Kirow, der Parteisekretär
des Leningrader Gebietes, ermordet. Diesen Mord hatte Stalin
befohlen, was wir aber erst 30 Jahre später erfuhren. Darauf
setzten in mehreren Wellen die »großen Säuberungen« ein. Sie
begannen mit »Vergeltungsmaßnahmen«, unzähligen stand-
rechtlichen Erschießungen. Es standen in allen Zeitungen Listen von angeblichen Terroristen, die ohne weiteres, ohne
jegliche Untersuchung und ohne Urteil, erschossen wurden –
aus Rache für die Ermordung des Genossen Kirow.

1935 bis 1938 wurden ohne jegliche gesetzliche Grundlage massenhaft Todesstrafen verhängt. Zunächst wurden Berufsdiebe,
Berufskriminelle sozusagen »in aller Stille« verurteilt und zu
Hunderten erschossen. In den Lagern wurden Listen aufgestellt, die alle Insassen mit mehr als drei oder vier Vorstrafen

erfaßten. Sie galten als unverbesserlich und wurden »liquidiert«. Danach setzten die politischen Massenmorde ein. Zunächst wurden die meisten sogenannten Trotzkisten erschossen. Im Winter 1937/38 waren es im Norden und im Fernen Osten Tausende, vielleicht Zehntausende, die nach Listen aufgerufen und ohne jegliche »Formalitäten« hingerichtet wurden. (Vielleicht existieren irgendwo statistische Daten, aber sie blieben bis heute unveröffentlicht.) Bald wurden selbst die Vollstrecker dieser Massenmorde erschossen, darunter auch der Volkskommisar für Staatssicherheit Jeschow.

Die gesetzlose »Rechtsprechung« nahm noch weitaus größere Ausmaße an; ganze Völker wurden verurteilt. Bereits 1936/37 begann man mit der Massenaussiedlung von Volksstämmen. Als erste waren es die Chinesen und Koreaner im Fernen Osten. Die Begründung dafür lautete: die Japaner rückten nach China vor, wo sie einen Marionettenstaat, Mandschukuo, bildeten. Sie wollten von dort einen Krieg anzetteln; Menschen, die ihnen der Tradition nach nahe standen, äußerlich ähnlich sahen und manchmal sogar Verwandte in der Mandschurei und in Korea hatten, könnten anfällig für die japanische Propaganda werden; außerdem könnten sich japanische Spione und Diversanten besser unter Chinesen und Koreanern verstecken.

So wurden innerhalb weniger Tage Hunderttausende Menschen aus dem Fernen Osten nach Kasachstan und Usbekistan umgesiedelt. Das gleiche Schicksal traf alle Polen aus dem westlichen Grenzgebiet und alle Esten und Finnen im Nordwesten der Sowjetunion. Als 1941 der Krieg ausbrach, wurde auf Beschluß des Obersten Sowjets, des Politbüros oder vielleicht auch allein aufgrund eines Befehls von Stalin ein Volk nach dem anderen aus seiner angestammten Heimat vertrieben. Im September 1941 wurden die Wolgadeutschen aus ihrer Autonomen Republik und aus den Gebieten in der Ukraine, in denen ihre Ahnen seit fast zweihundert Jahren lebten, nach Kasachstan und nach Südwestsibirien zwangsevakuiert. 1943/44 waren es die Kalmücken, die Tscheschenen, die Inguschen und die Krimtataren. Die Vertreibungen dauerten bis 1945 an. Völker wurden als

Völker verbannt. Hunderttausende von Menschen sind dabei umgekommen. – Wer kennt die genauen Zahlen? Was Gesetze und Menschenrechte damals in der Sowjetunion bedeuteten, kann ich vielleicht an einem einzigen kleinen Beispiel erläutern. Es handelt sich um die Geschichte eines Menschen, der im letzten Jahr gestorben ist; deshalb darf ich seinen Namen nennen. Er hieß Grigorij Berjoskin und war ein weißrussischer Schriftsteller. Im Frühjahr 1941 – er war damals Jungkommunist und angehender Journalist in Minsk – wurde er verhaftet, weil er einigen Bekannten gesagt hatte: »Wir dürfen Hitler nicht vertrauen. Er wird uns letztlich doch überfallen!« Dafür wurde er verhaftet – wegen »antisowjetischer Propaganda«. Er blieb noch in Untersuchungshaft, als am 22. Juni 1941 die Hitlersche Wehrmacht die Sowjetunion überfiel. Minsk brannte nach schweren Luftangriffen. Das Gefängnis wurde evakuiert; da die Eisenbahn zerstört war, mußten die Gefangenen in einer Kolonne zu Fuß nach Osten marschieren. Am Waldrand hinter der Stadt begann die Aussonderung: alle Kriminellen und Gelegenheitsverbrecher, die nach gewöhnlichen Artikeln des Strafgesetzbuchs verhaftet und manche bereits verurteilt worden waren, bekamen Ausweise ausgehändigt und wurden mit dem Ruf »Mach, daß du fortkommst, tu, was du willst!« fortgeschickt. Doch alle, die nach Artikel 58 verhaftet worden waren, die politischen Häftlinge also, wurden in den Wald geführt und umgehend niedergeschossen, so daß alle anderen es sehen oder hören konnten. Die Wachmannschaften hatten es eilig, denn immer wieder kamen Luftangriffe. Berjoskin schrie: »Ich weiß ja, das ist doch der Krieg, von dem ich gesprochen habe! Ich wurde ja eingesperrt, weil ich gesagt habe, daß Hitler uns überfällt! Ich will an die Front, will kämpfen!« Es hieß aber nur: »Halt's Maul! Rüber!« Berjoskin wurde durch die Me 110, die Schlachtflieger, gerettet. Fliegeralarm! Alles ging in Deckung, er und einige andere Häftlinge, die ebenfalls erschossen werden sollten, liefen in den Wald. Die Wachen schossen erfolglos hinterher. In den Wäldern von Minsk stieß er zu einer Gruppe versprengter Rotarmi-

sten, die aus dem Kessel herausgekommen waren. Er behauptete, er sei während der Bombardierung aus Minsk geflohen, alles
zu Hause sei ausgebombt und abgebrannt, er habe keine Papie-
re, nichts als Hemd und Hose. Es gab viele Flüchtlinge in seiner
Lage, und so glaubte man ihm. Er wurde unter seinem richtigen
Namen in die Armee aufgenommen. Als Soldat zeichnete er
sich mehrfach aus, wurde verwundet, dekoriert; als tapferer
Soldat und als fleißiger Zeitungsleser, der die Kameraden auf-
klären konnte, mußte er selbstverständlich Parteigenosse werden. Bei der Aufnahme, noch während der Kämpfe in Stalingrad in der vordersten Linie, erzählte er, wie es einem ehrlichen
Genossen geziemt, seine ganze Geschichte. Die Kameraden
lachten: »Stellt euch vor, er wurde eingesperrt, weil er gegen
Hitler war. Solche Dummheiten waren einmal möglich!« Man
nahm ihn ohne weiteres in die Partei auf, er wurde zum
Leutnant und dann auch zum Oberleutnant befördert. Als
hochdekorierter Oberleutnant der Garde arbeitete er in der
Redaktion einer Divisionszeitung im besetzten Berlin. Doch
1948 wurde er wieder verhaftet und wegen »Flucht aus der
Haft« zu zehn Jahren verurteilt. Erst nach dem Tode Stalins
kam er im Zuge der Amnestie von 1954 frei.
Dies war kein Einzelfall. Dieses absurde »Verfahren« wurde auf
alle angewandt, die in Deutschland in Kriegsgefangenschaft
waren, die auf irgendeine Weise in den besetzten Gebieten mit
den Okkupationsbehörden zusammengearbeitet hatten, sei es
als Putzhilfen, als Heizer, gar nicht zu sprechen von Dolmet-
schern oder Kanzleiangestellten – sie alle kamen zunächst in
Untersuchungslager und wurden dann bestenfalls in die Verbannung geschickt. Es waren mehrere Millionen früherer
Kriegsgefangener, früherer »Okkupierter« in den Lagern und
den Verbannungsorten in Sibirien.
Noch weitere Beispiele zur absurden Logik des sowjetischen
Unrechtswesens und der absoluten Mißachtung der Bürgerrechte und Menschenrechte zur Zeit Stalins lassen sich hier
anschließen. Als ich in Gefängnissen und Lagern war, habe ich
viele Menschen und ihre Lebensgeschichten kennengelernt. Oft

kam es mir einfach absurd vor, daß beispielsweise Männer, die als national gesinnte Partisanen in Estland oder Litauen mit der Waffe in der Hand gegen die sowjetische Armee gekämpft und dabei ihre Landsleute, die mit den Sowjets zusammengearbeitet hatten, hingerichtet hatten, Männer, die terroristische Aktionen durchgeführt hatten, ebenso zehn Jahre bekamen wie zum Beispiel Mitglieder des Parteibüros einer technischen Hochschule in Moskau. Sie hatten versucht, sich gegen einen schlechten Parteisekretär zur Wehr zu setzen, der ihnen vom Kreiskomitee immer wieder aufgezwungen wurde. Vor einem Wahltag hatte sich die Mehrheit des Parteibüros in der Wohnung eines Genossen zusammengefunden und beschlossen: »Den Kerl wollen wir nicht wiederwählen, denn er versteht nichts von seinen Aufgaben, er ist grob und boshaft!« In der Tat wurde er abgewählt. Aber irgend jemand hatte von der »Verschwörung« erfahren. Jeder Teilnehmer dieser privaten Versammlung bekam zehn Jahre, ebensoviel wie die baltischen Partisanen.

Einer Gruppe junger Soldaten, die zum ersten Mal an einer Parade in Moskau teilnahmen – es war am 7. Novembe 1951 –, widerfuhr folgendes: Nach der Parade meinte jemand aus der Gruppe in der Kaserne: »Wegen des schlechten Wetters waren heute keine Flieger da. Was wäre passiert, wenn ein Amerikaner gekommen wäre und Bomben geschmissen hätte?!« In der Gruppe entstand eine Diskussion: es gebe doch die Flak und die Abfangjäger, und ob es überhaupt für die Amerikaner möglich sei, bis Moskau durchzubrechen, um Bomben abzuwerfen. Der Gruppenführer, ein Unteroffizier, dem die Burschen schon früher mißfielen, meldete das Gespräch. Jeder der neun Teilnehmer dieser Diskussion unter Knaben wurde nach dem Paragraphen über terroristische Pläne zu 25 Jahren verurteilt. – So war es vor Stalins Tod.

Danach folgten die Ereignisse, die hier aus der Presse bekannt sind: die große Amnestie oder die große »Rehabilitierung«. Millionen Menschen kehrten aus den Lagern zurück. Plötzlich erkannten alle, daß die meisten dieser Millionen eigentlich für nichts eingesessen hatten. Viele Menschen, deren Angehörige noch lebten, wurden posthum rehabilitiert.

1962 hörten wir im Moskauer Schriftstellerverband einen offiziellen Vortrag des Vorsitzenden des Schriftstellerverbandes. Er nannte Zahlen: Im Laufe der »Periode des Personenkults« sind 660 Schriftsteller »gesetzwidrig repressiert« worden. Alle wurden rehabilitiert, 180 leider posthum. Diese Zahlen beziehen sich nur auf Schriftsteller. Es gab noch mehr Wissenschaftler, Künstler, Arbeiter, Bauern, Angestellte – wer hat sie gezählt?

Doch mit den Enthüllungen kamen auch die neuen großen Hoffnungen. Überall hieß es: »So etwas wird sich niemals wiederholen! Nie wieder!« Damals glaubten wir noch an die Möglichkeiten eines sozialistischen Rechtsstaates.

Begriffe wie Humanismus, Demokratie, Menschenrechte, Heimatliebe, Patriotismus, die vor 1934/35 beinahe als Schimpfworte gebraucht wurden oder als Wörter aus dem Arsenal der bürgerlichen Propaganda galten, hatten ja schon früher einen bestimmten Wert. 1936 trat die neue Verfassung in Kraft. Sie wurde »die Stalinsche Verfassung« genannt. Sie enthielt einen Paragraphen über die Gleichberechtigung aller Staatsbürger, wonach es keine Klassenunterschiede mehr gab. So entstanden auch neue Begriffe: »sozialistischer Humanismus«, »sozialistischer Patriotismus«, »sozialistische Heimat«.

Begriffe wie »Recht« und »Gerechtigkeit« wurden in den Terrorjahren vor und nach dem Krieg scheinheilig und zynisch mißbraucht. Nach Stalins Tod glaubte man aber, daß man diese alten schönen Begriffe zur Wirklichkeit machen könne, daß es einen sozialistischen Humanismus gebe, ebenso wie eine sozialistische Rechtsprechung und Gerechtigkeit.

Von diesen neuen Illusionen haben uns weder die Ereignisse in Berlin vom 17. Juni 1953 noch die in Ungarn im November 1956 heilen können. Nach 1956 glaubte man noch, daß dies alles schlimme »Überbleibsel aus der Stalinzeit« seien, die Reste des »Personenkults«, wie man das ganze Stalinsche Regime euphemistisch nannte.

Doch es kamen immer neue Rückschläge, und mit diesen Rückschlägen kam auch die neue Auffassung der Begriffe von Freiheit, Menschenrechten und Bürgerrechten, die immer mehr von aller ideologischen Verbrämung befreit wurden. Doch nur allmählich begannen meine Freunde und ich, gründlicher über die alten ideologischen Tabus nachzudenken und die Wirklichkeit so zu sehen, wie sie war, und nicht, wie sie laut unseren Theorien, laut offizieller Presse und Propaganda sein sollte.

Zunächst waren die Auftritte derjenigen, die nachher Oppositionelle oder Dissidenten genannt wurden, keineswegs gegen den Staat gerichtet, auch nicht gegen die herrschende Partei. Im Gegenteil: man versuchte, sie auf den Boden der Programme und der Gesetze zurückzuführen. Als einer der tapfersten sowjetischen Bürgerrechtler ist heute Generalmajor Pjotr Grigorenko bekannt. Zum erstenmal trat er 1961 auf einer Parteikonferenz auf. Als alter Parteigenosse, verdienter Frontgeneral und Divisionskommandeur, später Leiter eines Lehrstuhls an der Frunse-Akademie, sprach er offen und ruhig und wollte die Geschichte der sowjetischen Gesellschaft, seiner Partei und seines Staates als überzeugter Marxist analysieren, um zu begreifen, wie es zu einem »Personenkult« hatte kommen können. Wie war eine solche Bürokratisierung möglich geworden? Wo sind die materiellen und sozialen Gründe dafür zu suchen? Welche grundsätzlichen Fehler wurden gemacht? Darauf wurde er bereits am nächsten Tag abgesetzt, demobilisiert, aus der Partei ausgeschlossen. Als er dagegen protestierte, auch noch sagte, daß Chruschtschow kein Marxist sei, weil er sich in seiner Kritik Stalins nur auf eine Persönlichkeit konzentrierte und nicht vom System spreche, kam er zum erstenmal in ein Irrenhaus.

Ein Beispiel aus jüngster Zeit: Eine der letzten Meldungen aus der Sowjetunion berichtet, daß ein Gericht in Tomsk einen jungen Wissenschaftler zu psychiatrischer Zwangsheilung verurteilt hat mit der Begründung, er gehöre in ein Irrenhaus, weil er eine »philosophische Intoxikation« erlebt habe. (Diese Formulierung ist bisher einmalig.) Die »Intoxikation« bestehe darin, daß er den »dialektischen Materialismus und den sowjetischen Staat kritisiert« habe und »beanspruche, eine Persönlichkeit zu sein« – so steht es wörtlich in einem Gerichtsurteil.

Heute ist es also wieder ein Verbrechen, das Menschenrecht auf eine eigene Meinung, auf eine Persönlichkeit, auf menschliche Würde zu beanspruchen.

Die sechziger Jahre waren noch Jahre der großen Hoffnungen. Als Chruschtschow abgesetzt wurde, glaubte man, daß dies eine Wende zum Besseren bedeuten könne.

1964 wurde jedoch der junge Lyriker Brodskij vor Gericht gestellt und als »Parasit«, also als arbeitsscheu, zu fünf Jahren Verbannung verurteilt. Viele Menschen in Moskau und Leningrad protestierten dagegen. Auch aus dem Ausland kamen Proteste. Aus der Bundesrepublik schrieben Heinrich Böll, Marion Gräfin Dönhoff, Hans Werner Richter und viele andere über diesen Fall. Die Proteste hatten Erfolg. Nach anderthalb Jahren Verbannung wurde Brodskij freigelassen.

1965, als Breschnew schon am Ruder war, wurde die erste Hausdurchsuchung bei den Freunden von Solschenizyn vorgenommen, wobei seine Manuskripte beschlagnahmt wurden. Die Schriftsteller Sinjawskij und Daniel wurden verhaftet, weil sie ihre Werke im Ausland veröffentlicht hatten. So wurden wieder Literaten verfolgt, weil sie schrieben, was den Behörden nicht paßte. Die erste Protestdemonstration in Moskau fand am 5. Dezember 1965 statt, dem Tag der Verfassung. Es gab nur einige Plakate mit einer bescheidenen Parole: »Achtet die Verfassung!« Man protestierte nicht gegen den Staat, nicht gegen die bestehenden Gesetze. Man verlangte, daß man sie nicht übertritt. Doch im Februar 1966 kam es zum Prozeß gegen Sinjawskij und Daniel: Sinjawskij wurde zu sieben, Daniel zu fünf Jahren Lager verurteilt.

Wieder erhoben sich Proteste. Alle diejenigen, die Protestbriefe oder Begnadigunggesuche unterschrieben hatten, wurden anschließend gerügt. Manche Schriftsteller bekamen Schwierigkeiten mit Ausgaben und Veröffentlichungen.

Dann kam das Jahr 1968. Das Jahr des Prager Frühlings. Es wird aber auch in der Geschichte des russischen Geistes, der russischen beziehungsweise der sowjetischen öffentlichen Meinung von Bedeutung bleiben.

In diesem Jahr trat Andrej Sacharow zum erstenmal mit einem Memorandum an die Öffentlichkeit. Am 25. August demonstrierten auf dem Roten Platz in Moskau sieben junge Menschen gegen die Intervention der Warschauer-Pakt-Staaten in die Tschechoslowakei. Sie verlangten Freiheit für Dubček, denn an diesem Tage wurden Dubček und seine Kollegen noch im Kreml festgehalten.

Selbstverständlich wurden alle Demonstranten brutal geschlagen, kamen ins Gefängnis, später in Lager, in die Verbannung. Und Sacharow wurde nach seinem Memorandum seiner Posten enthoben. Er blieb aber Mitglied der Akademie der Wissenschaften.

1968 setzte eigentlich die Geschichte der neuen Bewegung ein, die man hier im Westen eine Menschenrechts- oder, weniger genau, Dissidentenbewegung nennt. 1968 erschien die erste Untergrundzeitung, die hieß »Chronik der laufenden Ereignisse«. Sie erscheint auch heute noch, eine Zeitschrift in Typoskriptform, die manchmal bis zu 40 oder 50 Seiten stark ist, und jetzt auch im Ausland nachgedruckt wird.

Ein Jahr darauf entstand das Komitee für Menschenrechte, das zunächst drei Menschen bildeten: Andrej Sacharow, der junge Physiker Walerij Tschalidse und der Mathematiker Grigorij Podjapolskij.

Podjapolskij starb an einem Herzinfarkt, Tschalidse lebt in Amerika – und dort publiziert er die Chronik, die er aus Moskau auf verschiedenen Wegen erhält –, Sacharow ist seit 1980 nach Gorkij verbannt und lebt dort streng bewacht und oft brutal schikaniert.

Der Kampf für die Menschenrechte ist in Rußland nicht ein Kampf gegen den Staat, niemand von den aktiven »Menschenrechtlern« will an dem System rütteln, weil man weiß, daß das sinnlos ist. Man verlangt von dem Staat nur, daß er sich an die eigenen Gesetze hält, die in den Gesetzbüchern verbrieft sind, daß er die internationalen Verträge achtet, die Vertreter dieses Staates öffentlich unterzeichnet haben.

Die Bewegung für Menschenrechte läßt auch jetzt trotz härtester Verfolgungen nicht nach. Im Gegenteil, sie vervielfältigt sich. General Grigorenko, von dem ich bereits sprach, setzte sich, nachdem er aus dem Irrenhaus entlassen worden war, zum erstenmal besonders leidenschaftlich für die in der Sowjetunion verfolgten nationalen Minderheiten ein, für das Recht der Krimtataren, auf die Krim zurückzukehren, für das Recht der Sowjetdeutschen, nach Deutschland zu fahren oder in die Ortschaften, in denen sie vor dem Kriege beheimatet waren, an der Wolga, in der Ukraine, im Nordkaukasus.

Dafür mußte Pjotr Grigorenko schwer büßen: 1970 kam er wieder ins Irrenhaus. Fünf Jahre verbrachte er in »psychiatrischen Gefängnissen« – blieb aber ungebeugt. Jetzt lebt er in Amerika. Über seine Erfahrungen und Erlebnisse können Sie in seinen »Erinnerungen« lesen, die 1981 auch in Deutschland erschienen sind. Das ist kein poetisches Buch, kein Kunstwerk, aber es ist eine wahrheitsgetreue Geschichte eines wahrhaft heroischen Menschenlebens und zugleich auch die Geschichte des Landes, des Volkes.

Auch in diesem Buch erkennt man den ewigen Gegensatz zwischen den grausamen Mächten eines tyrannischen totalitären Staates und dem unbeugsamen Freiheitswillen des Volkes und den Traditionen der geistigen nationalen Kultur, die immer noch lebendig sind.

Was ich hier ganz besonders betonen möchte, eben heute, in der Zeit, da die Probleme von Krieg und Frieden zu den aktuellsten Problemen der Tagespolitik geworden sind: Staatsmänner und Politiker reisen von Land zu Land, doch in all den internationalen Verhandlungen, sowohl in politischen als auch in wirtschaftlichen und wissenschaftlichen, werden die humanitären Probleme, und das heißt auch die Probleme der Menschenrechte, einfach ausgeklammert. Und wenn Politiker, Industrielle, Wissenschafter oder sonstige Unterhändler ihre sowjetischen Gesprächspartner nach den Menschen fragen, die in der Sowjetunion nur deswegen verfolgt werden, weil sie sich für Menschenrechte, für religiöse Freiheit, für verfolgte nationale Minderheiten einsetzen oder sich über solche Verbrechen wie den Überfall auf Afghanistan kritisch geäußert haben, wenn man von hier, aus dem Westen für solche Menschen um Gerechtigkeit oder auch nur Barmherzigkeit zu bitten versucht, heißt es: »Ihr mischt euch in innere Angelegenheiten ein.«

Dieser Begriff »innere Angelegenheiten« ist zu einer sakrosankten Formel geworden. Und daß dabei manche erfahrenen, geistreichen Politiker zögern und verstummen, das ist mir einfach unverständlich. Und ebenso unverständlich und recht unangenehm ist das Verhalten mancher großen Männer der Wissenschaft und der Industrie, der Finanzen und des internationalen Handels, von denen ich zu hören bekam: Die Sowjets sind wohl hart in ihrer Innenpolitik, aber sie bleiben gute Partner in wirtschaftlichen und wissenschaftlich-technologischen Verbindungen. Warum sollen denn wir mit ihnen über Menschenrechte in ihrem Lande diskutieren?

Brecht läßt seinen Galilei sagen, daß ein kluger Wollhändler nicht nur dafür sorgen müsse, daß er seine Wolle von heute auf morgen teuer verkaufe, sondern auch dafür, daß überhaupt ein Handel in dem Lande möglich sei.

Die Männer der Politik, der Wissenschaft und der Wirtschaft, die da glauben, daß man ruhig handeln und verhandeln könne, ohne an die Menschenrechte zu denken, sind genau diejenigen Kapitalisten, von denen Lenin einst sagte: »Sie werden uns noch die Stricke verkaufen, an denen wir sie aufhängen.«

Auf innere Angelegenheiten berief sich noch 1946 Hermann Göring vor dem Gerichtshof in Nürnberg; er sagte, dieses Gerichtsverfahren sei eigentlich ungesetzmäßig, weil solche Probleme wie die Rassengesetze, die Remilitarisierung, die Konzentrationslager, die Repressionen in besetzten Gebieten doch nur innere Angelegenheiten eines souveränen Staates seien. Und genauso argumentieren heute die sowjetischen Politiker, wenn man sie zu ihrem Einmarsch in Afghanistan oder zur

Behandlung von Sacharow anspricht oder zur Verfolgung der sogenannten Helsinkigruppen, die 1976 in Moskau und Kiew entstanden, um für die Verwirklichung der Vereinbarung von Helsinki zu sorgen. Sie nennen das alles »innere Angelegenheiten«.

Und das möchte ich zum Schluß besonders deutlich betonen: Das Problem darf man nicht als innere Angelegenheiten betrachten. Denn solange Andrej Sacharow mundtot gemacht wird – und jetzt versucht man, ihn auch wirklich zu töten –, solange solche Männer wie der Physiker Jurij Orlow – der 1976 in Moskau die Helsinkigruppe organisierte und schon 1977 verhaftet wurde – oder der ukrainische Dichter Mykola Rudenko – der die Helsinkigruppe in Kiew organisierte und auch 1977 verhaftet und trotz schwerer Krankheit zu strengster Haft verurteilt wurde –, solange diese Menschen – und auch viele andere, es sind bereits mehrere Tausend, die eingesperrt wurden, nur weil sie für Menschenrechte eintraten, nur weil sie sich für die Achtung der eigenen Gesetze und der internationalen Verträge einsetzten –, solange diese Menschen verfolgt und verhaftet werden, ist die Unterschrift eines Andropow oder Gromyko oder wer nach ihnen folgen mag, kaum mehr wert, als das Blatt Papier, auf dem sie stehen.

Man muß verhandeln. Ich will zu keinem Boykott aufrufen. Boykottieren wäre schädlich für alle. Aber es soll hier im Westen endlich klar werden: Drüben in der Sowjetunion braucht man den Westen, braucht man politische und ganz besonders wirtschaftliche Verbindungen zu den industrialisierten Ländern. Aber man darf diese Verbindungen nicht unabhängig von Problemen der Menschenrechte pflegen, denn in dem atomaren Zeitalter auf unserem so eng gewordenen Planeten ist es lebensnotwendig, daß Politik und Handel und Wissenschaft mit der Achtung der Menschenrechte untrennbar verbunden werden. Man darf sie nicht auseinanderhalten.

Ich möchte mit zwei Bitten schließen. Erstens bitte ich Sie, die Kontonummern der Stiftung Jurij Orlow (IGFM e.V.) aufzuschreiben:

Postscheck-Kto. Nr. 42-21-608, Postscheckamt Frankfurt und Dresdner Bank, Frankfurt, Kto. Nr. 909-130-00.

Aus dieser Stiftung werden Medikamente sowie Lebensmittel an die Familien der Verhafteten und auch unmittelbar an die Verbannten geschickt.

Weiterhin bitte ich Sie, bei allen Begegnungen, bei allen Kontakten mit den Menschen aus dem Osten darüber nicht zu vergessen, was Heinrich Böll zum Titel eines seiner Bücher machte: »Einmischung erwünscht«. Mischt Euch bitte ein, in Briefen, Telegrammen, in Telefongesprächen, in Unterhaltungen von Mann zu Mann mit Staatsmännern, Politikern, Journalisten, Sportlern, Künstlern, Touristen.

Ich glaube, daß jetzt im atomaren Zeitalter allein mit den Waffen des Wortes gute vernünftige Ziele erreicht werden können. Und über die Waffen des Wortes kann jedermann verfügen. Dafür braucht man keine Akademien zu absolvieren, da braucht man nur den guten Willen. Darum bitte ich Euch: Mischt Euch ein!

Was geschah seit dem Frühling 1945?

(Ein Gespräch mit Gerd Ruge)

Kopelew: Am Sonntag, dem 21. Juni 1941 sollten wir auf eine Datscha hinausfahren, und es war ein Lastwagen, ein Taxi-Lastwagen, bestellt für acht Uhr morgens, der kam aber weder um acht, noch um neun. Ich telefonierte immer wieder – es war besetzt, besetzt. Wir verstanden nicht, was los war – irgendeine Panne vielleicht. Und dann kam ein Anruf von einem Freund, der in einer kleinen Regierungsstelle tätig war. Eine sehr erregte Stimme: »Wartet auf keinen Wagen, in ein paar Stunden wird eine Regierungserklärung kommen!« Da wußten wir schon, daß etwas Besonderes los war. Dann kam im Rundfunk die Stimme Molotows; die erste Bekanntgabe, daß der Krieg begonnen hatte. Kaum hatte Molotow zu Ende gesprochen, begann meine Frau zu weinen; die beiden Mädels sahen sie zum erstenmal weinen und weinten mit. Ich packte schnell meinen Rucksack und rannte zum Wehrbezirk. Ich dachte, ich muß sofort zum Einsatz. Dort wurde ich selbstverständlich abgewiesen, die hatten andere Sorgen: Sie werden schon verlangt, wenn wir Sie brauchen.

Ruge: Aber du wolltest sofort?

Kopelew: Ich wollte sofort. Ich glaubte, der Krieg würde nur kurz dauern. Ich wollte sofort zum Einsatz nach Deutschland, ich sprach ja Deutsch. Ich glaubte, daß ich mit einem Fallschirm irgendwo landen würde und zusammen mit deutschen Genossen an einem Aufstand gegen Hitler teilnehmen würde.

Ruge: Mit deutschen Genossen, das war eure Vorstellung?

Kopelew: Ja, das war nicht nur meine Vorstellung. Und die ersten, die mir ein bißchen reinen Wein einschenkten, das waren gerade die deutschen Genossen in Moskau: Willi Bredel und Erich Weinert, die waren schon sehr skeptisch. Sie sagten: Nein. Nein. Langsamer, langsamer. Es kann nicht so schnell losgehen, irgendwann wird es schon losgehen, aber nicht so bald. Die hatten schon deutlichere Vorstellungen, wie es drüben in ihrer Heimat aussah.

Ruge: Während ihr noch glaubtet, nun würde das deutsche Proletariat zusammen mit der Sowjetunion Hitler vernichten…

Kopelew: Ja, daß irgendwelche Arbeiteraufstände kommen, Streiks, so etwas habe ich mir vorgestellt. Ich weiß nicht, heute ist es sonderbar zurückzudenken, aber so etwas dachte ich mir.

Ruge: Und da warst du ganz überzeugt, daß im Grunde alles richtig war, die sowjetische Kriegführung, der Hitler-Stalin-Pakt zuvor, auch vielleicht die Säuberungen und anderes, was geschehen war?

Kopelew: Nein, die Säuberung, das war schon ein schweres Kapitel, schwer verständlich.

Ruge: Die großen Massenverhaftungen…

Kopelew: Ja, das wußten wir schon, und da hatten wir schon unsere bitteren Zweifel darüber. Denn 1939/40 kamen ja manche heraus. Und wir dachten, es sei eine Riesenprovokation gewesen, eine feindliche Diversion. Und viele, die ungerecht eingesperrt wurden, waren inzwischen tot, erschossen… Und der Hitler-Stalin-Pakt machte uns auch recht gemischte Gedanken, widersprüchliche Gedanken und widersprüchliche Gefühle. Den Einmarsch in Polen, den Überfall auf Finnland habe ich nie gebilligt, ebenso wie die regelrecht chauvinistische Hetze gegen Polen, die damals einsetzte – das alles war mir fremd. Aber zugleich war ich froh, daß wir unsere Grenzen erweiterten, daß der Sozialismus bis zum Baltikum vorrückte. Aber an dem Sonntag, als der Krieg zu uns kam, dachte ich: Nun endlich ist es der wahre, gerechte Krieg. Jetzt ist alles klar, und man muß die Zweifel beiseite legen. Nun geht es gegen den wirklichen Feind, und nun wird auch klar werden, wer was wert ist. Und so fühlten ja viele.

Ruge: Und dann kamst du zu einer Propagandaeinheit, die speziell die deutschen Truppen beeinflussen sollte.

Kopelew: Ja, die deutschen, auch die spanischen, denn drüben bei Nowgorod hatten wir im Oktober auch noch die Blaue Division vor uns.

Ruge: Ja, da habt ihr Propaganda gemacht, ohne eigentlich genau zu wissen, wie sich die deutschen Truppen ihre eigene Rolle vorstellten.

Kopelew: Doch, da wußten wir schon etwas. Wir hatten ja Gefangene, wir haben uns mit ihnen unterhalten. Und da merkte ich schon, wie dumm unsere zentralisierte Propaganda war. Die brachte ganz verlogene Meldungen; jeden Monat meldete man eine Million vernichteter gegnerischer Soldaten. Danach wäre die ganze Wehrmacht schon etwa im Dezember 1941 vernichtet gewesen. Aber dann bekamen wir an der Front die Erlaubnis, selbst Propaganda zu machen und nicht nur die Flugblätter zu verbreiten, die aus Moskau kamen. Das war schon im September. In der Abteilung für Propaganda bei der Politischen Verwaltung der Front hatten wir diese Rechte erhalten und gebrauchten sie ehrlich. Wir wollten den Gegner nicht belügen, wir wollten ihn überzeugen von dem, was wir selber glaubten.

Ruge: Als Propaganda aus der Überzeugung heraus, nicht so sehr aus psychologischem Kalkül?

Kopelew: Auch aus psychologischem Kalkül, wir wollten ja auch einschüchtern. Wartet nur, wenn erst der Winter kommt, dann werdet ihr Schlimmes erleben, und ihr werdet vernichtet. Gebt euch lieber gefangen.

Damals war ich sehr stolz darauf, daß ich einen Reim machte, der nachher sogar in Moskau auf die Flugblätter kam: »Deutsche Soldaten, sterbt nicht für die Nazi-Plutokraten. Rettet Euch selbst vor Krieg und Tod, gefangen – gerettet ist das Gebot.«

Ruge: Und am Ende des Krieges warst du in Ostpreußen?

Kopelew: Ja, nach Ostpreußen kamen wir im Januar 1945.

Ruge: Und da wendete sich dein Schicksal, du bekamst Schwierigkeiten, du bekamst einen Prozeß an den Hals wegen humanistischem Mitleid mit dem Feind. Wie kam das zustande?

Kopelew: Na, das kam, weil ich ganz schlimme Beziehungen zu meinem Chef und noch zu einigen Vorgesetzten hatte. Da wütete ja die stur chauvinistische Hetzpropaganda gegen die Deutschen schlechthin, was ich ja nie mitmachen konnte – ich war ja Antifaschist. Ich war ja gegen den deutschen Imperialismus in den Krieg gezogen, nicht aber gegen das deutsche Volk. Genauso dachten viele meiner Kameraden, aber ich war eben besonders unbeliebt bei den Vorgesetzten. Und als dann der Einmarsch nach Ostpreußen kam, und ich da gegen ganz gemeines Treiben mancher Soldaten und Offiziere protestierte, wurde ich aus der Partei ausgeschlossen, wurde denunziert und kam schließlich in den Knast. Verhaftet wurde ich am 5. April 1945 direkt aus dem Lazarett. Ich hatte eine schwere Quetschung am 8. Mai 1944 bei Graudenz erlebt.

Ruge: Und die holten dich aus dem Lazarett heraus und behaupteten, du habest die Deutschen gefördert?

Kopelew: Die erste Anklageformel, die mir damals im April vorgelegt wurde, enthielt einige Punkte – es wurde mir manches vorgeworfen, was ich früher in Versammlungen gesagt oder mit Kameraden offen besprochen hatte. Es hieß erstens: Verleumdung des eigenen Kommandos, weil ich über das schweinische Benehmen mancher Soldaten und Offiziere unzweideutig sprach. Einige Genossen von der politischen Leitung haben mir das übelgenommen. Zweitens: Propaganda des bürgerlichen Humanismus und des Mitleids mit dem Feind. Drittens hieß es: Verleumdungen der Verbündeten, weil ich gesagt hatte, Churchill sei immer ein Gegner, ein Feind der Sowjetunion gewesen, und wir müßten auch in Zukunft damit rechnen. Jetzt kämpfen wir als Verbündete mit den englischen und amerikanischen Truppen gegen die Nazi-Wehrmacht, aber bald werden wir gegen amerikanische und englische Kapitalisten für die Seelen des deutschen Volkes kämpfen. Also ich sagte das, was später auch wirklich kam. Da war noch ein Punkt: Verleumdung des Schriftstellers Ilja Ehrenburg, weil ich

schon immer kritisch über seine gehässigen Feuilletons sprach –
zuletzt auch öffentlich auf einer Parteiversammlung an der
Front. Damals sagte ich, ich kenne nur vier Klassiker des
Marxismus: Marx, Engels, Lenin und Stalin. Ehrenburg ist für
mich kein Klassiker, ist überhaupt kein Marxist. Was er da
schreibt, ist Chauvinismus.

Ruge: Vielleicht hast du – wenn du so willst – da Ärger
bekommen, weil du noch kommunistischer argumentiertest als
deine Vorgesetzten?

Kopelew: Ja, weil ich meinen Kommunismus ganz ernst nahm,
weil ich ihn so nahm, wie ich's gelernt und studiert hatte und
mich nicht an die neue Ideologie anpassen wollte. Ich dachte
damals, daß all das Schlimme, das bei uns geschieht, nur
zeitweilige Abweichungen, Verzerrungen sind – die neue chauvinistische Ideologie, die schon vor dem Kriege gepredigt wurde, und der Nationalitätenhaß, der zweckbewußt geschürt
wurde, erst gegen Polen, gegen Finnen und dann gegen Deutsche. Nachher wurde er auch gegen Amerikaner und Juden und
gegen Chinesen gerichtet. Aber auch im Gefängnis glaubte ich
noch, daß ich eben ein viel besserer Kommunist sei als diejenigen, die mich eingesperrt hatten.

Ruge: Ja, damit beginnt sozusagen, an diesem Punkt, etwa
1945, ein weiteres von deinen Leben, das du neun Jahre im
Gefängnis verbracht hast.

Kopelew: Neun Jahre und sieben Monate.

Ruge: Neun Jahre und sieben Monate.
Der erste Prozeß – wie verlief der?

Kopelew: Der war schon, als ich eine Zeitlang im Lager war.
Nach Kriegsende 1945 feierte man den Sieg, und die Fronttri-
bunale hatten den Fall nicht mehr behandeln wollen.
Die Akten gingen nach Moskau an die »Besondere Beratung«,
das Ferngericht der Staatssicherheit, und ich kam ins Lager,
erwartete einen Urteilsspruch in absentia, aber es gab kein
Fernurteil, weil viele Kameraden sich für mich einsetzten. Sie
schrieben an den Generalstaatsanwalt, an die »Besondere Beratung«, an die Parteiführung.

Ruge: Und sie wollten aussagen?

Kopelew: Ja, sie wollten aussagen, sie behaupteten, ich sei ein guter Kommunist, ein guter Offizier gewesen, ein aufrichtiger Patriot; alles Gute, was sie von mir nur sagen konnten, haben sie geschrieben. Man holte mich aus dem Lager nach Moskau und machte mir einen Prozeß im Tribunal des Moskauer Wehrkreises, das war am 16. Dezember 1946. Ich wurde freigesprochen. Damit hatte ich nicht gerechnet, obwohl ich sicher war, daß ich unschuldig bin. Aber ich hatte im Lager schon Fälle erlebt und wußte, wie unsere Justitia manipuliert wird. Am 4. Januar 1947 wurde ich auch freigelassen. Zwar wurde der Freispruch noch zwei Wochen lang überprüft, wenn einer nach dem Artikel 58 als politisch Angeklagter freigesprochen war, kam er nicht sofort frei. Die Silvesternacht 1947 verbrachte ich noch in der Einzelzelle.

Und dann kam ich raus und blieb mehr als zwei Monate frei.

Ruge: Bei deiner Familie?

Kopelew: Ja, bei meiner Familie. Aber der Parteifall wurde noch weiter geprüft. Im Februar hieß es, der Freispruch sei rückgängig gemacht worden, der Prozeß werde neu aufgenommen. Ich wurde wieder verhaftet, kam wieder vors Gericht. Da waren wieder meine Kameraden und Freunde, die sich für mich eingesetzt hatten. Es waren nur zwei, die mich anklagten: mein Chef und sein Stellvertreter. Von allen Anklagepunkten blieb eigentlich nur einer: Verleumdung des eigenen Kommandos, der eigenen Armee. Im Mai 1947 bekam ich drei Jahre. Das war mir zu viel, dem Staatsanwalt aber zu wenig. Ich kam wieder ins Lager und aus dem Lager wieder zu einem neuen Prozeß, das war schon im Oktober 1947. Diesmal war nur ein Zeuge vorgeladen, und zwar ein Entlastungszeuge, einer meiner Freunde, einer der wichtigsten Entlastungszeugen, der aussagte, wie bei der Politleitung der Front die Hetze gegen mich angezettelt und geleitet worden war. Der Gerichtsvorsitzende und der Staatsanwalt bedrängten ihn. Sie wollten, daß er seine Aussage zurücknehme. Er hat's nicht getan, er war sehr tapfer. Und dann bekam ich doch zehn Jahre. Später gab es einen weiteren Urteilsspruch: sieben. Meine Freunde richteten einen Brief an Stalin, in dem sie schrieben, daß dieser Urteilsspruch ungerecht und widersinnig sei. Daraufhin kam aus Stalins Sekretariat eine Resolution an das Oberste Gericht der Sowjetunion, der Fall solle nun endlich geklärt werden. Darauf ließ man mir bekanntgeben, daß mein Urteil gemildert würde, daß ich nur sechs Jahre sitzen müsse. Aber dann wurde auch das widerrufen, auch aus der Ferne. Es hieß, daß Stalin höchstpersönlich empört war, daß man mich so milde behandelt hatte – das hat mir viel später mein Rechtsanwalt erzählt. Und da bekam ich diese zehn Jahre wieder zurück, und auch meine Freunde, die sich für mich eingesetzt hatten, wurden alle bestraft. Sie kamen, Gott sei Dank, nicht ins Gefängnis, aber sie wurden alle aus der Partei ausgeschlossen. Die bei der Armee waren, wurden sofort demobilisiert. Die Zivilisten wurden aus der Arbeit ausgeschlossen. Sie haben alle schwer leiden müssen.

Ruge: Du sprachst von Gefängnissen, Lagern unterschiedlicher Art, auch von einem besseren Lager, in das du dann nach dem letzten Prozeß kamst. Wie unterschieden sie sich grundsätzlich? Was hast du da erfahren?

Kopelew: Ja, die Unterschiede waren ziemlich groß. Das erste Lager hinter der Wolga war ein Waldlager mit Waldarbeitern und einigen Fabriken, die Holz verarbeiteten. Da war es ziemlich schwer. Das zweite Lager war an der Wolga, nördlich von Moskau, da wurde das Physikerstädtchen Dubna errichtet.

Ruge: Wo die großen Atomreaktoren jetzt stehen?

Kopelew: Ja, ja, aber erst viel später habe ich erfahren, was wir da gebaut hatten. Nachher kam ich in ein Spezialgefängnis, das man im Rotwelsch »Scharaschka« nannte, ein Gefängnis für Techniker, Wissenschaftler; Solschenizyn hat es in seinem Roman »Der erste Kreis der Hölle« beschrieben. Darüber habe ich im dritten Buch meiner Erinnerungen »Tröste meine Trauer« geschrieben. Im Vergleich zu den gewöhnlichen Lagern hatte man es da gut, brauchte nicht zu hungern, schlief auf guten Betten; man wurde verhältnismäßig freundlich behandelt und hatte Arbeit, die interessant war, auch mitreißend, richtig wissenschaftliche Arbeit. Im letzten Haftjahr, 1954, arbeitete ich in einem anderen ähnlichen Gefängnis, als Übersetzer technischer Literatur und als Bibliograph in der technischen Bibliothek.

Ruge: Wie kam das? Kriegtest du diese Verbesserung wegen guter Führung, oder war es ein Interesse der Verwaltungsbehörden, um deine Möglichkeiten besser auszunutzen?

Kopelew: Selbstverständlich war es ihr Interesse, sie brauchten gute Techniker, brauchten Wissenschaftler. Ich übersetzte aus verschiedenen Sprachen und hatte auch gewisse linguistische Kenntnisse – das paßte ihnen. Ich habe dort gelernt, die Sprach-Spektogramme zu entziffern; »visible speech« nennen es die Amerikaner, die sichtbare Sprache: akustische Bilder. Ich habe da sogar ein paar kleine Entdeckungen gemacht.

Ruge: Und in dem gleichen Lager, jedenfalls in dem einen, war auch Solschenizyn. Waren da noch andere, mit denen du sozusagen auch diskutieren, reden, über die Zukunft nachdenken konntest?

Kopelew: Ja, Solschenizyn und Panin, der jetzt auch im Ausland lebt. Dort waren viele sehr intelligente und sehr gute Menschen. Manche sind auch später meine Freunde geblieben. Dort haben wir sehr heftig diskutiert, und ich gehörte zu den Marxisten, oder die sich Marxisten wähnten. Wir waren eine winzige Minderheit, die meisten standen damals schon dem System viel skeptischer, mißtrauisch oder sogar feindlich gegenüber. Aber wir haben uns damals in der »Scharaschka« eigentlich gut vertragen, besonders nach Stalins Tod sprach man bei uns viel offener und diskutierte auch viel offener, als es draußen unter den »Freien« üblich war, so nannten wir alle, die nicht gefangen waren. Ich versuchte damals noch, an meinen alten Ideen und an alten utopischen sozialen Vorstellungen festzuhalten. Das blieb so auch nach der Freilassung. Ich war dann zwar kein Stalinist mehr; eigentlich war ich nie ein richtiger Stalinist, obwohl ich glaubte, einer zu sein. Aber die mich eingesperrt haben, die waren richtige Stalinisten. Nach der Freilassung glaubte ich immer noch an die Lehren von

Lenin und Marx, an den Segen der Oktober-Revolution. Es vergingen Jahre, mehr als ein Jahrzehnt, bis ich mich allmählich davon löste, mich von mythischen Vorstellungen, von Tabuisierungen befreite, und Tatsachen und reale Verhältnisse zu erkennen begann.

Ruge: War es vorher deine Idee gewesen, daß es eigentlich nur an Stalin gelegen habe, oder was war schief gegangen?

Kopelew: Nein, so naiv war ich nicht, aber ich dachte, daß hauptsächlich oder allein die Bürokratisierung der Partei- und Staatsapparate die Ursache aller Übel gewesen sei, und ich glaubte an eine bessere Zukunft und wußte auch, daß viele gute Menschen in dem System, in dem ich erzogen worden war, an dem ich mitgebaut hatte, lebten und arbeiteten. Doch dann mußte ich vieles gründlich umlernen, vieles neu erkennen, Jahr für Jahr löste ich mich immer mehr von den Theorien, von Utopien, von abstrakten Spekulationen und baute neue Vorstellungen auf konkreten Tatsachen, auf konkreten Erfahrungen der Geschichte und des eigenen Lebens auf.

Ruge: Wann geschah das? Du kamst also nach Stalins Tod aus dem Lager.

Kopelew: Ja, anderthalb Jahre nach Stalins Tod.

Ruge: Und wie ging es dann weiter?

Kopelew: Ich wartete noch ziemlich lange auf die Rehabilitierung, da habe ich wieder manches erleben müssen, durfte nicht in Moskau, nicht in dem alten Haus, in dem mich alle kannten, leben, mußte abwechselnd bei Freunden unterkommen. Aber es war schon nicht mehr so gefährlich für mich, und gar nicht gefährlich für sie, wie es zu Stalins Zeit gewesen wäre.

Ruge: Du lebtest also sozusagen unangemeldet, ohne Genehmigung in Moskau?

Kopelew: In der alten Wohnung wurde ich von der Miliz aufgesucht, mußte weg und mich hundert Kilometer weit von Moskau entfernt anmelden. Ich bekam keine richtige Arbeit, und immer wieder waren es die Freunde, die mir geholfen haben. So begann ich Brechts »Galilei« zu übersetzen. Der Vertrag wurde aber auf den Namen eines Freundes geschlossen;

er bekam den Vorschuß und gab ihn mir. Als dann endlich meine Rehabilitierung kam, erschien auch mein Name als Übersetzer im gedruckten Text.

Rehabilitiert wurde ich erst im Herbst 1956. Der XX. Parteitag war im Februar, meine Parteirehabilitierung kam im September und die juristische erst im November.

Ruge: Der XX. Parteitag war der, wo Chruschtschow die große Geheimrede über Stalins Verbrechen gehalten hat.

Kopelew: Ja, und da kamen bei uns neue Illusionen auf, da kamen auch neue Hoffnungen. Es war keine gradlinige Entwicklung. Manchmal wurde man hart vor den Kopf gestoßen. Aber dann hofften wir wieder, daß man eben systemintern Gutes erreichen, trotz alledem einen wahren Sozialismus aufbauen könne, trotz des 17. Juni in Berlin, den ich noch im Gefängnis erlebte, trotz des Blutbades in Ungarn im Herbst 1956. Denn gleichzeitig haben die Polen doch gesiegt – Gomułkas Erfolg schien uns eine große Errungenschaft zu sein. Und so hofften, so glaubten wir noch bis tief in die sechziger Jahre. Als Chruschtschow gestürzt wurde, da dachten wir, daß es vielleicht doch zum besseren gehen wird. Er war ja schon sehr willkürlich geworden, man versuchte bereits auch, um ihn einen Personenkult zu betreiben.

Ruge: Irgendwann Anfang der sechziger Jahre hattest du mal in einer Diskussion gesagt: Verbietet die Verbote! Das war aber doch schon etwas schwierig.

Kopelew: Das war, glaube ich, im Dezember 1962. Schon zuvor, 1960, hatte ich ein Buch publiziert, in dem ich zu beweisen versuchte, daß es nur einen wahren Humanismus gibt, der keine Adjektive braucht. Es gibt weder einen besonders guten sozialistischen, noch einen schlechteren bürgerlichen Humanismus. Es kann nur eine wahre Menschlichkeit, ein wahrer Humanismus angestrebt und verwirklicht werden. Und dafür wurde ich von Iljitschow öffentlich gerügt.

Ruge: Dem Leiter der Propaganda beim ZK.

Kopelew: Ja, er leitete die Propagandaabteilung, heute ist er stellvertretender Außenminister. Er war Chruschtschows

Chefideologe. Von dem wurde ich wegen des Buches und wegen einer Rede gerügt, die ich in einer Künstlerkonferenz mit den Worten schloß: Verbietet die Verbote! Damals kritisierten mich auch manche von denjenigen, die sich als Antistalinisten profilierten. Ich sagte, man dürfe nichts verbieten, man solle sich auch nicht an den alten Stalinisten rächen, man solle sie nur bloßstellen, die Wahrheit erzählen, berichten, schreiben, von allem, was einst geschehen war. Ich war gegen jegliche Repressalien und administrative Maßnahmen, war auch gegen ein Totschweigen von Stalin, wie es damals praktiziert wurde, als man selbst das Wort Stalingrad nicht einmal nennen durfte.

Ruge: Und du warst eigentlich gegen die Verfolgung der Stalinisten, der alten, der ehemaligen?

Kopelew: Ja, ich war dagegen, daß man Publikationen, Meinungsäußerungen aus irgendeinem Grunde verbietet. Und so sahen mich manche Kollegen als einen Opportunisten, ja sogar als einen Konservativen an. Besonders diejenigen, die sich als äußerst radikale Antistalinisten gebärdeten. Heute sind manche von ihnen noch in führenden Stellungen und sind radikal linientreu.

Ruge: Aber »Verbietet die Verbote«, diese These war damals nicht akzeptabel.

Kopelew: Nein.

Ruge: Für die Regierung schon lange nicht.

Kopelew: Das wollte man nicht hinnehmen, das galt als gefährliche Abweichung.

Ruge: Das war auch eine Zeit, in der du und deine Freunde euch doch auch sehr für andere eingesetzt habt. Es gab damals einen Artikel in der »Iswestija«, da wurdest du als eine Art Don Quichote dargestellt, du und deine Freunde, die denen helfen wollten, denen vorher Unrecht geschehen war. Das ging damals ja noch gleichzeitig?

Kopelew: Ja, das war im Herbst 1963, dieser »Istwestija«-Artikel erschien am Tag, als Kennedy ermordet wurde, da hatte man uns Don Quichote genannt, aber ganz freundlich. Doch bald verschlechterte sich die Situation wieder. Die Nomenklatura, die neue Oberschicht, hatte sich gefestigt. Wir erkannten das leider erst viel später. Und wir versuchten immer neue Illusionen aufzubauen, klammerten uns an die Hoffnungen, die besonders nach dem XXII. Parteitag entstanden waren, nachdem Stalins Sarg aus dem Mausoleum hinausgetragen worden war, und man einen Beschluß gefaßt hatte, den Opfern des Stalinschen Terrors ein Denkmal in Moskau zu errichten.

Ruge: Das nie errichtet wurde –

Kopelew: Nie errichtet, nein – dagegen aber wurde später ein Stalin-Grabmal an der Kreml-Mauer errichtet. Doch damals zu Beginn der sechziger Jahre glaubten wir immer noch an die Möglichkeit, von innen heraus das System zu sanieren, einen Sozialismus mit menschlichem Gesicht aufzubauen. Der Prager Frühling 1968 war für uns auch eine große Quelle der Hoffnung.

Ruge: Aber zuvor lagen doch schon die Prozesse und die Schwierigkeiten, in die du auch hineingezogen wurdest. Der erste große Literatenprozeß eigentlich seit Stalins Tod, war ja bereits 1966.

Kopelew: Ja, der Prozeß gegen Sinjawskij und Daniel. Das war im Februar 1966.

Ruge: Wie begann das? Was hast du damit zu tun gehabt?

Kopelew: Andrej Sinjawskij und Julij Daniel wurden im September 1965 verhaftet. Im selben Monat wurde bei einem Freund von Solschenizyn eine Hausdurchsuchung gemacht und sein Archiv beschlagnahmt. Da mußte ich mich einsetzen, da war ich wirklich erschreckt und besorgt, daß wieder das Alte beginnt: Literaten werden verhaftet, weil sie als Literaten gearbeitet hatten. Sie veröffentlichten ein paar ihrer Werke im Ausland. Und nur dafür wurden sie wie Verbrecher eingesperrt. Sie haben keine Bomben gelegt, keine Verschwörungen organisiert. Um Solschenizyns Schicksal waren wir sehr besorgt. Im Februar 1966, als der Prozeß beginnen sollte, war ich einer von denen, die von den Anwälten als Sachverständige eingeladen wurden und Gutachten schrieben, ob die Werke des Angeklagten als verbrecherisch und staatsfeindlich betrachtet werden könnten. Doch unsere Gutachten, die alle Anklagen wohlbegründet widerlegten, wurden nur den Akten beigefügt, wurden nicht mal vollständig vorgelesen, und keiner von den Gutachtern, die die Anwälte empfohlen hatten, durfte im Gericht erscheinen. Darauf folgte ein Brief von 60 Autoren an den Parteitag, der im März tagen sollte, es war eine Bitte, ein Gesuch um Gnade, um Großzügigkeit. Doch wir wurden dafür gerügt und mußten auch verschiedene Strafmaßnahmen erleben, zum Beispiel durfte ich nicht mehr ins Ausland fahren. 1964 und 1965 war ich zweimal in der DDR gewesen, als ich an einem Buch über Brecht schrieb. Aber seit 1966 durfte ich nicht mehr.

Ruge: Ist das Buch noch erschienen?

Kopelew: Ja, 1966, es war mein letztes Buch, das russisch in der Sowjetunion erscheinen konnte, es ist ein Buch über Brecht – über sein Leben und Werk.

Ruge: Damit endete die Möglichkeit zu publizieren?

Kopelew: Noch nicht endgültig. 1968, nachdem ich aus der Partei ausgeschlossen, aus dem Institut für Kunstgeschichte gefeuert worden war, durften wohl keine Bücher mehr von mir erscheinen. Ein Buch wurde einfach im letzten Augenblick – der Umbruch war schon da – eingestampft. Aber einige andere kleine Publikationen kamen noch hin und wieder durch – dank der Freunde hüben und drüben. Heinrich Böll hat sich 1968 für mich eingesetzt, er sprach im Rundfunk und publizierte in der ZEIT einen Artikel, »Plädoyer für einen Freund«, er schrieb über mich und über den Maler Boris Birger, der damals auch in Bedrängnis war. Böll habe ich es zu verdanken, daß ich damals nicht aus dem Schriftstellerverband ausgeschlossen wurde, was geplant war.

Ruge: Und warum?

Kopelew: Weil Heinrich Böll in der Sowjetunion von Millionen Lesern sehr hoch geachtet war, man wußte auch, daß er im internationalen PEN-Club großen Einfluß hatte und die Leiter des sowjetischen Schriftstellerverbands in den PEN aufgenommen werden wollten. Da versuchten sie, Böll zu umwerben. Deswegen hat man auch, als er 1971 nach Moskau kommen sollte, meine Übersetzung seiner Gedichte in einer Zeitschrift publiziert. Zum letzten Mal 1975, als ein Buch erschien, »Goethe über die Kunst«, wurden meine Übersetzungen von Goethes Schriften zur Kunst und Literatur und meine Kommentare dazu publiziert, auch mit meinem Namen unterzeichnet.

Ruge: Aber dazwischen konnte in Moskau praktisch nichts Größeres erscheinen?

Kopelew: Nein, nein, nur hin und wieder unter fremden Namen.

Ruge: Unter fremden Namen heißt: unter einem Pseudonym oder?

Kopelew: Zunächst unter Pseudonym, aber dann gab einfach ein Kollege seinen Namen dafür.

Ruge: Und du bekamst das Honorar?

Kopelew: Ich bekam das Honorar.

Ruge: Das war eine der Möglichkeiten, damals in Moskau.

Kopelew: Ja, damals gab es noch solche Möglichkeiten.

Ruge: Heute?

Kopelew: Heute, glaube ich, ist es viel schwieriger geworden. In manchen Hinsichten ist es heute viel schlimmer als noch vor zehn, vor fünf Jahren. Aber 1977 hat man mich dann aus dem Schriftstellerverband ausgeschlossen, weil wir ein Protesttelegramm wegen der Verleumdungshetze gegen Sacharow geschickt haben. Und das war der Strohhalm, der dem Kamel den Rücken brach. Da wurden Wladimir Kornilow und ich aus dem Verband ausgeschlossen, und Georgij Wladimow trat daraufhin selbst aus.

Ruge: Und was bedeutete das für euch?

Kopelew: Das bedeutete absolutes Publikationsverbot. Schreiben kann uns keiner verbieten, aber das Publikationsverbot war seitdem eindeutig. Es bedeutete für mich auch noch etwas Schlimmeres, ich sollte das Recht verlieren, von der Poliklinik des Schriftstellerverbands betreut zu werden.

Ruge: – der medizinischen Behandlung –

Kopelew: Aber meine Frau blieb noch im Schriftstellerverband, und so blieb mir als *mari d'elle,* als Gemahl einer Schriftstellerin, die Poliklinik erhalten. Als sie dann auch ausgeschlossen wurde, war es für uns beide aus.

Ruge: Das war schon gegen Ende eurer Zeit in der Sowjetunion.

Kopelew: Ja, das war im Januar 1980 nach der Verbannung Sacharows.

Ruge: Nun sprich über Sacharow. Wann hast du ihn eigentlich kennengelernt, seit wann näher gekannt? Ihr arbeitet doch auf ganz verschiedenen Gebieten.

Kopelew: Wir haben ihn 1971 bei einer Dichterlesung im Schriftstellerverband kennengelernt, und seit 1972 wurden wir immer engere Freunde. Es begann, nachdem ich seine Aufrufe gegen die Todesstrafe und für die politische Amnestie mit unterschrieben habe. Jeden Sommer wohnten wir in einem Dorf in der Nähe von seinem Sommerhaus, dort trafen wir uns recht oft, dann auch in Moskau. Im Herbst 1979 waren wir zusammen in Suchumi am Schwarzen Meer. Wir haben ihn bald sehr lieb gewonnen. Er hat nicht nur einen genialen Kopf, sondern auch eine sehr gute Seele.

Ruge: Würdest du sagen, daß diese politischen Schwierigkeiten, in denen ihr und viele andere stecktet, daß die euer Leben auch sehr viel intensiver gemacht haben, wie Freundschaften, oder war das nur eine andere Form von russischen Freundschaften in Moskau?

Kopelew: Ja, wenn man zusammen Schwierigkeiten erlebt, wird alles intensiver. (...) Mit Freunden, mit denen man zusammen gelitten und gehungert und gefürchtet hat, wird man enger verbunden, als im sorgenlosen Nebeneinanderleben.

Ruge: Nehmen Russen ein höheres Risiko auf sich für Freunde als Leute in der Bundesrepublik, wenn du daran denkst, an die Zeit von 1965 bis zu der Zeit, als du die Sowjetunion verließest, wo man dir wahrscheinlich doch auch helfen mußte – du sprachst von Pseudonym und den Namen von Freunden, die du benutzen konntest.

Kopelew: Ich glaube, daß es auch hier feste Freundschaften gibt. Was ich aus der Geschichte der Familien der Männer des 20. Juli und über die »Weiße Rose« kenne, zeugt davon. Da gab es treue Freunde, die bis zuletzt zueinander hielten; ich glaube, daß es in jedem Land, bei jedem Volk so etwas geben muß. Wenn ihr mehr zu leiden hättet, hättet ihr auch mehr Beispiele dafür.

Ruge: Du hast damals Leuten in deinem Land helfen können, dann hat dir Heinrich Böll und auch andere Deutsche haben dir geholfen. Nun versuchst du, Leuten zu helfen. Was konnte Heinrich Böll für dich tun?

Kopelew: Er hat nicht nur mir, er hat vielen geholfen, z.B. Alexander Solschenizyn, Konstantin Bogatyrjow, Wladimir Maximow, Wladimir Bukowskij; Böll hat zusammen mit Andrej Sacharow erstmals vorgeschlagen, den verhafteten Bukowskij gegen den chilenischen KP-Führer Corvalan auszutauschen. Er hat auch vielen Verfolgten in der Tschechoslowakei und in Polen geholfen. Seine Erfahrungen zeugen davon, daß man von hier aus immer noch den Menschen helfen kann, die dort verfolgt werden, die dort leiden. Wie? Ja, vor allem soll man die eigenen Regierungen hier dazu auffordern, daß alle Regierungen, die das Helsinki-Abkommen zusammen mit der Sowjetunion unterschrieben haben, von der sowjetischen Regierung immer wieder nachdrücklich verlangen, ihre Unterschrift ernstzunehmen. Daß solche Menschen wie Sacharow nicht verfolgt werden. Es gibt ja immer neue Beispiele willkürlicher ungerechter Verfolgungen. Der russische Schriftsteller Tschernych in Irkutsk, ein sehr begabter Autor, ist absolut unpolitisch, war nie ein Dissident. Aber weil er einen unzensierten Sammelband von Poesie und Prosa zu publizieren versuchte, wurde er zu vier Jahren Lager verurteilt. Ein junger estnischer Wissenschaftler, Enno Tarto, wurde zu zehn Jahren verurteilt, weil er die Wahrheit über die Geschichte seines Landes weitererzählen wollte.

Diesen Menschen kann man helfen. Es ist eine moralische Pflicht jedes Menschen guten Willens hier im Westen es zu erkennen, daß wir auf einem sehr kleinen Planeten leben, unsere Erde ist so zusammengeschrumpft, daß die Schicksale der Menschen dort im Osten – in Polen, Rußland, in der Tschechoslowakei, der Menschen, die nur dafür verfolgt werden, weil sie die Wahrheit sagen, weil sie mutig genug sind, ihre Regierungen zu kritisieren und dafür mundtot gemacht werden – mit dem Schicksal aller Völker der Welt untrennbar verbunden sind.

Besonders wichtig ist, glaube ich, daß es die sozialistischen Parteien und die sozialistischen Regierungen erkennen, die sozialistischen Landesregierungen in der Bundesrepublik, die Regierungen in Frankreich, in Schweden, in Österreich, in Italien, in Spanien, in Griechenland – überall dort, wo Sozialisten am Ruder sind. Die Sowjetunion nennt sich doch einen sozialistischen Staat, und wenn Sozialisten im Westen ihre sozialistischen Ideale und Programme noch ernst nehmen, müssen sie darauf drängen, daß die sowjetische Regierung den Begriff »sozialistisch« nicht weiterhin in den Dreck stampft.

Jeder hier kann seine eigene Regierung auffordern und selbstverständlich auch jede Möglichkeit ausnutzen und mit sowjetischen Diplomaten, Journalisten, Touristen, Sportlern, darüber zu sprechen, sie daran zu erinnern. Wir alle sind jetzt so eng wie nie zuvor miteinander verbunden. Uns verbinden die schußbereiten Raketen, uns verbindet die Gefahr des Weltuntergangs.

Anton Tschechow schrieb in seiner Erzählung »Die Stachelbeere«: »An der Türe jedes zufriedenen, glücklichen Menschen müßte einer mit dem Hämmerchen stehen und mit seinem Klopfen immer wieder daran erinnern, daß es noch Unglückliche in der Welt gibt« – Unglückliche und Leidende.

Das eben ist die Pflicht vor allem der Literaten, der Journalisten, aber auch jedes Menschen guten Willens, mit solchen Hämmerchen zu klopfen, damit Unglück und Leiden in anderen Teilen der Welt nicht vergessen werden. Man darf sie nicht gleichgültig übersehen. – So, wie ich es hier manchmal erlebe.

Ich habe volles Verständnis für alle wichtigen innenpolitischen Probleme – sei es die Amnestie für Steuersünder oder die 35-Stunden-Woche –, ja, ich weiß, das sind sehr wichtige und ernste Probleme. Aber, daß diese Auseinandersetzungen das Schicksal Sacharows, das Schicksal Adam Michniks und anderer politischer Gefangener auf die letzten Seiten der Zeitungen verdrängen, das ist sehr traurig und auch sehr gefährlich.

Ruge: Nun ist das die Rolle, mit der du hier sozusagen lebst, als ein Russe, ein Schriftsteller aus Moskau, in der Bundesrepublik, mit dem kleinen Hämmerchen.

Kopelew: Ja, so stelle ich es mir vor. Aber diese Rolle spielen hier auch Heinrich Böll, Günter Grass, Siegfried Lenz, Hans Werner Richter und andere deutsche Autoren. Sie haben vielen meiner Kollegen und Freunde drüben geholfen und auch heute helfen sie den verfolgten russischen, polnischen, estnischen, ukrainischen, tschechischen und anderen leidenden Kollegen. Aber alle ihre Briefe, Telegramme, Erklärungen werden von den bundesdeutschen Massenmedien oft vernachlässigt, und das dürfte nicht sein.

Wer sind die »Andersdenkenden«?

(Ein Gespräch mit Welf Schröter)

Frage: Im Gefolge der Verbannung Sacharows wurden viele Menschenrechtsgruppen in Moskau und in der Sowjetunion zerschlagen. Wie stark ist die Bürgerrechtsbewegung dort momentan?

Kopelew: Darüber kann ich Ihnen schon deshalb wenig Auskunft geben, weil das, was geblieben ist und sich wieder neu herausgebildet hat, in den Untergrund geht. Die Taktik und Strategie der Menschenrechtsgruppen der sechziger und siebziger Jahre war vor allem durch absolute Offenheit bestimmt. Sie waren legal, die Verfolgungen aber illegal. Die Verhaftungen und Verurteilungen dieser Menschen widersprachen sowohl der Verfassung der Sowjetunion, als auch dem Strafgesetzbuch. Das war ja das Paradoxe.

Ich kann nur eines sagen: Es sind weiterhin Gruppen tätig. Sie nennen sich aber nicht mehr so wie früher und führen nicht immer Anschriften und Telefonnummern offen an, wie es früher üblich war. Es gibt auch viele philantropische Gruppen, die Häftlingen, Verbannten und deren Familien helfen.

Frage: Gehört dazu auch die »Bewegung der Andersdenkenden«, deren erste Texte jetzt im Westen erschienen sind?

Kopelew: Die Andersdenkenden heißen sie alle. Zu ihnen gehören die Russisch-Nationalen wie die Ukrainisch-Nationalen, pazifistische, religiöse, liberale, demokratische und auch sozialistische Gruppen.

Aber in den letzten Jahren gehen die meisten in den Untergrund. Denn es gab immer härtere Verfolgungen und Berufsverbote auf Berufsverbote. Ich möchte Ihnen einen der letzten

Fälle zur Kenntnis geben, der neulich in einer Emigrantenzeitung publiziert wurde. Es handelt sich um Iwan Martynow, der im September 1983 einen individuellen Protest schrieb. Er fühlte sich als Russe und Wissenschaftler beschämt, daß die Namen seiner Kollegen, die auswandern mußten oder Berufsverbot erhielten, weil sie Juden sind, aus allen seinen Publikationen, in denen er ihre Arbeiten erwähnte, einfach von der Zensur gestrichen wurden. Martynow ist Bibliograph und Historiker. Er protestierte und zeichnete mit seinem Namen. Er wurde sofort von der Arbeit entlassen, kam vors Gericht und wurde verpflichtet, als Hilfsarbeiter in einer Fabrik 20 Prozent von seinem Arbeitslohn 18 Monate lang als Strafe an den Staat zu zahlen.

Frage: Welche Bedeutung hat der Tod Walerij Martschenkos?

Kopelew: Er hat eine Protestwelle und eine Mitleidwelle für seine Mutter, seine Frau, seine Hinterbliebenen ausgelöst. In der Ukraine, aus der Martschenko kommt, verfolgt man die Andersdenkenden schon seit Jahren viel schärfer als in anderen Teilen der Sowjetunion. In den siebziger Jahren wurden die härtesten Urteile in der Ukraine gefällt. Als die Helsinki-Gruppen noch bestanden, wurden die ukrainischen Mitglieder viel schwerer bestraft als die Moskauer. Es gibt kein einheitliches Recht in dem sowjetischen Unrechtsstaat. Und selbst das Unrecht ist ungleichmäßig, herrscht unterschiedlich, sozial wie territorial. Das ist das Eigenartige dabei.

Frage: In Ihren Vorträgen über die Rolle und den Einfluß der Schriftsteller streifen Sie auch das Moskauer Taganka-Theater...

Kopelew: Ja, die Behörden haben den Leiter, den Gründer des Theaters, Jurij Ljubimow, hinausgestänkert. Der neue, vom Ministerium eingesetzte Regisseur Anatolij Efros, der früher auch als Freidenker und oppositioneller Regisseur galt, hat sich dazu bewegen lassen, die Stelle Ljubimows anzutreten. Er wurde mit dem kollektiven Protest aller Schauspieler empfangen. Aber er blieb. Zwei von den besten Schauspielern, die Beziehungen hatten, sind gegangen. Die anderen können nicht weg. Es gibt ja drüben nicht nur Berufsverbot. Es gibt auch Arbeitspflicht. Sie bekommen aber keine Arbeit in ihrem Beruf, wenn sie gemaßregelt werden. Schauspieler sind ohnehin schlecht bezahlt.

Frage: ... das Taganka-Theater hatte auch einen sehr berühmten Liedermacher beherbergt.

Kopelew: Wladimir Wyssozkij, ja.

Frage: ... dessen Grab wir in Moskau aufsuchten...

Kopelew: Sein Grab wird auch jetzt noch besucht und mit Blumen geschmückt. Jetzt versucht der Staat, auch an Wyssozkij zu verdienen. Es werden Schallplatten mit seinen Liedern verkauft, die es zu seinen Lebzeiten nicht gab.

Frage: Welche Bedeutung hat Ihrer Meinung nach Wladimir Wyssozkij?

Kopelew: Wyssozkij war eben ein Volkssänger – *der* Volkssänger. Er gehörte zu keiner Gruppe, ich meine, zu keiner oppositionellen Gruppe. Ich kannte ihn seit vielen Jahren. Und ich muß gestehen, ich habe ihn unterschätzt. Wir alle haben ihn sehr gemocht – ein lieber Kerl, manchmal wohl nicht das allerbeste Benehmen, hin und wieder hat er zuviel getrunken. Aber menschlich einwandfrei, integer – aufrichtig, gutherzig und sehr intelligent. Er gefiel uns besonders als Schauspieler. Doch, daß er ein großer Poet war, haben wir zu spät zu erkennen begonnen. Vielleicht eben deswegen, weil er ein sehr lieber, bescheidener, anspruchsloser Mensch war. Was in solchen Berufen nicht oft vorkommt. Er war stets ein treuer, selbstloser Kamerad.

Erst wenn der Tod kommt, sieht man plötzlich, wen man verloren hat. Dann fragt man sich, warum wir uns um den nicht gesorgt haben. Aber nicht jeder läßt um sich sorgen. Er war eben ein »toller Kerl« im besten Sinne des Wortes.

Letzte Frage: Popiełuszko, Solidarność...

Kopelew: Solidarność – das ist die größte Hoffnung für mich. Der gewaltlose Widerstand gegen eine waffenstrotzende Übermacht. Und viele Jahre lang. Das allein verhöhnt alle früheren Theorien – die marxistischen wie die antimarxistischen. Ja, die

Arbeiter sind die führende Macht – zum erstenmal seit es das kommunistische Manifest prophezeit hat –, aber im Bündnis mit der Kirche.

Nach dem Mord an dem Pfarrer ist die Haltung Wałęsas und der Mehrheit der Solidarność nicht nur tapfer, sondern heroisch und weise. Das macht für mich die Solidarność zur größten Hoffnung, zu einem der größten, wenn nicht dem größten Ereignis in diesem Jahrhundert.

Die Hoffnung heißt Andrej Sacharow

Sehr helle grau-blaue Augen unter hochgewölbter Stirn blicken ruhig, aufmerksam und vertrauensvoll. Er spricht halblaut und langsam, als ob er nach Worten suche. Bei erster Begegnung scheint er sanft, beinahe schüchtern zu sein. Im Kreis gesprächiger, selbstsicherer, aufgeregt diskutierender Kollegen wirkt seine stille Höflichkeit »altmodisch«.

Seine Sprache ist die eines nachdenklichen, nachsichtigen Lehrers oder Dozenten, der für präzise Formulierungen sorgt und klar verstanden werden will. So spricht er mit Gleichgesinnten und mit heftigsten Opponenten; doch ebenso gelassen, ruhig und höflich weist er diejenigen ab, die Meinungsverschiedenheiten durch leere Floskeln oder plumpe Anbiederung abzutun versuchen. Gleichsam korrekt, ja beinahe sanft sprach er vor den verschlossenen Türen der Gerichte, hinter denen politische Prozesse geführt wurden, redete auf Milizionäre und KGB-Beamte ein, die als wütend fluchende »zufällige« Passanten den Volkszorn mimten. Und er wich vor keinen Drohungen, vor keiner Gewalt.

Manche älteren Kollegen Sacharows können immer noch nicht verstehen, wie es kam, daß er so wurde, wie ihn jetzt schon Millionen Menschen in aller Welt kennen. Er ist ein genialer Physiker. Mit 28 Jahren machte er Entdeckungen, dank derer die sowjetische Wasserstoffbombe bedeutend früher als die amerikanische gebaut wurde. Dreimal erhielt er die höchste Auszeichnung – den goldenen Stern »Held der sozialistischen Arbeit«. Laut Statut dieses Ordens sollte noch zu Lebzeiten eine Bronzebüste von ihm in seinem Geburtsort, das heißt in

Moskau, aufgestellt werden. Dreimal erhielt er den höchsten Staatspreis. Mit 32 Jahren war er 1953 das jüngste Mitglied der Akademie der Wissenschaften, das bedeutete lebenslängliche Privilegien, gesicherten Wohlstand, unbeschränkte Möglichkeiten, in seinem Beruf zu arbeiten, zu forschen, Aussichten auf neue Auszeichnungen und Preise. Wie konnte er auf all dies verzichten, um den hoffnungslosen Kampf gegen allmächtige Willkür für machtlose Gerechtigkeit zu führen?

Nur die wenigsten wissen, daß er bereits nach der ersten Explosion der Wasserstoffbombe vorgeschlagen hat, es solle auch die letzte sein. Trotz eindeutig mißfälligen Verhaltens seiner Vorgesetzten, der Marschälle, der Minister und selbst Chruschtschows, verlangte Sacharow hartnäckig, daß man aufhöre, Atomsprengkörper auf dem Boden, in der Luft und unter Wasser zu testen. Das alles wurde erst aus Chruschtschows Erinnerungen bekannt. Sacharow hat früher selbst nie davon gesprochen. Erst als die Freunde ihn befragten, erinnerte er sich daran und erzählte humorvoll, wie empört Chruschtschow über die »schädliche Einmischung« des Wissenschaftlers in die Politik war. Ebenso zufällig erfuhren wir von Verwandten, daß er alle Staatspreise – mehr als 125 000 Rubel – für den Bau eines onkologischen klinischen Instituts abgegeben hatte. Und das geschah im stillen, ohne Aufsehen zu erregen.

Seine Pflichten als Akademie-Mitglied nahm er immer gewissenhaft ernst. Stalin hatte den brutalen Scharlatan Lyssenko zum Oberhaupt einer »marxistisch-darwinistischen Biologie« befördert, dessen Gegner schonungslos »demontiert«, verhaftet und auch verurteilt wurden. Chruschtschow bestätigte die Machtposition Lyssenkos und seiner Komplizen. Doch Sacharow trat in den Sitzungen der Akademie dagegen auf und ließ in seinem Institut ein umfangreiches wissenschaftlich fundiertes Manuskript (von dem Biologen Zhores Medwedew), in dem Lyssenkos Fälschungen entlarvt wurden, hundertfach vervielfältigen. Dank Sacharow, dem auch andere Mitglieder der Akademie folgten, wurde ein Helfer von Lyssenko bei den Wahlen in die Akademie 1964 entschieden abgewiesen. Chruschtschow war darüber so empört, daß er die Akademie als »ein Überbleibsel von Zarismus und Kapitalismus« auflösen wollte.

Sacharows Verhalten wurde immer weiter bekannt. Man erzählte, er sei allergisch gegen jegliche Lüge oder Ungerechtigkeit und lasse sich von keiner Obrigkeit stören, wenn er eine bittere Wahrheit kundmachen wolle. Im März 1966 tagte der XXIII. Parteitag der KPdSU; an diesen Kongreß wurde ein Brief gerichtet, der bald auch im *Samisdat* von Hand zu Hand ging – eine nachdrückliche Warnung vor der sich anbahnenden Rehabilitierung Stalins. Diesen Brief unterschrieben 25 Literaten, Künstler, Wissenschaftler, vier davon die Akademiemitglieder Pjotr Kapiza, Michail Leontowitsch, Igor Tamm und Andrej Sacharow.

Es war wohl zunächst diese Gefahr der »Restalinisierung«, die Sacharows reges Interesse für soziale und politische Probleme erweckte. Der Prager Frühling 1968 erschien auch ihm, wie anderen sowjetischen Intellektuellen, Hoffnung verheißend.

Im Sommer 1968 veröffentlichte er ein Memorandum »über friedliche Koexistenz, Entspannung und intellektuelle Freiheit«. Dieser Aufruf an Staatsmänner, Politiker und alle denkenden Menschen entstand aus einer naturwissenschaftlich exakten Logik bei der Wertung objektiv erkannter Tatsachen, aus einem wachen Gewissen und aus der ethischen Tradition der russischen *Intelligenzija*.

Sacharow ist einmalig in seinem mehrjährigen Kampf für Menschenrechte gegen die gewaltige Übermacht der Staatsmaschinerie, die Menschen und Recht mißachtet. Sacharow ist einmalig in der tragischen Spaltung seines Daseins. Er bleibt seinem Beruf treu, besessen von immer neuen Problemen seiner Wissenschaft. Im Herbst 1979 hatte ich das Glück, im engeren Kreis seine Vorlesung über das »Kosmologische Modell des Weltalls in einer Wendung mit dem Zeit-Zeiger« zu hören. Auch im Dozieren blieb er ungekünstelt und selbstvergessen bescheiden. Immer wieder nannte er Namen russischer und ausländischer Kollegen, denen er einzelne Betrachtungen, Gedanken oder Vermutungen verdankte. Über seinen eigenen Beitrag sagt er: »... ist eben ein Mosaik aus Steinen, die andere Kollegen gefunden haben.« Ein sachverständiger Wissenschaftler bemerkte: »Dies Mosaik ist nobelpreisreif.«

Doch Sacharow verließ seinen Arbeitstisch immer dann, wenn er hörte, daß Notleidende, Verfolgte Hilfe und Beistand brauchten. Er und seine Frau, seine treue Kameradin Jelena Bonner, die ebenso furchtlos und hilfsbereit ist wie er, wurden mit Gewalt aus dem Gerichtssaal im Omsk gedrängt, als man dem krimtatarischen Menschenrechtskämpfer Mustafa Dshemilew einen widerrechtlichen Prozeß machte. Sacharow und seine Frau gingen zu Fuß 20 Kilometer durch die jakutische Taiga, um einen verbannten Freund zu besuchen, kein Wagen durfte sie mitnehmen. Weder Krankheiten – er erlitt schon zwei Herzinfarkte – noch briefliche und telefonische Morddrohungen konnten ihn zum Schweigen bringen.

Er und seine Frau setzten ihr Leben ein in dem Hungerstreik vom 22. November bis 8. Dezember 1981. Sie kämpften für die Vereinigung zweier liebender junger Menschen. Damals glaubten sogar manche Freunde, es gehe nur um ein Familienproblem (der junge Mann ist ja ihr Sohn). Doch in diesem konkreten Fall bringt der scheinbar *subjektive Einsatz* den allgemeingültigen, *objektiven Wert* von Sacharows moralisch-politischer Haltung im Widerstand inmitten der grundsätzlich unmoralischen politischen Wirklichkeit zum Ausdruck. Er fühlte sich persönlich verantwortlich für das Schicksal zweier Menschen, er glaubte – und, wie es sich erwies, mit Recht –, mit seinem todesmutigen Einsatz diesen Menschen helfen zu können. Und so zwang er den allmächtigen Staat, der ihn gefangenhält, in diesem Fall nachzugeben.

Die Gegner, die behördlich befohlenen Hetzer, schimpfen ihn »wahnsinnig« und »Gottesnarr«. Viele Menschen in Rußland nennen ihn einen Heiligen, ein leibhaftiges Wunder. Und sowohl die einen wie die anderen glauben, er sei ein einzigartiger Ausnahmefall, sei übernatürlich und geheimnisvoll im Wesen und Werden.

Sacharow ist wirklich einmalig, wie es eigentlich jeder Mensch ist, besonders jeder große Geist, um so mehr ein Genie wie er. Das kann man auch nicht rationalistisch, verstandesmäßig erfassen, zerpflücken, erklären. Doch manche der besonderen Eigenschaften seines Wesens, seines Werdegangs lassen sich auch von der Vernunft erkennen. Und das sind eben die ethischen Traditionen, die überlieferten Vorstellungen von Gut und Böse, von Wahrheit, Gerechtigkeit, Menschlichkeit, Gewissen.

Seine väterlichen Ahnen waren seit dem 18. Jahrhundert Dorfpriester. Der Urgroßvater Nikolaj Sacharow war sehr geachtet und beliebt als gütiger, frommer und aufgeklärter Oberpriester (»Blagotschinnyj«) in der Kreisstadt Arsamass. (Eine beinahe mystische Ironie des Zufalls oder der behördlichen Willkür: Die Gagarinstraße in Gorkij, wo jetzt der verbannte Sacharow unter Hausarrest wohnt, bewacht von einer besonderen Aufseher-Abteilung, hieß ursprünglich »Arsamass-Chaussee«). Der Großvater Iwan Sacharow ergriff als erster in der Familie einen weltlichen Beruf, er wurde Rechtsanwalt in Moskau, und um die Jahrhundertwende war er einer der Herausgeber und Lektoren des Sammelbandes »Gegen die Todesstrafe«. (Das erste Dokument aus Andrej Sacharows Feder, das auch ich unter vielen anderen mit unterschreiben konnte, war ein Aufruf, eine sachlich begründete Aufforderung, die Todesstrafe abzuschaffen.) Iwan Sacharow verkehrte im Haus von Lew Tolstoj, und ein Freund der beiden, der bekannte Musiker Alexander Goldenweiser, war 1921 Taufpate des neugeborenen Enkels Andrej. Sacharows Vater, Dmitrij Sacharow, war nicht nur ein bekannter Physiker – nach seinem Lehrbuch lernten alle meine Altersgenossen –, sondern auch Musiker, begabter Pianist, er war einer der am höchsten ausgezeichneten Absolventen der bekannten Moskauer Gnessin-Musikschule.

Die mütterlichen Ahnen von Andrej Dmitrijewitsch waren meist Offiziere gewesen. Der Urgroßvater Sofiano, ein griechischer Freiheitskämpfer, war nach Rußland geflohen. Im Krieg gegen die Türkei wurde er General.

Christliche Humanität, Rechtsbewußtsein, Freiheitsliebe und Tapferkeit sind Familientraditionen gewesen. Ihre Ausstrahlung erlebte Andrej Sacharow bereits in der Wiege, in der Kinderstube. Seine Weltempfindung – die ja immer tiefer und dauerhafter ist als die wandelbare Weltanschauung – keimte in der Atmosphäre des Hauses, wo alle ungekünstelt freundlich, nachsichtig und hilfsbereit zueinander waren, wo der Vater in freien Stunden Klavier spielte, »meistens Beethoven, Chopin, Grieg und Skrjabin«, und die Großmutter Maria Petrowna – »die Seele der Familie« nennt sie Andrej Sacharow – Märchen erzählte oder Gedichte rezitierte.

Einige Male hörte ich, wie Andrej Sacharow auswendig Strophen aus den Gedichten Puschkins, Lermontows, Nekrassows, Goethes, Schillers, Heines, Bloks, Achmatowas und mancher gegenwärtiger sowjetischer Lyriker aufsagte. Er sprach so, als ob er selbst eben in diesem Augenblick diese Zeilen dichtete, diese Reime entdeckte und sich daran freute oder aber den verborgenen Sinn altbekannter Worte erst jetzt zu erkennen begann und bewunderte.

Er ist ein Denker, ein Aufklärer und ein Tatmensch, der sich seiner Berufung und der globalen welthistorischen Maßstäbe seiner Gedanken bewußt geworden ist. Aber das änderte nichts an seinem menschlichen Wesen, an seiner volkstümlich schlichten Haltung gegenüber allen und jedem. Er spricht in gleichem Stil und Ton mit berühmten Wissenschaftlern, mit Poeten und mit kaum geschulten Landarbeitern aus entfernten Gegenden, mit Ministern, Generälen und den kleinsten Beamten, Milizsoldaten, zufälligen Reisegefährten.

Über ihn kann man Bände schreiben, man kann aber auch mit wenigen Worten auskommen. Er ist *absolut natürlich* in jeder Handlung, in jeder Äußerung. Seine tätige Güte und rücksichtslose Tapferkeit, unverbrüchliche Wahrheitstreue und selbstlose Ergebenheit an die Wissenschaft, an die Gerechtigkeit, an Freunde und an unbekannte Hilfsbedürftige sind stets und immer natürlich. Und dieser einmalige Mann ist zugleich ein typischer russischer Intellektueller, ein Russe schlechthin –

wie es Puschkin war, wie Hauptmann Tuschin und Pierre Besuchow in Tolstojs »Krieg und Frieden«, wie Aljoscha Karamasow und all die russischen Fauste und Don Quichotes, dank derer Dostojewskij erkennen mußte, daß ein »wahrer Russe« sein eben auch heißt »ein wahrer Europäer, ein *Allmensch* sein«.

Und wenn man mich heute fragt, was in der so trostlosen Gegenwart meinen Glauben an Rußlands Zukunft und meine Hoffnung auf die Unvergänglichkeit des russischen Geistes begründet, antworte ich überzeugt: ANDREJ DMITRIEWITSCH SACHAROW.

II. Was Deutsche und Russen voneinander wissen

(Das Wuppertaler Projekt)

Fremdenbilder in Geschichte und Gegenwart

Jede Nation hat Eigentümlichkeiten, wo-
durch sie von den andern unterschieden
wird, und diese sind es auch, wodurch die
Nationen sich untereinander getrennt, sich
angezogen oder abgestoßen fühlen. Die
Äußerlichkeiten dieser innern Eigentüm-
lichkeit kommen der andern meist auffal-
lend widerwärtig und im leidlichsten Sin-
ne lächerlich vor. Diese sind es auch, war-
um wir eine Nation immer weniger ach-
ten, als sie es verdient.
... nur wiederholen wir, daß nicht die
Rede sein könne, die Nationen sollen
überein denken, sondern sie sollen nur ein-
ander gewahr werden, sich begreifen, und
wenn sie sich wechselseitig nicht lieben
mögen, sich einander wenigstens dulden
lernen.
(Goethe, Schriften zur Literatur)

1.

Ein Kleinkind erkennt sich selbst, wird sich seines ICH bewußt, indem es ein DU, ein ER – andere Wesen – wahrzuneh-
men beginnt. Diese individualpsychologische Menschwerdung
entspricht – gleichsam phylogenetisch – der urgeschichtlichen
sozialen Entwicklung der Menschheit als Spezies. Der Homo
sapiens erkennt sich als Individuum nur in gleichzeitigem Erkennen anderer Menschen. So entsteht und entwickelt sich
auch jede menschliche Gemeinschaft – Familie, Stamm, Volk,
Nation – in der gleichzeitigen Erkenntnis des Eigenen und des
Fremden.[1]
Anthropologische Studien beweisen, daß Beziehungen zwi-

131

schen primitiven Menschen und Menschengruppen von in-
stinktiven Trieben und Vorstellungen bestimmt werden, die in
jedem Fremden einen Feind oder ein Beuteobjekt wittern lassen. Dennoch gingen selbst die frühesten Fremdenbilder nicht
immer in Feindbilder über. Die ersten sozialen Gesetze, die so
alt sind, daß manche Anthropologen sie als angeborenes Verhalten deuten, sind die Inzuchttabus, die Verbote einer Paarung
mit Blutsverwandten. Doch wenn man sich eine Frau nur aus
der fremden Sippe wählen durfte, konnten die Vorstellungen
von ihr und ihresgleichen keine Feindbilder sein.
Irenäus Eibl-Eibesfeldt macht bei seiner Beschreibung der so-
zialgeschichtlichen Entwicklung des Menschen auf den Übergang vom »individualisierten« zum »anonymen« Menschenver-
band aufmerksam: War es bei den »in Kleingruppen lebenden
Naturvölkern« noch so, daß jeder jeden kannte und daß man
Fremde ablehnte, oft gar bekämpfte und nur im günstigsten Fall
»mit neugieriger Reserve« duldete, wuchsen mit der Vermeh-
rung der Population »aus den individualisierten Verbänden
allmählich anonyme Verbände heran«, in denen einer dem
anderen nicht mehr bekannt war und man lernen mußte, auch
mit Fremden auszukommen.[2]
»Mensch werden ist eine Kunst«, heißt es bei Novalis. Dieses
Wort hat Heinz Friedrich seinem Buch »Kulturkatastrophe« als
Motto vorangestellt. Im Vorwort ist zu lesen: »›Der Instinkt‹,
schrieb Goethes Zeitgenosse Friedrich Heinrich Jacobi, ›har-
monisiert das Innere der Tiere, die Religion das Innere des
Menschen‹. Daß die Religion der eigentliche Kern der Humanität ist, daran dürfte es kaum einen Zweifel geben – wobei
Religion selbstverständlich nicht im engen konfessionellen Sinn
verstanden werden darf. Und daß Religion zugleich einen
wesentlichen Faktor der Kultur ausmacht, daran dürften
ebensowenig Zweifel bestehen. Dementsprechend kann sich
Humanität nur verwirklichen, wenn Religion und Kultur als
Medium für die ›Kunst des Menschwerdens‹ eingesetzt werden,
und zwar unabhängig von dem barbarischen Gang der Geschichte.«[3]

2.

Im vorliegenden Band, dem mehrere andere folgen sollen, wird ein schmaler Abschnitt der Geschichte des gegenseitigen Kennenlernens von Menschen zweier großer Nationen untersucht. Die Arbeitsgruppe »Wuppertaler Projekt« hat es sich zur Aufgabe gemacht, der weitläufigen Frage nachzugehen, was im Laufe der Jahrhunderte Deutsche und Russen voneinander wußten, wie deutsche Dichter und Wissenschaftler, Diplomaten, Handels- und Forschungsreisende sowie Publizisten über Rußland und Russen und wie ihre russischen Zeitgenossen über Deutschland und Deutsche dachten und schrieben und welches Bild des fremden Anderen aus ihren Schriften entstand.

Ein solcher Beitrag zur Fremdenbildkunde ist nicht nur für die politische Geschichte beider Völker, sondern mehr noch für ihre kulturelle und sozialpsychologische Entwicklung von Bedeutung. Er soll auch mittelbar der gegenwärtigen Friedensforschung dienen und den Historikern, Publizisten, schließlich auch den Politikern und allen, die sich um Friedenssicherung und Vertrauensbildung bemühen, dabei helfen, den nationalistischen oder gar chauvinistischen Vorurteilen, Reminiszenzen und Feindbildern entgegenzuwirken, sie abzubauen.

Auch das gegenseitige Kennenlernen gehört zur humanistischen und kulturellen Menschwerdung. Damit aber unsere Arbeit auch wirklich »unabhängig von dem barbarischen Gang der Geschichte« vor sich gehen und für die Verwirklichung der Humanität förderlich sein kann, müssen die Einwirkungen dieses »Ganges« auf konkrete Menschen, auf ihre Vorstellungen und Gesinnungen möglichst vorbehaltlos erkannt und gedeutet werden.

In seiner Jugendschrift »Vom Nutzen und Nachteil der Historie für das Leben« unterschied Nietzsche zwischen der monumentalischen und antiquarischen Haltung der Geschichte gegenüber, die er beide verwarf, und der kritischen, die er als die richtige anerkannte.[4] In der Publizistik, in populären Sachbüchern und belletristischen Werken über vergangene Zeiten findet man auch heutzutage noch zwei Arten wirklichkeitsferner

Darstellung: eine anachronistische und eine mythologisierende.

Die anachronistische Geschichtsauffassung entsteht aus der Annahme, daß die »gesellschaftlichen« Menschen stets die gleichen bleiben, sich kaum verändern in dem, was und wie sie denken, wie sie ihre Verhältnisse zueinander und zu fremden Ländern und fremden Menschen wahrnehmen.

Dagegen gibt es »romantisch« veranlagte Historiker, die die Vergangenheit überhöhen, ja geradezu mythologisieren, indem sie die zurückliegenden Zeitalter verklärend verunklären.

Anachronistisch verfahren diejenigen Historiker und Literaten, die ins Altertum neuzeitliche Probleme und Ansichten projizieren, so wie einst die klassizistischen Dramatiker, die antike Helden in Perücken und Seidenstrümpfen auftreten ließen. Anachronistisch verfährt auch, wer einen Spartakus als modernen Klassenkämpfer oder einen Thomas Münzer oder Giordano Bruno als Gesinnungsgenossen der Autoren des »Kommunistischen Manifests« darstellt.

Die alten und neuen Romantiker, die nicht nur das Altertum und das Mittelalter, sondern auch vieles aus der neuzeitlichen Vergangenheit mythologisieren, empfinden die Geschichte als mystisch verklärt und irrational. Rassisten und Chauvinisten aller Länder fahnden in der Vergangenheit nach geeigneten Ahnen, nach Vorläufern und Vorbildern, schildern sie als übermenschliche Gestalten und ihre Gegenspieler entsprechend als dämonisierte Bösewichter. So werden Julius Caesar, Hermann der Cherusker, Karl der Große, Alexander Newskij, Jeanne d'Arc, Zar Peter, der »Alte Fritz«, Napoleon und viele andere auch heute noch manchmal ideologisch zweckbewußt mythologisiert.

Den beiden äußerlich gegensätzlichen, aber im Wesen gleicherweise subjektivistischen Arten der Geschichtsauffassung widerspricht eine faktengebundene kritische Forschung, die möglichst frei von ideologischer und auch fachtheoretischer Voreingenommenheit die beweisbaren Tatsachen, Begebenheiten, persönlichen Schicksale, Zeugnisse und Dokumente objektiv zu erschließen sucht. Ein realistischer Historiker kommt zu verallgemeinernden Schlußfolgerungen erst, nachdem er konkrete Ereignisse und ihre gegenseitigen Bedingungen erkannt hat. Nur solche aus faktentreuen induktiven Forschungen folgenden Verallgemeinerungen können dann auch deduktiv als Voraussetzungen für neue Analysen nützlich sein.

Die Autoren dieses Bandes haben versucht, realistisch und unvoreingenommen vorzugehen, und zeitgenössische Zeugnisse wie exemplarische Beispiele des alten, nur sehr allmählich sich konturierenden Rußland- und Russenbildes mit größtmöglicher Objektivität gedeutet. Denn nur so kann erkennbar werden, aus welchen Wirklichkeiten dieses Bild entstand, inwieweit es diesen Wirklichkeiten entspricht, ob und wie lange die aus ihm resultierenden Vorstellungen und Wertungen relevant blieben – oder noch sind.

Hans Peter Duerr hat der ethnographischen Forschung vorgeworfen, sie denaturiere »die fremde kulturelle Wirklichkeit zugunsten der eigenen«.[5]

Die Ethnologen sind mit Recht besorgt, daß »der auch sonst der Wissenschaftstheorie bekannte Einfluß des Erforschungsvorgangs auf die erforschte Wirklichkeit«[6] die Entwicklung der noch bestehenden Naturvölker mißgestalten könnte. Gefahren solcher »Denaturierung« drohen auch den Realitäten der europäischen Geschichte.

In den Arbeiten für das Wuppertaler Projekt geht es vor allem um sozialpsychologische Vorstellungen, die von Deutschen und Russen im Lauf der Jahrhunderte festgehalten, publizistisch und belletristisch dargestellt und so auf spätere Generationen tradiert wurden. Dabei sind Unschärfen und Fehlschlüsse nicht völlig auszuschließen. Deshalb seien im folgenden die Grundsätze verdeutlicht, denen wir uns verpflichtet fühlen, damit »Denaturierungen« vermieden werden.

Wir wissen, daß sich Menschen als geistige und soziale Wesen von Epoche zu Epoche und sogar von Generation zu Generation in vielfacher Hinsicht ändern. Es ändern sich ihre Vorstellungen von der großen Welt und von ihrer nächsten Umgebung, es ändern sich ihre Beziehungen zueinander und zu ihren Gemeinschaften (Völkern, Klassen, Konfessionen usw.); es ändern sich ihre Sitten, Bräuche und Verhaltensweisen, größere und kleinere Eigenarten ihres Daseins und ihres Bewußtseins; es gehen und kommen Ideen und Ideale.

Goethe stellt in seiner Vorbemerkung zu »Dichtung und Wahrheit« fest, »ein jeder, nur zehn Jahre früher oder später geboren, dürfte [...] ein ganz anderer geworden sein«.

Konrad Lorenz illustrierte vor einigen Jahren solche Veränderungen mit einem zeitgenössischen Beispiel: »Die Entwicklung der modernen Technologie und vor allem der Pharmakologie leistet nun dem allgemeinmenschlichen Streben nach Unlustvermeidung in nie vorher dagewesenen Maße Vorschub. ... Die bescheidenste Hausgehilfin würde sofort empört revoltieren, böte man ihr ein Zimmer mit der Heizung, der Beleuchtung, sowie der Schlaf- und Waschgelegenheit an, die dem Geheimrat von Goethe oder selbst der Herzogin Anna Amalie von Weimar durchaus ausreichend erschienen.«[7]

Daher sind Erscheinungen und Probleme einzelner Epochen oder Menschengruppen mit den diesen allein zukommenden Kriterien zu werten und mit entsprechend »geeichten« Maßstäben zu messen.

Doch mögen die Unterschiede zwischen dem mittelalterlichen Fronbauern und dem heutigen Landwirt, zwischen den Republikanern des 18. und des 20. Jahrhunderts noch so groß sein, sie dürfen doch nicht verhindern, daß die Historiker auch die überlieferten oder neu belebten gemeinsamen Vorstellungen bei Menschen verschiedener Generationen und verschiedener Nationen zu entdecken suchen. Es kommt also gleichermaßen auf die Konstanten wie auf die Varianten an. Die geistigen, sozialen und kulturellen Eigenarten vergangener Epochen sollen demnach nicht nur in ihrer unwiederholbaren, einmaligen Wirklichkeit, sondern auch in ihren Wirkungen auf die nachfolgenden Zeitalter und auf unsere Generation berücksichtigt werden.

3.

Viele Soziologen und Sozialpsychologen untersuchten in der Nachfolge von Georg Simmel[8] die Kollektivvorstellungen von Fremdenbildern in ihren wechselseitigen Bedingungen und verschiedenartigen Erscheinungen. Das vorurteilsverhaftete Fremdenbild wird von Anitra Karsten in der Einleitung zum Sammelband »Vorurteil« definiert als »ein vorgefaßtes Urteil über Gruppen von Menschen [...], das positiv oder negativ gefühlsmäßig unterbaut ist, das nicht unbedingt mit der Wirklichkeit übereinstimmen muß [...]«.[9]

Der gleiche Sammelband enthält einen Beitrag der Soziologen Sodhi, Bergius und Holzkamp, die als Ziel ihrer Untersuchungen anstreben, »grob verallgemeinernde, schwer korrigierbare und affektgeladene Ansichten der Nationen übereinander [sic!], also ›Vorurteile‹ bzw. ›Stereotypen‹, nachzuweisen und damit einen Beitrag zur Verbesserung des Verständnisses zwischen den Völkern zu liefern«.[10] Doch am Ende ihres Artikels kommen die Autoren zu dem so bedenkenswerten wie bedenklichen Schluß: »Es geht also auch nicht an zu behaupten, Urteile über Völker sind falsch, weil sie verallgemeinern. Wir dürfen lediglich feststellen: Wir wissen nicht, ob es *irgendwelche* psychische Gleichartigkeiten von Angehörigen ein und desselben Volkes gibt, wir sind deshalb auch nicht in der Lage zu entscheiden, ob Urteile, mit denen derartige Gleichheiten angenommen werden, richtig sein können oder nicht. Deswegen ist es auch nicht zweckmäßig, nationale Vorurteile – wie das oft geschieht – einfach als ›unzulässig verallgemeinernd‹ zu definieren, weil man ja keine Erfahrungen darüber sammeln kann, ob, in welchen Fällen und in welchem Grade Verallgemeinerungen ›zulässig‹, d. h. dem Urteilsgegenstand angemessen sind.«[11]

Diese Meinung scheint mir gedanklich folgerichtig, aber trotzdem nicht überzeugend. Allemal »unzulässig« sind naturwissenschaftliche Verallgemeinerungen, die nicht auf objektiven, rational oder mathematisch erfaßbaren Daten basieren. »Unzulässig« aber sind auch die massenhaft überlieferten oder neugebildeten verallgemeinernden Urteile über Völker und Nationen, die aus extremen geschichtlichen Situationen oder einzig unter dem eingeschränkten Blickwinkel der Gegenwart entstehen. Die meisten solcher Erfahrungen sind so subjektiv wie zufällig, ändern sich dem Objekt und dem Subjekt der jeweiligen Beobachtung gemäß, ändern sich auch mit der Zeit, mit dem Wissen und dem gewünschten Ziel. Und dennoch bestehen sie weiter. Selbst überzeugende Beweise ihrer »Unzulässigkeit« sind bisher meistens wirkungslos geblieben; keine Erlasse, keine Predigten oder Dichtungen – weder das geschriebene noch das gesprochene Wort vermochten gravierende verallgemeinernde nationale Vorurteile und ihre partiell endgültigen konkreten Begründungen aus der Welt zu schaffen.

Die irrationale und so schwer überwindbare »Logik« der Entwicklung von Fremdenbildern zu Feindbildern ist verwandt mit der primitivsten »Prälogik«, die Lucien Lévy-Brühl und andere Anthropologen beschreiben.[12] Eines der Merkmale dieses vertrackten Vorgangs schildert der russisch-polnische Philologe Baudouin de Courtenay an einem simplen Beispiel, das mutatis mutandis etwa so lautet: Es geschieht ein Diebstahl. Wenn der, der gestohlen hat, Hans heißt, sagt man: Es war ein Dieb, ein schlimmer Kerl. Wenn er aber Jean, John, Giovanni oder Iwan heißt, dann sagt man: Der Franzose, der Engländer, der Italiener, der Russe hat gestohlen.

Fremdenbilder als Kollektivvorstellungen von anderen Völkern, die im Bewußtsein festgeronnen und auch im Unterbewußtsein verwurzelt sind, Bildgefüge der Voreingenommenheit also, die mit bestürzender Konsequenz zu Feindbildern werden, gehören zu den gefährlichsten Vorurteilen, an denen die Menschheit von ihrem Anfang an leidet. Und immer noch besteht keine Hoffnung auf Heilung. Doch das soll uns nicht entmutigen, gegen dieses vererbte Übel mit historisch geschultem Wissen und erfahrungsgeschärftem Gewissen anzugehen.

4.

Ethnologen und Anthropologen untersuchten die Kollektivvorstellungen der primitiven Völker, die als Elemente ihres prälogischen Denkens erkannt wurden. Die Ergebnisse lauten meist ähnlich: »Immer werden sich die Kollektivvorstellungen erhalten, die eine intensiv gefühlte und erlebte Partizipation ausdrücken und von denen niemals wird bewiesen werden können, daß sie, sei es logisch widerspruchsvoll, sei es psychisch, unmöglich sind. Sie werden sogar in einer großen Zahl von Fällen manchmal *trotz* jenes Beweises sich sehr lange erhalten. [...] Derart sind in allen bekannten Gesellschaften die Kollektivvorstellungen beschaffen, auf welchen zahlreiche Einrichtungen beruhen und besonders viele von denen, die unsere moralischen und religiösen Glaubensmeinungen und Gebräuche mit sich bringen.«[13]

Lévy-Brühl hat an mehreren Beispielen aus der chinesischen, altindischen und europäischen Geschichte nachgewiesen, daß die bis zur Absurdität irrationalen Verkettungen von Trieben, kollektiven Vorstellungen (Vorurteilen), aus denen Fremdenbilder und Feindbilder der Wald- und Höhlenmenschen entstanden, nicht mit den Steinäxten und Wurfspeeren verschwinden, sondern immer noch virulent sind.[14]

Im antiken Griechenland, im alttestamentarischen Palästina und im alten Rom, bei den Völkern also, deren geistige Entwicklung sich in den Worten der Propheten, in unvergänglichen Werken von Denkern, Dichtern und Künstlern verkörpert, waren zur selben Zeit auch primitive Kollektivvorstellungen wirksam. Die frommen Könige und Krieger Israels glaubten, es sei Gott, der ihnen manche Fremden »in ihre Hände gegeben« habe, und sie schlachteten Männer, Weiber und Kinder der Nachbarvölker und auch Angehörige des eigenen Volkes, wenn sie überzeugt waren, diese hätten Gott »betrübt«. Und dabei fühlten sie sich gerecht und gut.

Herodot, Xenophon und Strabo – Autoritäten der antiken Geschichtsschreibung beschrieben Perser, Skythen, Tauren, Sauromaten und andere Völker des Ostens so, als ob sie ausnahmslos wilde, grausame Barbaren seien. Sie taten das in der Überzeugung, wahrhaftig und objektiv zu berichten. Sicherlich hatten sie auch viele Erscheinungen und Tatsachen selbst beobachtet oder aus sicheren Quellen erfahren, die ihre verallgemeinernden Vorstellungen und ihre voreingenommenen Fremdenbilder begründeten und bewiesen.

Doch bereits die Propheten träumten und predigten von einer idealen Zukunft. Ihre Sicht der Geschichte hält der russische Philosoph Wladimir Solowjew den Nationalisten seiner Zeit in einer Polemik entgegen. Das Ideal der prophetischen »Geschichtsphilosophie«, so betont Solowjew, »das von Anfang an gewisse Züge einer universalen Bedeutung besaß, befreite sich, als es von der Inspiration der Propheten in die Zukunft verlegt wurde, entschieden von allem eng Nationalen: schon *Jesaja* verkündete den Messias als ein Banner, das alle Völker um sich herum sammeln wird, und der Autor des Buches Daniel steht völlig auf dem Standpunkt einer *allgemeinen* Geschichte«.[15] An anderer Stelle bedenkt er die vom Neuen Testament verkündete Einigung der Völker der Erde im Geist der Liebe und der Brüderlichkeit und folgert aus dem hohen, dem absoluten Anspruch des Christentums, es sei über-menschlich und infolgedessen auch über-völkisch, also überhaupt nicht »irgendeiner gesonderten Nationalität zuzuweisen«.[16]

Aber die Vorstellungen antiker Historiker von den wilden östlichen Barbaren (durch Schriftkundige immer wieder überliefert) waren auch im Westeuropa des Mittelalters, der Renaissance, des Barock und sogar noch der Frühaufklärung verbreitet worden. Chronisten und Schriftsteller, die über Rußland und Russen schrieben, selbst so bedeutende Rußlandkenner wie Herberstein und Olearius, waren von ihnen beeinflußt.

5.

Die Abhandlungen von Mechthild Keller über die »Frühesten Zeugnisse von Kontakten mit Russen« zeigen anhand zahlreicher Belege, daß im ersten Drittel unseres Jahrtausends die deutschen Geschichtsschreiber, Minnesänger und andere gelehrte Leute die Begriffe Rußland, Ruizen, Reussen usw. oft als bloße Synonyme für das Fremde, für Wildnis, Barbarei, für »wildfremde«, heidnische, geheimnisvolle Wesen empfanden.

Die 250 Jahre mongolischer Herrschaft (13.–15. Jh.) isolierten die russischen Gebiete von den westeuropäischen so gründlich, daß in dieser Zeit kaum noch Reisende ins Land kamen. Es bestanden zwar immer lebhafte Handelsbeziehungen zwischen den russischen Stadtrepubliken »Großherrliches« Nowgorod und Pskow (Pleskau) einerseits und der Hanse sowie den Gebieten der Ordensritter andererseits, doch die nüchternen Friedens- und Handelsverträge dieser Zeit und die zweckbestimmten »Sprachbücher« für die Hand des Kaufmanns geben kaum Aufschluß darüber, wie man den russischen Handelspartner einschätzte, welche Emotionen, welche gegenseitigen Sympathien oder Antipathien wirklich bestanden.

Die ersten greifbaren deutschen Rußland- und Russenvorstellungen entwickelten sich später, im 16. Jahrhundert, aus den Augenzeugenberichten vor allem deutscher, aber auch englischer und italienischer Rußlandreisender. Gesandte, Kaufleute und Landsknechte berichteten über ihre Erlebnisse und Beobachtungen in Büchern und Flugblatt-Zeitungen. Die Beiträge zu diesem Themenkomplex stellen die wichtigsten Quellen dieser Zeit vor und veranschaulichen die Fülle wie auch die Tendenzen der Informationen, die auch den Osten Europas erstmals zu erschließen begannen. Herberstein und Olearius sind die Schlüsselgestalten dieser Vermittlung; sie bemühen sich um ein detailliertes Gesamtbild Rußland. Die Reisenden oder die von ihnen angeregten schreibkundigen Landsleute schilderten die tyrannische Herrschaft der Zaren, die rohen Sitten von deren Würdenträgern und Gefolgsleuten, die Greueltaten Iwans des Schrecklichen und seiner Schergen, der Opritschniki – zu denen auch einige deutsche Abenteurer gehörten wie etwa Heinrich von Staden –, die »Zeit der Wirren« und das grausame Treiben moskowitischer Kriegshaufen in Livland, wo viele deutsche Adlige, Kaufleute und Handwerker beheimatet waren. Beschrieben wurde vor allem das, was einen fremd anmutete, was merkwürdig war.

So entstand abermals ein Bild vom »wilden Moskowiten«, das eigentlich immer noch nicht verblichen ist. Daraus ist zu erse-

hen, wie hartnäckig sich die so alten wie »unzulässigen« Feindbilder erhalten. Allerdings haben zaristische Willkür (z.B. in
Polen und im Kaukasus) und stalinistischer Terror das ihre
dazugetan, um diese Vorstellungen zu erneuern und zu verfe-
stigen.

Der englische Staat und englische Geschäftsleute haben als erste
Westeuropäer schon um die Mitte des 16. Jahrhunderts rege
Beziehungen zum Zarenreich Iwans des Schrecklichen – den sie
höflicherweise bereits »emperor« nannten – angebahnt und
ausgebaut. Die britischen Sondergesandten, Kaufleute und An-
gestellten der »Muscovy-Company«, die in Rußland längere
Zeitabschnitte verbrachten und nachher ausführliche Berichte
schrieben (Jerome Horsey, Giles Flechter, John Merrick u.a.),
urteilten über die »barbarischen Moskowiten« kaum besser als
ihre deutschen Zeitgenossen und Kollegen. Karl-Heinz Ruffmann kommt in seiner Untersuchung über »Das Rußland im
England Shakespeares« aufgrund zahlreicher Materialien zu der
Schlußfolgerung: »Man sprach in den englischen Reiseberichten und ganz allgemein im englischen Schrifttum vom ›barbarischen Moskowiter‹ und nannte ihn in einem Atemzug mit
Türken, Tataren, Arabern, Chinesen und Negern. Auch die
Aufführungen von sog. ›Russian Masks‹ auf der englischen
Bühne mit ihrer phantastisch märchenhaften Ausstattung zeu-
gen von dem exotischen Zug im englischen Rußlandbild.«[17]

Die verängstigten oder verächtlichen Urteile der englischen
Rußlandfahrer stammen aus ähnlichen Quellen und aus ähnlichen Erfahrungen wie die eines Herberstein oder von Staden.
Sie sind ebenso historisch und sozialpolitisch subjektiv bedingt
wie das englische Deutschlandbild, das in jener Zeit entstand
und zum Teil beide Weltkriege überdauerte. So berichtet Willi
Radczun anhand zahlreicher Quellen über meist negative Beschreibungen und Beurteilungen der Deutschen durch die ver-
schiedensten englischen Autoren. Zu Gemeinplätzen wurden
schon im Mittelalter und in der beginnenden Neuzeit boshafte
Bezeichnungen der Deutschen: Man tat sie ab als grob, schwer-
fällig, zügellos, ungebildet, streitsüchtig. »In der englischen

Dichtung der Zeit trägt das Bild des Deutschen [...] wenig
erfreuliche Züge, gewöhnlich sogar noch satirisch vergröbert
und einseitig verzerrt. Der Deutsche wird fast nur als lächerlich
oder verächtlich dargestellt.«[18]
Erst gegen Ende der Renaissance-Zeit und noch mehr im 17.
Jahrhundert hat sich in England auch »eine tiefere Erfassung
des deutschen Geistes angebahnt, die allerdings erst in der Zeit
der Romantik ihre Früchte tragen sollte«.[19]

6.

Alle hier angeführten Tatsachen aus der Geschichte der Fremdenbilder legen es nahe, die historische Rolle von Paul Fleming
besonders hervorzuheben.

Seine Gedichte über Moskau, Nowgorod, Astrachan und ande-
re russische Städte und Landschaften, über die Flüsse Moskwa,
Oka und Wolga sind die ersten poetischen Bekenntnisse dieser
Art, die ersten in der Weltliteratur. Im Sonett »An die große
Stadt Moskau...« spricht er die russische Hauptstadt an:

Prinzessin deines Reichs, die Holstein Muhme nennt,
du wahre Freundin du, durch welcher Gunst wir wagen,
was Fürsten ward versagt und Kön'gen abgeschlagen,
den Weg nach Aufgang zu, wir haben nun erkennt,
wie sehr dein freundlichs Herz in unsrer Liebe brennt.
[...]
Nimm itzo dies Sonett. Komm ich mit Glücke wieder,
so will ich deinen Preis erhöhn durch stärkre Lieder,
daß deiner Wolgen Schall auch hören soll mein Rhein.

Der deutsche Lyriker kam in seinem poetischen Lob auf Rußland selbst russischen Dichtern um fast ein Jahrhundert
zuvor.

Flemings Zeitgenosse, der russische Lyriker und Publizist
Fürst Iwan Chworostinin, ein erbitterter Gegner des eigenen
Staates, schrieb über seine Landsleute schonungslos: »Sie säen
Roggen und leben vom Lügen.«

Die in diesem Band vorgelegte historisch-kritische Analyse der dichterischen und menschlichen Beziehungen Paul Flemings zu Rußland von Dieter Lohmeier weist überzeugend nach, daß das »antike Erbe« und die seit dem Mittelalter in der deutschen Literatur »traditionellen Vorstellungen« von Rußlands »skythischer Wildheit« auch Flemings Wahrnehmungen zunächst beeinflußten und belasteten; doch es gelang dem jungen Poeten, eine Darstellung des russischen Volkslebens zu geben, »die nicht nur positiver ist als der bisher vorherrschende Topos, sondern zugleich auch konkreter und detaillierter, als sie zuvor in der deutschen Literatur war«.

Paul Flemings Rußlandgedichte wurden von den Literatur- und Kulturhistorikern in Deutschland und in Rußland früher kaum beachtet. Daher scheint mir besonders wichtig, was die neue Studie deutlich macht: daß dieser deutsche Dichter, der in den schweren Zeiten des Dreißigjährigen Krieges lebte und eine von Haß und Todesängsten durchtränkte Atmosphäre in Mitteleuropa atmete, dennoch mit so viel Einsicht und Wohlwollen über die fremden Menschen und das fremde Land schrieb, obschon seine sechsjährige Rußlandreise nichts weniger als fröhlich und unbeschwert war. In Anbetracht all dessen, was damals gleichzeitig über Rußland und Russen in Westeuropa geäußert wurde, im Vergleich zu dem, was Flemings freundschaftlicher Gönner Olearius nüchterner und kritischer und viel ausführlicher über das schrieb, was er und Fleming gleichzeitig sahen, im Vergleich auch mit vielem, was in nachfolgenden Zeitaltern Deutsche über Rußland publizierten, ist Paul Fleming einzigartig. Als erster Deutscher, als erster Westeuropäer wurde er zu einem wahren Russenfreund. Seine Gedichte waren einmalig für seine Zeit und für eine ganze Epoche. Heutzutage, in dem Jahrhundert, das durch zwei Weltkriege und gefährlichste Völkerverhetzungen gekennzeichnet ist, heißen sie uns für die Zukunft beider Nationen hoffen.

Die aus verallgemeinernden Charakteristiken erwachsenden Fremdenbilder gehörten zum Weltbild der meisten Aufklärer.

Doch im Unterschied zu dem, was in früheren Epochen üblich war, haben die Aufklärer fremde Menschen und Völker nicht im vorhinein verächtlich als barbarisch, heidnisch (und schon deswegen minderwertig), rückständig und kulturlos abgewertet. Im Gegenteil: In der Spätaufklärung und in den kritischen vorromantischen Strömungen der Sentimentalisten, Rousseauisten, »Stürmer und Dränger« wurden die »Naturvölker« (Herder), die der verderblichen Zivilisation fernblieben, idealisiert; der »Wilde« wurde zum *sauvage noble* stilisiert, weil man in dem von der Zivilisation unberührten Menschen die »ur-natürlichen« Tugenden vermutete. Andere wieder, die an den universalen, segensreichen Fortschritt glaubten, waren davon überzeugt, daß man alle Menschen eben durch Aufklärung grundsätzlich »verbessern« könne, und hofften, daß durch die Entwicklung der Wissenschaften, des internationalen Handels, des allgemeinen Bildungswesens diejenigen Nationen, die aus Mangel an Kultur und durch Kriege oder tyrannische Regierungen zurückgeblieben waren, allmählich umerzogen, zivilisiert werden könnten.

Dieser aufklärerische Optimismus bestimmte bereits die Rußlandbeziehungen von Gottfried Wilhelm Leibniz, dessen wesentlich neue Sicht Osteuropas den geistigen Aufbruch in eine andere Zeit signalisierte und die Züge des überkommenen Rußland- und Russenbildes gründlich umgestalten half. Leibniz' eigene Vorstellungen von Rußland änderten sich in dem Maße, in dem die Kenntnisse des unermüdlichen Forschers und undogmatischen Denkers über dieses Land und über dessen Herrscher zunahmen. Die persönlichen Begegnungen mit dem reformwilligen Zaren Peter unterstützten sein Streben nach neuen Erkenntnissen und seine Bereitschaft, für die Aufklärung in Rußland selbst tatkräftig zu arbeiten.

In der Geschichte der deutschen Rußlandvorstellungen erscheint das Werk des genialen Leibniz als Übergang von einer Epoche zur anderen. Die im Deutschland des 16. Jahrhunderts vorherrschenden Vorstellungen von Moskowien und Moskowitern gründeten auf äußerst dürftigen Informationen, die zudem nur unter erheblichen Schwierigkeiten zu beschaffen waren, so daß sie weniger durch neue Erfahrungen als durch alte Vorurteile geprägt waren. Mit Leibniz beginnt – anderthalb Jahrhunderte nach der »Erstentdeckung« Moskowiens durch Herberstein – eine Art Neuentdeckung Rußlands.

7.

Eine der wesentlichen Voraussetzungen für meine Arbeit am Wuppertaler Projekt ist die grundsätzliche Unterscheidung von Staat und Nation. Diese beiden Begriffe werden nicht nur in der öffentlichen Meinungsbildung, sondern auch in der wissenschaftlichen Geschichtsschreibung oft gleichgesetzt, bestenfalls undeutlich auseinandergehalten. Dementsprechend wird die Geschichte der Nationen als Geschichte der Staaten aufgefaßt und mißdeutet. Dagegen werden die Verbrechen der Staaten und der Parteien, die in ihrem Namen und Auftrag begangen werden, als »nationale Schuld«, als Folge eines schlimmen »Nationalcharakters« darstellt.[20]

Dazu ist zu sagen: Die russische Nation, die russische Nationalkultur entwickeln sich seit Jahrhunderten im untergründig stillen oder auch im offenen, manchmal tragisch verzweifelten Widerstand gegen die politischen und administrativen Mächte des Vielvölkerstaates, der dem russischen Volk stets fremd und oft geradezu antinational war. So war es im Reich der Zaren und mehr noch im bolschewistischen Imperium.

Polen war für 150 Jahre in drei Teile zerrissen und drei gegensätzlichen Staatsmächten unterworfen; aber die polnische Nation und Nationalkultur entwickelten sich trotz der Teilungen, mehr noch: dank dem geistigen Widerstand, den diese Teilungen herausforderten.

Verwandte Gesetzmäßigkeiten gelten im Grunde auch für die Geschichte der deutschen Nation und der deutschen Kultur, wenn auch die äußere Entwicklung eine andere war: Das Heilige Römische Reich deutscher Nation, das manche Historiker anachronistisch das »Deutsche Reich« nennen, war in Wirklichkeit, wie schon Voltaire sagte, »weder heilig, noch römisch, noch deutsch«. Deutschsprachig waren wohl die meisten Kaiser, doch Friedrich II. von Hohenstaufen sprach und schrieb lieber Italienisch und war des Deutschen kaum mächtig, Karl V. verabscheute es gar.

> Deutschland? Aber wo liegt es? Ich weiß das Land
> nicht zu finden,
> Wo das gelehrte beginnt, hört das politische auf.

Das schrieb Goethe für die »Xenien« im Jahre 1797. Viele andere, unter ihnen auch Wladimir Solowjew, sind dem Gegensatz von politischem und kulturellem Deutschland in der deutschen Geschichte nachgegangen: »Nachdem *Deutschland* die große Kraft seines nationalen Geistes in der Reformation gezeigt hatte, ist es in neuester Zeit (seit der Mitte des 18. und bis zur Mitte des 19. Jahrhunderts) auf dem Gebiet der höheren Kultur – der geistigen und der ästhetischen – auf jenen ersten Platz gerückt, den Italien am Ausgang des Mittelalters und zu Beginn der Neuzeit innehatte. Der universale Charakter und die Bedeutung der Reformation, der Dichtung *Goethes*, der Philosophie *Kants* oder *Hegels* bedürfen keiner Beweise und Erklärungen. Wir wollen nur bemerken, daß sowohl für Deutschland als auch für Italien die Zeit der höchsten geistigen Blüte der nationalen Kräfte mit der Zeit politischer Machtlosigkeit und Zersplitterung zusammenfiel.«[21]
Um diesem unvereinbaren Gegensatz definitorisch gerecht zu werden, prägte Friedrich Meinecke zu Beginn unseres Jahrhunderts die Begriffe »Staatsnation« und »Kulturnation«.[22]

8.

Pauschale, abwertende Urteile über andere Stämme und fremde Gemeinschaften gab es vom Beginn der Menschheitsgeschichte an. In Zedlers »Universal-Lexicon Aller Wissenschafften und Künste« (1731–1754) heißt es unter dem Stichwort »National-Haß«, dieser sei den Nationen von alters her »gemeiniglich« gewesen: »Ephraim hasset Manasse, und Manasse Ephraim.

Die Chaldäer verfolgten die Araber, und die Araber die Chaldäer. Die Israeliten waren den Philistern gram, und wurden wiederum von diesen verfolget.«[23] Wenngleich hier der Begriff der Nation anachronistisch gebraucht wird, da sich ein nationales Bewußtsein erst im Spätmittelalter herauszubilden begann –, so ist das Gemeinte doch klar: Bereits in den frühesten Gemeinschaften wurden Fremdenbilder zu Feindbildern.

Im 16. und 17. Jahrhundert erschienen einige Handbücher »zum Gebrauch des treffenden Ausdrucks«, die für Prediger, Literaten, Theaterkünstler und andere gebildete Leute bestimmt waren. Sie enthielten auch Anweisungen, mit welchen Eigenschaftswörtern verschiedene Völker bedacht werden sollten. Im »Epithetarum Thesaurus« von Johann Ravisius Textor (Erscheinungsjahr 1595; der Autor starb 1524) wurden den europäischen Nationen folgende – angeblich ureigene – Charakteristika zugesprochen:

»Angli: Brutiades, angligenae, brutigenae, armipotentes. [...]

Galli: Feroces, truces, bellicosi, Romanis infesti, armorum avidi, rebelles, acres, stolidi, fortes, timidi, leves, alacris, saevi, atroces, efferi, ardentes.

Germani: Invicti, atroces, potentes, feroces, bellaces, truces, caerulei. [...]

Hispani: Venales, feroces.

Itali: Superbi, praefulgidi.«[24]

Ein halbes Jahrhundert später erschien – offenbar in der Nachfolge Textors, aber in englischer Sprache – »The English Parnassus« von Joshua Poole. Auch er belegt verschiedene Völker mit genau umrissenen Attributen:

»English [...]   stout, courageous, valiant, true-hearted, hardy, bold, audacious, adventurous, warlike, apish, imitating. [...]

French [...]   warlike, courtly, generous, ingenious, deviseful, active, industrious, lascivious, wanton, stately, courteous, cavalering, courageous, complementive.

Germans [...]	fierce, warlike, audacious, daring, adventurous, valiant, ingenious, industrious, rebellious, thirsty, drunken. [...]
Italian [...]	spruce, neat, amorous, proud, courtly, complimental, ceremonious, jealous, suspicious, proud, insolent.«[25]

Im ersten Jahrzehnt des 18. Jahrhunderts wurde von einem unbekannten Autor die »Kurze Beschreibung der in Europa Befintlichen Völckern und Ihren Aigenschaften«[26] zusammengestellt. Aus ihr ist erkennbar, daß dieser Autor ein treuer Untertan der Habsburger gewesen sein muß, denn die besten Zeugnisse stellt er den Teutschen und den Spaniern aus, während die östlichen Völker am schlechtesten wegkommen. (Siehe die Tabelle auf der folgenden Doppelseite.)

Das bereits erwähnte »Universal-Lexicon« von Johann Heinrich Zedler enthält auch einen großen Artikel über das »Naturell der Völcker«. Aus ihm kann man schließen, daß der Autor patriotisch, wenn nicht gar nationalistisch eingestellt war. Für die Deutschen hat er nur Lob und höchste Wertungen:

»[...] Die Poesie haben sie in ihrer Sprache so hoch gebracht, daß sie den Frantzosen und Italienern wohl den Rang streitig machen dürffen. [...] die meisten Deutschen (sind), in so fern sie nicht ihre Sitten in der Fremde verderben, ehrliche und Gerechtigkeit liebende Leute. [...].«

Der Verfasser beruft sich dabei auf Tatsachen, auf authentische Zeugnisse und eigene Betrachtungen, aber zunächst kommen die verallgemeinernden Wertungen. Er bemüht sich, objektiv zu sein, bringt auch solche Meinungen, die den seinen offensichtlich widersprechen – aber an den Fremden gibt es eben doch mehr auszusetzen: So werden die Engländer dafür gelobt, daß sie »zu tieffsinnigen Sachen von Natur geschickt, und daher zur Philosophie und andern Wissenschafften, darinnen ein Nachdencken nöthig ist, aufgelegt« seien; doch werden sie für ihre »Neigung zu Grausamkeit« getadelt, die sogar ihren König »in die Hände des Scharfrichters« lieferte. Den Franzosen wird ihre Begabung in den »ingenieusen Wissenschafften« nachge-

Kurze Beschreibung der in Europa Befintlichen Völkern und Ihren Aigenschaften

Namen	Spanier	Frantzoß	Wälisch	Teutscher	Engerländ
Sitten	Hochmüthig	Leichtsinnig	Hinderhaltig	Offenherzig	Wohl Ges
Natur und Aigenschaft	Wunderbar-lich	Holdselig, gesprächig	Eifersichtig	Ganz gut	Lieb-Reic
Verstand	Klug und Weiß	Firsichtig	scharffsinig	Wizig	Anmuthig
Anzeugung deren Aigen-schaften	Mänlich	Kindisch	Wie ieder will	Uber Allmit	Weiblich
Wissenschaft	schrift-gelehrt	In Kriegs-sachen	in Geist-lichen Rechten	In Welt-lichen Rechten	Welt Weis
Tracht der Klaidung	Ehrbaar	Unbeständig	Ehrsam	Macht alles nach	auf Franz sche art
Untugent	Hoffärtig	Betrügerisch	Geissichtig	Verschwen-derisch	Unruhig
Lieben	Ehrlob und Ruhm	Den Krieg	Das Gold	Den Trunck	Die Wohl
Krankheiten	Verstopfung	An Eigner	An bösser seuch	An bodagräm	An Der Schwinds
Ihr Land	Ist frucht-baar	Wohlge-arbeith	Ergözlich und Wohllistig	Gut	Fruchtbaa
Krigs Tugente	GroßMüthig	Arglistig	Firsichtig	Uniberwind-lich	Ein See H
Gottesdienst	der aller beste	Gut	Etwas besser	Noch andächtiger	Veränderl Wie der M
Erkennen für Ihren Herrn	Einen Monarchen	Eine(n) König	Einen Bäterärch	Einen Käiser	bald den balt jene
Haben Überfluß	An Früchten	An Waren	An Wein	An Geträid	An fich V
die Zeit Vertreiben	Mit Spillen	Mit betrügen	Mit schwätzen	Mit Trincken	Mit Arbe
Vergleichung Mit denen Thiren	Ein Elöfan-then	Ein Fuchsen	Einen Luchsen	Einen Löben	Einen Pfe
Ihr Leben Ende	In Böth	In Krieg	In Kloster	In Wein	In Wasser

…chwöth	Poläck	Unger	Muskawith	Tirk o. Griech
…tark und Groß	Bäurisch	Untrey	boßhafft	Wie das Abrilweder
…rausam	Noch wilder	Aller Graussambst	Gut Ungerisch	Ein Jung Teufel
…artnäckig	Gering achtent	Noch weniger	Gar Nichts	Oben Auß
…nerkendlich	Mittlmäßig	Bluthbegirig	Unentlich krob	Zärt-lich
…n Freuen künsten	In unterschidlichen Sprachen	In Ladeinischer Sprach	In Krichischer Sprache	Ein falscher Politicus
…on Löder	Lang Röckig	Viel Färbig	Mit böltzen	Auf Weiber Art
…ber Glauberisch	Praller	Veräther	Gar Verätherisch	Noch veräterischer
…östliche peisen	Den Adl	Die Aufruhe	Den Brügl	Selbsteigne Lieb
…n der Wassersucht	An Den Durchbruch	An der freis	An Keichn	An Schwachheit
…ergig	Waldich	Frucht Und golt Reich	Voller Eiß	Ein Liebreiches
…nverzackt	Un Gestimt	Aufriererisch	Miesamb	Gar Faul
…ifrig im lauben	Glaubt Allerley	Unmüessig	Ein Abtriniger	Ewen ein solcher
…eüe errschaft	Einen Erwelden	Einen Unbeliebigen	Einen Freimitigen	Ein Thiran
…n Ärtz ruben	An Böltzwerch	In Allen	An Immen	an Zart und Weichen sachen
…it Essen	Mitt zancken	Mit Miessiggehen	Mit schlaffen	Mit Kränkeln
…nen Ochsen	Einen Bern	Einem Wolffen	Ein Esel	Einer Katz
…uf der Erd	Im stall	beym säwel	In schnee	In betrug

rühmt und ein angeborenes Talent für die Bühnenkunst, »dergleichen die Opern, Comödien, Sinnbilder, Satyren u.s.w. sind«; aber: »Ihr Gemüths-Charakter ist die Wollust, daher sind sie leichtsinnig, lieben ein freyes Wesen, gehen in ihrer Kleidung was nachläßig [...].«

Alle diese Urteile – eigentlich Vorurteile – fällt der Autor und Verleger offenkundig in der Meinung, sie seien wissenschaftlich objektiv. Unmittelbar anschließend an die negative Charakterisierung der Italiener folgt ein Versuch »naturwissenschaftlicher« Begründung der Unterschiede zwischen den Nationen:

> »Solchen Unterscheid der Nationen an ihren Naturell pflegt man aus natürlichen so wohl als moralischen Ursachen herzuleiten. Die natürliche Ursache sey die Luft, von der die Beschaffenheit und Bewegung des Geblüts; von dieser aber die Disposition der Seelen in ihren Würckungen dependire [...]. [...] eine allzu kalte und allzu warme Luft (sey) den Ingeniis schädlich... (und verursache) langsame und dumme Köpfe.«[27]

Diese Vorstellungen sind typisch auch für spätere Perioden der westeuropäischen Aufklärung. Die »Encyclopédie, ou dictionnaire raisonné des sciences, des arts et des métiers« (Neufchastel 1765), herausgegeben von Diderot und d'Alembert, enthält einen kurzen Artikel zum Stichwort »Nation«:

> »Chaque *nation* a son caractere particulier: c'est une espece de proverbe que de dire, leger comme un françois, jaloux comme un italien, grave comme un espagnol, méchant comme un anglois, fier comme un écossois, ivrogne comme un allemand, paresseux comme un irlandois, fourbe comme un grec, ...«[28]

Solche verallgemeinernden Schematisierungen brauchen natürlich keine besonderen Nachweise; sie geben Allerweltswissen, Binsenweisheiten zum besten. In manchen Fällen dienten freilich zusätzliche Zitate aus alten Schriften als Beglaubigung und objektiver »wissenschaftlicher« Unterbau.

9.

Die Begriffe »Naturell der Völker«, »Nationalcharakter«, »Seele der Nation« oder – in poetischer Steigerung – »nationaler Genius« entstehen zusammen mit den Nationen – und oft noch ehe sich die Nationalstaaten bilden, manchmal auch unabhängig von den staatspolitischen Schicksalen der Völker. Jedesmal wenn man einen solchen Begriff zur Charakterisierung eines Volkes, einer Nation verwendet, wird er mit mehreren Beispielen und authentischen Zeugnissen begründet und motiviert. Wie bereits gezeigt wurde, haben derartige Charakteristika eine in die Jahrhunderte zurückreichende Vorgeschichte. Und doch glaube ich (ebenso wie manche gegenwärtige Historiker und Soziologen) diese altbewährten Mythen anzuweifeln und ablehnen zu dürfen.[29]

Was bestimmt eigentlich einen Nationalcharakter? Darüber haben sich viele große Männer Gedanken gemacht.

Johann Georg Hamann, der »Magus von Norden«, glaubte von der eigenartigen nationalen »Denkungsart«: »[...] jedes Volk offenbart selbige durch die Natur, Form, Gesetze und Sitten ihrer Rede eben so gut als durch ihre äußerliche Bildung und durch ein Schauspiel öffentlicher Handlungen«.[30]

Kant dagegen meinte, daß nur Franzosen und Engländer, die »zwei zivilisiertesten Völker auf Erden [...] die einzigen Völker seien, von denen man einen bestimmten [...] unveränderlichen Charakter annehmen kann«.[31]

Für Lichtenberg ist es vor allem die Sprache, die »keine schwache Kennzeichen von dem Charakter einer Nation« abgibt.[32]

Wilhelm von Humboldt verfaßte gar eine Schrift mit dem programmatischen Titel »Über den Nationalcharakter der Sprachen«, in der er zu dem Schluß kommt, daß, »wenn man die Nation mit der Sprache zusammendenkt, in der letzteren allemal ein ursprünglicher Charakter mit einem von der Natur empfundenen in Eins zusammengeschmolzen ist«.[33] Auch für Schopenhauer war eben die Sprache die »Nationalphysiognomie«.[34]

So sind es in den meisten Fällen die ernsten, die großen Denker, die sich, wenn sich ihnen die Frage des Nationalcharakters stellte, vor allem auf die Sprache, auf ihren Stil beriefen – oder wie Nietzsche gar auf »das Tempo ihres Stils: als welcher im Charakter der Rasse seinen Grund hat]…«.[35]

Noch in unserem Jahrhundert glaubte Karl Vossler, die einzelnen Nationen wie Individuen betrachten zu dürfen, die »ihr individuelles Temperament, ihre spezifische Kraft, ihr besonderes Können« haben. Aber auch für ihn ist wiederum die Sprache das bedeutendste Kriterium für die Eigenart einer Nation, ihres »Genius«, und somit ist »eine Nation oder Nationalsprache einem leibhaftigen Einzelmenschen, einem Künstler« vergleichbar.[36]

Manches wurde über den Nationalcharakter der Musik, der Baukunst und anderer Formen der schöpferischen Tätigkeit der Menschen und der Völker geschrieben. Auf diese wie auch auf die sprachlichen Merkmale eines Nationalstils im Sinne eines Nationalcharakters weist Wolfgang G. Müller in seiner aufschlußreichen Arbeit über die »Topik des Stilbegriffs« hin.[37]

Im »Wörterbuch der Soziologie« schreibt J. Koty unter dem Stichwort »Nationalcharakter«:

> »Die Meinung, daß auch Rassen und Volksgruppen ihren eigenen Charakter haben, ist nicht neu. Die Spitznamen, die die Primitiven ihren Nachbarn geben, und Schilderungen der Völker durch Geschichtsschreiber aller Zeiten beweisen die Allgemeingültigkeit dieses Gedankens.
>
> Erst in den letzten Jahrzehnten fingen einige Wissenschaftler an, die Gültigkeit dieses Gedankens zu bezweifeln. Die skeptische Haltung dem N. gegenüber bezeichnete das Entstehen einer neuen Wissenschaft, denn ›die Wissenschaft beginnt dort‹ – wie Podach richtig bemerkt – ›wo Selbstverständliches zum Problem wird‹.«[38]

Der Artikel schließt mit der Erwartung, daß »gründliche und vielseitige Forschung imstande sein wird, die Frage zu beantworten, ob das, was man gewöhnlich unter N. versteht, nicht nur eine unbestimmte geistige ›Atmosphäre‹ ist, sondern eine Summe für eine Nation typischer Eigenschaften«.[39]

In Meyers Enzyklopädischem Lexikon (Bd. 16, 1976), das sieben Jahre später erschien, ist im Vergleich zu Kotys recht ausführlichem Artikel nur wenig nachzulesen:

»Nationalcharakter, die Summe der die zentralen polit. und sozialen Orientierungen und Handlungsweisen der Menschen einer Nation bestimmenden Wertvorstellungen. Der N. läßt sich, in der Nation ständig verbreitet und durch Erziehung auf die nächsten Generationen übertragen, als (als Vorurteil wirksames) Stereotyp des öffentl. Bewußtseins ermitteln.«

Man darf behaupten, daß jede Nation in ihrem historischen Schicksal und in ihrer kulturellen Leistung einmalig und unverwechselbar ist. So kann man auch von der Nation als einer »Kollektivpersönlichkeit« sprechen. Doch der Begriff »Nationalcharakter« ist m. E. nur dann gültig, wenn es um Kultur und Zivilisation geht, um Philosophie und Mythologie, um Kunst und Literatur. Aber als Aussage über die Wesensart einzelner Menschen oder ganzer Völker gebraucht, löst sich dieser Begriff von der Realität und erschöpft sich so in vagen wie subjektiven Vorurteilen.

Es gibt auf der Welt keine Nation, deren Vertreter nicht Freiheitsliebe, Seelengüte, Tapferkeit, Scharfsinn und ähnliche Tugenden als Hauptkennzeichen ihres »Nationalcharakters« beanspruchen würden. Umgekehrt gibt es keine Nation, der von ihren Gegnern nicht Eigenschaften wie Grausamkeit, Verschlagenheit, Rachsucht und dergleichen nachgesagt würden.

Aus dieser Einsicht, die besonders in unserem Jahrhundert durch so schreckliche Erfahrungen neu bestätigt wurde, kommt wohl auch J. Koty zu seiner Schlußfolgerung:

»Zu welchen Ereignissen die Wissenschaft vom N. in der Zukunft kommen wird, läßt sich heute noch nicht übersehen. Man darf aber mit Sicherheit annehmen, daß gefühlsbetonte stereotype Urteile über den Charakter der Nationen ihre Gültigkeit verlieren werden und auf diese Weise eine Ursache, die das friedliche Zusammenleben der Völker trübt, endgültig beseitigt werden wird.«[40]

Diese Annahme entspricht auch meiner Hoffnung, und diese Hoffnung bestimmt Sinn und Zweck meiner Arbeit.

10.

Die seit Jahrtausenden ererbte Gewohnheit, Fremden zu mißtrauen, ihnen mit Angst oder mit Verachtung zu begegnen, sie sogar als Erbfeinde zu hassen, hat bis in unsere Tage überdauert. So entstanden die Bilder der grausamen Russen in Polen und Schweden, in den baltischen Ländern und in Ostpreußen, so entstanden ähnliche voreingenommene Deutschenbilder bei Franzosen, Engländern, Polen, Italienern. Die Deutschen wiederum taten ihre Nachbarn als »tückische Welsche« oder »perfide Briten« ab.

Aus Erfahrungen der Geschichte und auch aus persönlichen Erlebnissen wuchsen die Feindbilder, die man ganzen Völkern oktroyierte, obwohl sie von den schlimmen Taten einzelner Staatsmänner und einiger Kriegshaufen, also nur durch einen zahlenmäßig geringen Teil eines Volkes verursacht wurden. Zu recht notierte Novalis in seinen Paralipomena: »Wenn man von einer Nation urteilt, so beurteilt man meistens nur den vorzüglich sichtbaren, den frappanten Teil der Nation.«

Die Beiträge dieses Bandes behandeln alte und älteste Zeugnisse darüber, was Deutsche über Rußland und Russen wußten und dachten.

Die Beispiele zeigen, daß viel Negatives ins Bewußtsein und mehr noch ins Unterbewußtsein einfloß, das in späteren Epochen weder durch Wort und Schrift noch durch Haltung und Tat verdrängt und vergessen gemacht werden konnte. Bis heute bestehen die uralten, aber aktuell aufgefrischten Vorstellungen von dem europafremden russischen Nationalcharakter, von der geheimnisvollen oder auch berüchtigten »russischen Seele«[41], die, reich an krassesten Widersprüchen, dem einen als liebens- und bewunderswert, dem anderen als abstoßend und gefährlich erscheint.

Die alten, durch überkommene Vorurteile und durch dürftige, einseitige Information entstandenen Phantasie- und Zerrbilder, die zu Feindbildern wurden, waren selbst in den ärgsten Kriegszeiten weniger gefährlich als die neuesten und neubelebten Vorurteile und Feindbilder, die heutzutage aus der verwirrenden Überfülle, aus dem desorientierten Unmaß von Informationen heraufbeschworen werden.

Alexander Mitscherlich kennzeichnet die Situation:

»Die Vorurteile in der Konsumgesellschaft schwanken modenhaft, aber sie erneuern sich ungebrochen. Sie reichen nicht tief, aber die Bereitschaft, ihnen immer wieder zu folgen, sitzt fest. [...]

Mit ihrer den magischen Denkvorgängen nahen apodiktischen Sicherheit schaffen die Vorurteile nicht nur das Gefühl für das Richtige, Gute, das in das Eigenideal aufgenommen wird, sondern ein ebenso sicheres Gefühl für das Böse, das fremden Objekten eignet. [...]

Häufig ist es so, daß durchaus sanfte und zuvorkommende Menschen, denen man, wie man sagt, so etwas gar nicht zugetraut hätte, zu uneinfühlbaren Grausamkeiten diesem vorurteilhaft als böse erklärten Fremden gegenüber fähig sind. Die Beispiele sind unserer Epoche gewiß nicht erspart geblieben. [...]

Dem ›gezeichneten‹ Fremden gegenüber darf die Phantasie in Greueln schwelgen.«[42]

Aus der Überzeugung, daß es heute lebensnotwendig ist, diesen Gefahren entgegenzuwirken, entstand das Wuppertaler Projekt.

Selbstverständlich geben wir uns keinen Illusionen hin über die Möglichkeiten einer unmittelbaren, absehbaren Einwirkung auf die bestehenden und verbreiteten Fremdenbilder. Doch wir hoffen, daß die Menschen in Deutschland und in Rußland endlich aus der eigenen Geschichte zu lernen beginnen. Sie müssen es, damit die Geschichte der Menschheit nicht in globaler Selbstzerstörung endet.

Unsere Aufgabe ist bescheiden: Wir wollen erkennen und das Erkannte objektiv erörtern; wir wollen erklären, um aufzuklären. Unser Ziel ist schlicht: Verständnis zu wecken von Mensch zu Mensch und von Volk zu Volk. Dieses Ziel wurde immer nur zeitweilig, in einem begünstigten historischen Augenblick, erreicht. Jeder Generation ist die Mühsal aufgetragen, das Ziel der Verständigung immer aufs neue zu erstreben und dauerhaft zu verwirklichen.

Das Deutschlandbild der alten Russen

(Vortrag in Lüneburg am 26. 11. 1983)

Verehrte Damen und Herren,

die generalisierenden Begriffe »*die* Deutschen« und »*die* Russen« werden von Historikern und Philosophen wie von Literaten und Journalisten immer wieder als relativ eindeutige Bezeichnungen verwendet. Mir erscheinen solche Termini zu pauschal, sobald sie mehr sein sollen als Verständigungshilfen für demographische Daten. Begriffe wie »Nationalcharakter«, »nationaler Geist«, »nationale Seele«, »nationale Ideale« sind facettenreiche Realitäten, solange es um Kunst, Literatur und Religion geht; gebraucht man sie aber zur Beurteilung und Wertung von Menschengruppen oder einzelnen Persönlichkeiten, für politische Theorien und staatspolitische Praktiken, gerät man in ein unwegsames Dickicht aus Mythen, Legenden, Vorurteilen, idealisierenden oder dämonisierenden Vorstellungen von anderen Völkern.

Noch weniger eignen sich diese allgemeinen Begriffe, wenn man die Ereignisse und Erscheinungen jener Zeiten erforscht, in denen es noch keine Nationalstaaten gab und die heute bestehenden Nationen erst im Werden waren. Dennoch sind eben damals manche bis jetzt herrschenden Vorstellungen und Vorurteile, Eigendünkel und Feindbilder entstanden. Ihre Wurzeln und Quellen kann man in den weit zurückliegenden Jahrhunderten in Stammesfehden, Religionskriegen, staatspolitischen Rivalitäten aufspüren und erkennen.

Ebendiese im Wissen wie im Bewußtsein fest verankerten, aber weithin im Irrationalen gründenden Zusammenhänge macht

sich eine anachronistische, nationalistische oder sonstwie partei-
lich subjektive Geschichtsschreibung oft zunutze. Der russische marxistische Historiker Michail Pokrowskij behauptete,
Historiographie sei nichts anderes als die in die Vergangenheit
projizierte Gegenwartspolitik.[1]

Diese Behauptung gilt aber nur in solchen Fällen, wenn partei-
lich engagierte Historiker ihre ideologischen – nationalistischen
(chauvinistischen), klassenkämpferischen, konfessionellen –
oder anders vorgefaßten Ansichten auf ihre Forschungen und
Analysen entscheidend einwirken lassen. Selbstverständlich ist
ein leidenschaftsloser Chronist, der von überlieferten philosophischen, religiösen oder politischen Ideen und von unmittelbar aktuellen Problemen absolut unabhängig wäre, kaum vor-
stellbar. Aber jeder ehrliche und erfahrene Historiker kann und
soll sozialgeschichtliche Ereignisse, Schicksale von Persönlichkeiten und Gemeinschaften, konkrete Erscheinungen und allgemeine Zeitfragen, mit denen er sich befaßt, in ihren tatsächli-
chen Beziehungen zueinander, in ihren wechselnden Verhält-
nissen zu den Fakten und Vorgängen in dem ihnen eigenen
Chronotop erforschen.

Diejenigen Tatsachen, die seinen eigenen Ansichten, Sympathien, Antipathien, Konzeptionen und sonstigen Vorstellungen
widersprechen, soll er besonders aufmerksam und behutsam
untersuchen. Dabei ist es außerordentlich wichtig, eben die
Gefahren anachronistischer, modernisierender oder aktualisie-
render Urteile, Wertungen und Schlußfolgerungen zu ver-
meiden.

Einige Male sah ich auf der Bühne »modernisierte« Aufführun-
gen klassischer Dramen: Hamlet im Frack, Macbeth und den
Prinzen von Homburg in Khaki beziehungsweise Feldgrau, mit
Maschinenpistolen bewaffnet, Karl Moor als Guerillero oder
Beatnik in Pulli und Jeans. Auch kann ich mich noch an
drollige »Berichte« einer Studentenzeitung erinnern, von der
Panzerschlacht zwischen den Armeen Friedrichs von Preußen
und Napoleons bei Poltawa.

Ähnlich anachronistisch verfahren – allerdings in vollem Ernst

– manche Historiker, die über deutsch-russische Beziehungen im Mittelalter dozieren. So ist etwa in dem Buch »Wneschnjaja politika drewnej Rusi (Die Außenpolitik der alten Rus'.)« (Moskau 1968) von W. T. Paschuto ein Kapitel dem Thema »Rus i Germanija (Die Rus' und Deutschland.)« gewidmet (S. 119–136). Es werden wiederholt »enge Beziehungen« zwischen dem »russischen Staat« und dem »deutschen Staat« erwähnt, die angeblich bereits im 9./10. Jahrhundert angeknüpft wurden. Es heißt dort unter anderem, daß der Bischof Bruno (11. Jh.), »ein praktischer, tatkräftiger Vertreter der militanten Kirche, [...] recht eigenartig über die Rus' informierte, die man in Deutschland bereits vortrefflich kannte« (S. 121f.); daß der Kaiser Heinrich II. 1018 »Polen gegen seinen früheren russischen Verbündeten militärisch geholfen hat« (S. 123). An anderer Stelle kann man lesen, die Rus' haben »ihre freundschaftlichen Beziehungen zu Deutschland keineswegs ganz abgebrochen, wie Byzanz das tat, sondern im Gegenteil...« (S. 125).

Das »Römische Reich« der sächsischen Kaiser und der Hohenstaufen und die Großfürstentümer von Kiew und Susdal erscheinen bei diesem Autor als beinahe moderne Nationalstaaten, werden als »Deutschland« und »Rußland« aufgefaßt. Die fehlenden Tatsachen ersetzt er durch wortreiche hypothetische Spekulationen, gespickt mit »scheinbar«, »vielleicht«, »vermutlich«, »man sollte wohl«, »man könnte«, »man müßte«, »man darf annehmen« usw. Nicht viel anders sieht es auch Bruno Widera: »Die Beziehungen zwischen der Rus' und Deutschland wurden auch im 12. und in der ersten Hälfte des 13. Jh., wie im 11. Jh., durch die politischen Gegensätze beider Mächte zu Polen und zu Byzanz bestimmt.« (in: Russisch-deutsche Beziehungen von der Kiewer Rus' bis zur Oktoberrevolution. Hrsg. von H. Lemke und B. Widera, Berlin-Ost 1976, S. 57).

In den genannten Büchern wie auch in manchen anderen Arbeiten werden die außenpolitischen, dynastischen und militärischen Wechselbeziehungen der altdeutschen und altrussischen Fürsten, die Tätigkeiten der damaligen Chronisten, Kleriker, Adels- und Kaufleute als durch »nationale Interessen« und

»nationalen Charakter« bestimmt aufgefaßt – eigentlich noch
anachronistischer, als wenn diese mittelalterlichen Menschen in
Smoking und Jeans aufträten.

Aus den bisherigen Quellenvergleichen ist deutlich zu erkennen, daß in der Zeit vom 9. bis zum 15. Jahrhundert sowohl die
Deutschen von den Russen als auch die Russen von den Deutschen ziemlich wenig wußten und wenig übereinander zu
sagen hatten. Immerhin waren die ersten zusammenhängenden
Äußerungen über Deutsche in den ältesten russischen Chroniken eher freundlich und wohlwollend.

So berichtet die Kiewer Chronik z. B. unter dem Jahr 6698, d. i.
nach unserer Zeitrechnung 1190, über einen Kreuzzug:

> »Es zog der deutsche Kaiser mit seinem ganzen Land aus, für
> das Grab des Herrn zu kämpfen. Denn es war ihm der Herr
> in Engelsgestalt erschienen und hatte ihm befohlen auszuzie-
> hen. Und als sie angekommen waren, kämpften sie tapfer mit
> den gottlosen Heiden (...) Diese Deutschen aber vergossen
> mit ihrem Zaren wie heilige Märtyrer ihr Blut für Christus.
> Dafür gab der Herr unser Gott ein Zeichen: Denn wenn von
> ihnen welche im Kampf von den Fremdstämmigen getötet
> worden waren, dann wurden nach drei Tagen ihre Leichen
> vom Engel des Herrn unsichtbar aus den Gräbern herausge-
> holt.«[2]

Der Name des »deutschen Zaren« blieb ungenannt. Es war
Kaiser Friedrich I. Barbarossa. In einer späteren Chronik wird
erwähnt, daß der »deutsche Zar« die »Frjagi« (Franken) für die
Brandschatzung Konstantinopels im Jahr 1204 rügte. Hier ist
Philipp von Schwaben gemeint.[2a]

Lebhafte Verbindungen bestanden mehrere Jahrhunderte hindurch zwischen Nowgorod und Pskow einerseits und den
Hansestädten, vor allem Lübeck, andererseits. Es wurden Waren – darunter auch Kunstwerke – getauscht; es kamen aber
nicht nur Kaufleute nach Nowgorod, sondern auch Handwerker und Ärzte. Kriegerische Auseinandersetzungen der Nowgoroder mit den deutschen Ordensrittern waren allesamt dadurch verursacht, daß der Ordensstaat die entstandenen Wech-

selbeziehungen entweder verhindern oder eigenmächtig kontrollieren wollte. Aus den vielen nüchternen wirtschaftlichen und politischen Verträgen dieser Zeit ist zu ersehen, daß beide Seiten einander als gleichberechtigte und gleichgeachtete Partner anerkannten. Ein Beispiel aus einem Vertrag des Jahres 1262 zwischen Nowgorod und Lübeck:

»Die Nowgoroder sollen Handel treiben zum gotischen Ufer ohne Schädigung, aber die Deutschen und die Goten und die ganze lateinische Zunge sollen Handel treiben nach Nowgorod ohne Schädigung auf alten Frieden hin, (...) für den unsere und eure Väter das Kreuz geküßt haben.«[3]

Vereinzelte Erwähnungen in den Chroniken, kurze Berichte über dynastische Beziehungen, politische Bündnisse oder Gegnerschaften, konkret-sachliche Handelsverträge und hin und wieder märchenhafte, exotische Legenden wie die vom »deutschen Zaren« und seinen »Märtyrern«, manchmal auch konfessionelle Auseinandersetzungen sowohl in deutschsprachigen oder lateinischen, aber von deutschen Autoren verfaßten als auch in russischen (kirchenslawischen) Texten ergeben also kaum Möglichkeiten, über charakteristische, maßgebliche Vorstellungen der damaligen Deutschen und Russen voneinander zu urteilen.

Das ändert sich im 16. und 17. Jahrhundert vor allem im deutschsprachigen Schrifttum. Dort erscheinen immer mehr Nachrichten und Berichte über »Moskowien« – in Flugschriften, Broschüren und Rußlandbüchern. Die bedeutendsten, ausführlichsten Mitteilungen, die für lange Zeit das Bild von Rußland und den Russen bestimmten, waren die Traktate von Herberstein (1549) und von Olearius (1647).

Die ersten poetischen Äußerungen über Rußland kamen aus deutscher Feder, lange bevor die russischen Lyriker ihre Heimat zum Thema ihrer Dichtung machten, und zwar von Paul Fleming, der zwischen 1633 und 1639 im Gefolge einer holsteinischen Gesandtschaft über Rußland nach Persien und zurück gereist war und längere Zeit inmitten von Rußland verbrachte. Auch Grimmelshausen läßt in einem Kapitel seines Simplicissimus-Romans den Helden »moskowische« Abenteuer erleben. Der Autor selbst war nachweislich nie in Rußland; seine Kenntnisse entnahm er eindeutig den Beschreibungen von Olearius und anderen Rußlandfahrern.

Den Gipfel in der Entwicklung der deutschsprachigen Rußlandliteratur in der Zeit vor der Aufklärungsepoche bilden die wissenschaftlichen und essayistischen Schriften von Leibniz. Auch er war nie in Rußland, aber als Korrespondent vieler Mitarbeiter Peters des Großen wurde er zu dessen Ratgeber und unmittelbar am Aufbruch Rußlands zur Aufklärung beteiligt.[3a]

Ungleich spärlicher sind die Zeugnisse über Deutschland und Deutsche im russischen Schrifttum des 15. und 17. Jahrhunderts. Sie finden sich in kurzen Reiseberichten, Rapporten von Diplomaten, polemischen Schriften orthodoxer Geistlicher über westliche, besonders lutherische »Häresien«, vereinzelt in freundlichen Bemerkungen der ersten russischen »Westler« und in den deutschfeindlichen Schriften von Juraj Križanić, dem eigenartigen Vorläufer der Panslawisten.

Zur Verdeutlichung einige Beispiele.

Ein russischer Mönch, dessen Name unbekannt blieb, war im Gefolge des Moskauer Metropoliten Isidor 1437 quer durch Deutschland nach Italien zu einem Konzil gereist. Er hinterließ eine aufschlußreiche Beschreibung seiner Reise, u. a. auch mancher deutscher Städte. Lübeck, die erste deutsche Stadt, die er betrat, schien ihm »ganz wunderbar«:

»[...] die Häuser waren ganz wundervoll mit vergoldeten Giebeln, und Klöster gab es in ihr, auch ganz wunderbar und ansehnlich. Von Waren jeder Art war die Stadt voll. Das Wasser wird in die Stadt geleitet und fließt in Röhren durch alle Straßen, und an anderer Stelle fließt es aus Brunnensäulen, kalt und süß. [...] Da sehen wir weiter am Fluß ein Rad gebaut, das schöpft hundert Klafter im Umkreis Wasser aus dem Fluß und treibt es in alle Häuser; und auf derselben Welle sitzt ein kleines Rad, das mahlt auch und walkt schönes Tuch.«

Auch in Lüneburg wurden vor allem die Brunnensäulen bewundert, zumal hier »um jede dieser Säulen herum [...] Figuren angebracht« waren, denen das Wasser entströmte –

> »bei der einen aus dem Mund, bei der andern aus dem Ohr, bei einer dritten aus dem Auge, bei einer aus dem Ellbogen, bei einer aus der Nase. Es sprudelt sehr kräftig hervor wie aus Fässern. Diese Figuren sind anzusehen, als ob sie lebendig wären, und die Figuren tränken die ganze Stadt und das Vieh. Aber diese ganze Wasserleitung ist ein äußerst sinnreich erdachter Brunnen, es ist nicht zu sagen.«[4]

In all diesen Beschreibungen dominiert die Bewunderung für die Baukunst, für die überraschende, vorher nie gesehene Technik der Wasserleitung und der Wasserspeier, für sichtbare und greifbare äußerliche und materielle Erscheinungen des fremden Lebens. Kaum ein Wort über die Menschen.

Der Metropolit Isidor, zu dessen Reisebegleitern der Autor gehörte, wurde bald nach seiner Heimkehr 1441 als Abtrünniger denunziert. Seine Bemühungen um die Annäherung der östlichen Kirche an die westliche führten dazu, daß er abgesetzt und verhaftet wurde. Es gelang ihm, aus dem Klostergefängnis nach Litauen zu entfliehen. Der Reisebericht des erwähnten Gefolgsmannes blieb für zwei Jahrhunderte ein Einzelfall – so wie auch das deutsche Thema in den altrussischen Chroniken eine Ausnahme darstellt. Dennoch sind diese Dokumente eindeutige Zeugnisse einer freundlichen Einstellung von Russen gegenüber deutschen Menschen und deutschen Ländern.

Diese offenkundige Diskrepanz zu den ausführlichen und in der Kritik wie im Lob engagierten deutschen Berichten kann m. E. durch die krassen Unterschiede in den historischen Schicksalen der beiden Völker erklärt werden. Die tatarische (mongolische) Eroberung schnitt im 13.–15. Jahrhundert viele russische Gebiete von ihren westlichen Nachbarn ab. Die freien Republiken Nowgorod und Pskow, die auch damals noch mit Lübeck und anderen deutschen Städten verbunden blieben und mit den Ordensrittern nicht nur stritten, sondern auch friedlich verkehrten, wurden im 15./16. Jahrhundert vom aufsteigenden

Moskauer Großfürstentum beziehungsweise Zarenreich heftig bekämpft und grausam überwältigt. Als ideologische Begründung für die Strafgerichte dienten die »häretischen« Beziehungen dieser Städte zum Westen. Die orthodoxe Kirche, die bei der Entstehung und Selbstbehauptung des Moskauer Staates eine maßgebende Rolle spielte, war grundsätzlich intolerant und verschmähte die westlichen christlichen Konfessionen als »lateinische« oder »deutsche Ketzereien und Irrlehren«.

Der Kiewer Metropolit Grigorij schrieb kurz nach dem Konstanzer Konzil von 1418 einen Traktat mit dem Titel »Wie die Deutschen ihren Glauben halten«. Es war ein Versuch objektiver Berichterstattung über die Einzelheiten der Liturgie und der kirchlichen, aber auch der weltlichen Sitten. Im dritten Paragraphen heißt es kommentarlos: »Ihre Bischöfe rüsten sich selbst und kämpfen während der Schlachten.« Punkt für Punkt wird erzählt, wie man betet, wie man sich kleidet, wie die Kommunion ausgeteilt wird und woraus sie besteht, an welchen Tagen und wie man fastet, wie die kirchlichen Ämter besetzt werden usw. Die kritische, ja negative Einstellung äußert sich in den Schlußparagraphen, wo plötzlich ganz phantastische Behauptungen aufgestellt werden – wie etwa die, daß die Angehörigen des lateinischen Glaubens, wenn sie sich zum Kampf rüsten, Menschenopfer darbringen und sich mit Menschenblut beschmieren, auch daß sie »allerlei Unrat« essen: Katzen, Igel, Mäuse, Füchse, Schlangen u.a.m. Der Metropolit schließt seinen Traktat mit den Worten, er wolle nicht einmal alles nennen, was die »westlichen Lateiner« essen, weil es so arg schlimm sei.[5]

Die seltenen und sehr ausschnitthaften Erfahrungen russischer Reisender, ihre oft mißverstandenen und mißdeuteten Eindrücke von den Ländern des Westens, die konfessionell bedingten Vorurteile und die scharfe Wachsamkeit der kirchlichen Behörden waren wohl die wichtigsten Ursachen dafür, daß eben in der Zeit, als sich in Westeuropa und besonders in den deutschsprachigen Gebieten ein zunehmendes Interesse für Rußland äußerte, in Rußland nur wenig Bedeutendes über

Deutschland und die Deutschen geschrieben und veröffentlicht wurde.
Überdies sind Vergleiche von Sprachzeugnissen, die Urteile von Deutschen über Russen und von Russen über Deutsche enthalten, für diese frühe Zeit noch dadurch erschwert, daß die russischen Wörter für »deutsch« *(nemezkij, nemezkaja, nemezkoje)* und »Deutscher« *(nemez)* nicht nur auf deutsche Länder und auf deutsche Menschen bezogen wurden. In den Chroniken wurden noch im 13. und 14. Jahrhundert als Deutsche hauptsächlich Bewohner der norddeutschen Gebiete, manchmal aber auch Schweden und Engländer bezeichnet. In den nachfolgenden Jahrhunderten nannte man meist alle westlichen Ausländer Deutsche. Man schrieb sowohl von »kaiserlichen« Deutschen als auch von spanischen, englischen, schwedischen und anderen. Die seit dem 17. Jahrhundert in Moskau entstandene gesonderte Siedlung für Ausländer, in der deutsche, schwedische, englische, holländische, schweizerische, französische und italienische Kaufleute, Handwerker, Landsknechte und Söldner, Ärzte und Apotheker wohnten, hieß schlicht »Deutsche Vorstadt« *(Nemezkaja Sloboda)*.[6]
Der oben zitierte Mönch aus der Gefolgschaft des Metropoliten Isidor traf als erster eine bemerkenswerte Unterscheidung im Zusammenhang mit der Erwähnung Nürnbergs:

> »Diese Stadt Nürnberg steht mitten im alemannischen Land; im alemannischen Land, da gibt es keinen anderen Glauben und keine andere Sprache als allein den lateinischen Glauben und die deutsche Sprache; aber wie sich Russen und Serben voneinander unterscheiden, so auch jene von den Deutschen.«[7]

Eine Differenzierung erfuhr das Bild der westlichen Länder erst im Verlauf des 17. Jahrhunderts, als die erste russische Zeitung »Westi-Kuranty« regelmäßig Berichte aus dem Ausland, darunter auch recht oft aus Deutschland, brachte. Es waren Berichte über Schlachten und Belagerungen (besonders viele in der Zeit des Dreißigjährigen Krieges), über Staatsbesuche, Überschwemmungen, Brände usw. Die Quantität dieser Informationen zeugt von einem dauerhaften Interesse. Doch die »Kuranty« erreichten nur einen sehr kleinen Leserkreis, vor allem die unmittelbare Umgebung des Zaren, seine Ratgeber und Würdenträger. Dennoch – oder vielleicht eben deshalb – erschienen die Nachrichten meist ohne begleitende Analyse oder ohne bewertenden Kommentar.[8]

Auch der Botschafter des Zaren Alexej Tschemodanow, der 1657 über Deutschland nach Venedig reiste, schrieb ausführlich über alles, was er unterwegs gesehen und erlebt hatte. So teilte er über die Stadt Kolonia (Köln) all das mit, was ihm

»die Deutschen über die Kirche (an der sie vorbeigingen) erzählten: Diese Kirche ist dem heiligen Petrus geweiht, und in dieser Kirche liegen unversehrt die drei Magier, die persischen Zaren Kaspar, Melchior, Balthasar, die mit Gaben nach Bethlehem gingen, Christus anzubeten, und ihre Überreste liegen in silbernen Schreinen über der Erde; früher waren diese Zaren in der Stadt Mailand, wohin sie aus der Zarenstadt (Konstantinopel) die heilige Zarin Helena schickte; und als Karl der Fünfte, der Römische Kaiser, Mailand einnahm, da sandte er ihre Leichname in diese Stadt Kolonia. Der Dolmetscher und der Sekretär fragten sie: Sind diese Zaren denn getauft, und wer hat sie getauft? Und die Deutschen sagten: Es hat sie der heilige Apostel Thomas in Writanien getauft.«[9]

In derselben Objektivität wie über seine Erfahrungen in Köln berichtete Tschemodanow auch über Feindseligkeiten, die die einheimische Bevölkerung den Fremden entgegenbrachten: daß nämlich unweit der Stadt Arnheim viele deutsche Menschen kamen und »Steine auf die Leute des Zaren warfen«. Als die Botschafter sich darüber bei dem städtischen »Wojewoda« beklagten, erwiderte der: »Hier sind die Menschen frei, und wenn einer auch was geworfen hat, kann man sie doch nicht verfolgen, die Botschafter aber dürfen frei weiterreisen.«

In diesem Stil leidenschaftsloser und wertfreier Berichterstattung werden auch andere, deutsche wie italienische, Ortschaften beschrieben.

1661–1665 schrieb Juraj Križanić seine Abhandlung »Politika«. Dieser gebildete kroatische Mönch war ein treuer Diener der katholischen Kirche und zugleich Autor einer damals einzigartigen panslawistischen Utopie. Er kam 1659 nach Rußland – mit dem Traum von einem einheitlichen katholischen Slawenreich unter Führung des russischen Zaren. Er arbeitete an der Schaffung einer gemeinsamen slawischen Schriftsprache und verfaßte seine eigenen Traktate in dieser künstlichen Sprache. Doch seine Ideen fanden in Rußland keinen Anklang. Schon bald wurde er für 15 Jahre (bis 1675) nach Tobolsk verbannt. Dokumentarische Zeugnisse eines Urteilsspruchs sind bisher nicht entdeckt worden; es ist aber anzunehmen, daß eben seine katholisch-missionarischen Ansprüche auf Ablehnung stießen und zu seiner Verbannung führten.

Aus Križanićs Feder stammt das umfangreichste antideutsche Schriftstück, das bis zu diesem Zeitpunkt in Moskau erschienen war. In seinem erwähnten Buch »Politika« polemisiert er heftig gegen Olearius[10], und an mehreren Stellen äußert er sich über die Deutschen mit unverblümtem Haß. Kapitel 21 ist überschrieben »Von den drei Grundübeln, mit denen die Deutschen andere Völker anstecken«. Dieses Kapitel beginnt mit der Behauptung, daß fremde Völker und ganz besonders die Deutschen »uns, den Slawen, unendliche Kränkungen bringen«. Bereits aus den nachfolgenden Sätzen ist zu erkennen, daß für den Autor die Deutschen gleichbedeutend sind mit den Protestanten, den Evangelischen, die gegen die »Gesetze der Kirche«, gegen Italiener und Russen sehr boshaft, grausam und tückisch kämpfen. Dann beginnt die Aufzählung der Übel:

»1. Die Deutschen sagen, daß niemand ohne ein Weib leben soll, und das mönchische Leben haben sie endgültig verurteilt und verworfen. 2. Der Verkehr aller Männer mit allen Frauen ist bei ihnen ganz einfach und frei. Dabei behaupten die Deutschen, daß es in anderen Orten mehr Wüstlinge und Huren gibt als bei ihnen. Aber wenn man nachforscht, dann wird klar, wo es mehr Ursachen dafür gibt, da gibt es auch mehr Folgen. 3. Es gab nie in der Welt ein Volk, das so kunstfertig und so besorgt wäre um Essen und Trinken und andere fleischliche Genüsse wie die Deutschen. Die täglichen Mittagsmahle der deutschen Bojaren und Kaufleute werden viel sorgsamer vorbereitet als bei anderen Völkern königliche Hochzeiten.«

Zum Schluß des Kapitels urteilt Križanić, das schlimmste Übel, mit dem die Deutschen die ganze Welt ansteckten, sei

»die Zuchtlosigkeit und die Vernichtung der Selbstherrschaft und der königlichen Macht. Man sollte wissen, daß einst alle Könige in Europa eine volle Macht hatten und Selbstherrscher in ihren Königreichen waren. [...] Nur mit der Zeit haben die deutschen Fürsten, Herrscher und Bojaren sich solche zuchtlosen Freiheiten und Ungebundenheiten angeeignet, so daß sie die Macht und Herrschaft ihrer Könige zunichte machten und ohne jegliche Herrschaft, ohne Kopf blieben, denn ihrem eigenen Zaren gehorchen sie gar nicht. Mit dieser Krankheit haben sie auch die Nachbarvölker angesteckt, zum Teil die Italiener und die Franzosen, doch die Polen haben sie endgültig angesteckt und so betrogen, daß es nicht schlimmer sein könnte und die Polen ganz verrückt geworden sind.«[11]

Es ist mir nicht bekannt, wie stark verbreitet Križanićs Schrift seinerzeit war. Aus seinen nachträglichen Aufzeichnungen, die er machte, als er aus Rußland nach Rom kam, darf man aber folgern, daß er als andersgläubiger Hergereister in Rußland kaum viele Hörer und Leser gewinnen konnte.

Obwohl es den kirchlichen Behörden hin und wieder gelang, die Verbreitung der »häretischen Schriften«, das heißt der Flugblätter-Zeitungen, zu verbieten und die Verkäufe strengstens zu bestrafen, nahm in der zweiten Hälfte des 17. Jahrhunderts das Interesse am Westen immer mehr zu. Sowohl die in deutscher Sprache verfaßten, für die Einwohner der »Deutschen Vorstadt« bestimmten als auch die russischen »ergötzlichen Blätter« (*poteschnye listy*) übernahmen Informationen und Artikel aus deutschen Zeitungen und Zeitschriften. Sie fanden rasch weite Leserkreise und waren bei ihnen sehr beliebt. Die begüterte Oberschicht hielt sich diese reich bebilderten Blätter sogar zu Belehrung und Unterhaltung der Kinder. Selbst in die Privatbibliotheken fanden sie Eingang.[12]

Um diese Zeit wirkten in Moskau auch Berufsübersetzer – Fürst Kropotkin und Andrej Matwejew. Hauptsächlich wurden polnische Schriften über die Geschichte der Kriege, über die Ausrüstung der Armee und andere militärische Fragen den russischen Lesern zugänglich gemacht. Doch kamen darin oft auch Berichte über Erfahrungen deutscher Heerführer aus dem Dreißigjährigen Krieg vor.

Im 17. Jahrhundert wurde erstmalig ein russisches Theater gegründet. Vorher war das Theaterspielen streng verboten gewesen – ebenso wie Maskeraden und sonstige »teuflische Spiele«. Aber schon am Hof des Zaren Alexej Michajlowitsch (1645–1676) wurden Komödien und dramatisierte Bibelparabeln sowie Schuldramen aufgeführt. Die meisten waren aus dem Deutschen übersetzt. Und ausgerechnet ein deutscher Pastor, Johann Gottfried Gregorii aus Merseburg, wurde vom Zaren beauftragt, das Theater zu leiten. Am 17. Oktober 1672 wurde für eine geschlossene Bojarengesellschaft, zu der auch der Zar selber erschien, das Stück »Das Spiel von Artaxerxes«[13] auf die Bühne gebracht. Das Theater bestand bis 1676. Die präsentierten Stücke, aus biblischen Texten komponiert, wurden zunächst deutsch verfaßt oder aus dem Englischen ins Deutsche übertragen und dann erst ins Russische übersetzt.[14]

Das Moskauer Zarenreich nach der »Zeit der Wirren« (1605 bis 1613) wurde noch mehrere Jahre hindurch von Einbrüchen polnischer und schwedischer Truppen, von Überfällen größerer und kleinerer Kosakenscharen bedroht und heimgesucht. Die ersten Romanow-Zaren, Michail (1613–1645) und sein Sohn Alexej (1645–1676) traten ihre Herrschaft als sechzehnjährige unerfahrene Knaben an und wurden von machtgierigen, oft auch korrupten Würdenträgern aus ihrer Verwandtschaft gegängelt.

Doch trotz all der verwirrten außen- und innenpolitischen

Schwierigkeiten, Nöte und Leiden entwickelte sich in Moskau auch ein reges geistiges Leben, und es traten neuartige Persönlichkeiten, wissensdurstige Männer auf, die den Westen nicht mehr als das Reich der verteufelten Ketzer betrachteten. Die Bojaren Afanassij Ordin-Naschtschokin (1604–1680) und Artamon Matwejew (1625–1682), die die Außenpolitik unter dem Zaren Alexej Michajlowitsch leiteten, der Theologe und Schriftsteller Simeon Polozkij (1629–1680), der eine Zeitlang Erzieher der Zarenkinder war, Fürst Wassilij Golizyn (1643–1714), ein Geliebter der Prinzessin Sofia, Peters ältester machtdurstiger Halbschwester, der in der Zeit ihrer Regentschaft (1682–1689) maßgebenden Einfluß auf die Staatspolitik ausübte, und mehrere junge Bojarensöhne waren bereits Vorläufer einer westlich orientierten russischen Aufklärung.

Günther Stökl schrieb zutreffend: »Das 17. Jahrhundert hatte wohl das erste, aber bei weitem nicht das letzte Wort zur Europäisierung Rußlands gesprochen.«[15]

Nachdem der junge Zar Peter in den neunziger Jahren des 17. Jahrhunderts auch wirklich Selbstherrscher geworden war, setzte sowohl in der Politik wie im geistigen Leben Rußlands eine jähe Wende ein. Peter, der häufig in der »Deutschen Vorstadt« in Moskau verkehrte, hatte sich mit dem Schweizer Lefort, einem aufgeklärten Abenteurer, angefreundet, der ihm nicht nur westliche Sitten beibrachte, sondern auch seinen Interessen an westlichem Heerwesen, westlicher Wirtschaft und westlicher Zivilisation schlechthin mit Rat und Tat entgegenkam und ihm Sprachlehrer und Bücher besorgte. Lefort war es auch, der Peters Auslandsreisen vorbereitete. Im letzten Jahrzehnt des 17. Jahrhunderts verließ zum erstenmal ein russischer Zar den Boden seines Landes – nicht an der Spitze eines kriegerischen Feldzugs, sondern als wißbegieriger Reisender. Er sorgte auch dafür, daß Männer aus dem russischen Adel und begabte Jünglinge aus anderen Ständen nach Deutschland, Holland, England, Italien und Frankreich fuhren, damit sie dort alles lernten, was dem eigenen Land nützlich sein konnte. Der anonyme Bericht eines russischen Reisenden aus den Jahren 1697–1699 enthält ausführliche Beschreibungen deutscher Städte und deutscher Landschaften (Hamburg, Bremen, Köln, Mainz, Wiesbaden) sowie mancher deutscher Sitten und Bräuche. Doch auch für diesen Bericht gilt meines Erachtens – ebenso wie für alle früheren – die Schlußfolgerung von Fred Otten, daß »von den gerne postulierten verstärkten kulturellen Kontakten mit dem Westen oder gar wechselseitigen Beziehungen in einem umfassenden Sinne noch nicht die Rede sein kann. Vielmehr war – wegen der fehlenden Kenntnisse historischer, politischer und kultureller Zusammenhänge – der gesamte ›Westen‹ ein Novum, gewissermaßen eine einzige Kunstkammer [...]. Zwar lernte eine größere Anzahl von Russen bereits im ausgehenden 17. Jh. Westeuropa aus eigener Anschauung kennen, aber weitere schriftliche Zeugnisse über ihren Aufenthalt sind nicht bekannt. Dies mag auch damit zu erklären sein, daß diese Auslandsaufenthalte keineswegs als Vergnügungs- oder Bildungsreisen westlichen Zuschnitts [...] interpretiert werden können, über die man hätte ›Buch‹ führen können. Vielmehr handelte es sich um Abkommandierungen auf spezielle Order des Zaren mit einem klar umrissenen Auftrag (z.B. Studium des Schiffbaues). Deshalb kann von einem differenzierten Bild des Westens, etwa einem Deutschlandbild, zu diesem Zeitpunkt noch nicht die Rede sein. Dies blieb späteren Generationen vorbehalten.«[16]

Die entscheidenden Veränderungen in den Beziehungen der Russen zu den Deutschen und damit auch in der Entwicklung eines Deutschenbildes machten sich erst im 18. Jahrhundert bemerkbar. Im Laufe und in der Folge der petrinischen Reformen kamen immer mehr Deutsche nach Rußland – sie wurden zu russischen Beamten, Offizieren, Kaufleuten, Wissenschaftlern, Lehrern, Unternehmern usw. –, und immer mehr Russen besuchten deutsche Länder. Erst mit dem Einbruch des Zeitalters der Aufklärung begannen vor allem beamtete russische Adelsleute und auch manche strebsame, energische Vertreter anderer Stände, sich die westliche Zivilisation zielbewußt zu erschließen.

Die russische Frühaufklärung wurde zunächst gewissermaßen von der Regierung oktroyiert. Zar Peter persönlich empfahl und befahl sie seinen Untertanen. Deswegen entwickelte sie sich am Anfang als eine Art pragmatische »Verwestlichung« des Staatswesens, des Heeres und der Marine, der Wirtschaft und der äußeren Lebensformen bis hin zur Kleidung. Die ersten Verfechter und Förderer der russischen Aufklärung interessierten sich vor allem für naturwissenschaftliche Erkenntnisse, für technische Fertigkeiten und sonstige praktisch nutzbare Dinge. Doch gleichzeitig entwickelten sich auch neuartige geistige Interessen für historische, philosophische, moralische und ästhetische Probleme. Diese weltlichen, laizistischen Strömungen im geistigen Leben Rußlands, die früher im Hintergrund blieben, wurden erst mit der Aufklärung maßgeblich für die beschleunigte Entfaltung und Bereicherung der nationalen Kultur auf allen Gebieten. Das äußerte sich auch in der Erforschung und Aneignung mancher ausländischer Kulturwerte und förderte somit die verschiedenartige Gestaltung von Fremdenbildern.

In den ersten Jahrzehnten des 18. Jahrhunderts ging die Vorgeschichte der Entwicklung des Deutschenbildes im russischen Schrifttum zu Ende.

Verständnis und Mißverständnis in deutsch-russischen Beziehungen

(Vortrag in Malente am 21.2.1984)

Meine Damen und Herren,

mein Thema lautet: Deutsch-russische und russisch-deutsche Beziehungen. Da dieses Thema nicht nur für einen Vortrag, sondern für einen ganzen Lehrgang reichen würde, will ich versuchen, mich so kurz wie möglich zu fassen, um Ihnen nachher für Fragen, die sich Ihnen im Anschluß bestimmt stellen, Rede und Antwort zu stehen.

Die Beziehungen von Volk zu Volk, von Staat zu Staat, zwischen Deutschen und Russen sind heute, wie immer, brennend aktuell. Die Erfahrung lehrt, was der russische Philosoph Tschaadajew im letzten Jahrhundert treffend formuliert hat: daß, wer seine Vergangenheit vergißt, in der Zukunft riskiert, alle vergangenen Fehler neu zu begehen. Also müßte die Geschichte die Lehrmeisterin unseres politischen Handelns in der Gegenwart werden. Wie verschiedenartig aber die Geschichte heute von einander polemisch bekämpfenden Parteien aufgefaßt wird, zeigt sich nicht nur in England und Argentinien am Beispiel der Falkland-Inseln, einer Lektion aus der jüngsten Geschichte, sondern auch und viel schlimmer im Libanon und in Palästina, wo sich alle kämpfenden Parteien auf die Geschichte berufen, auf die Überlieferungen von Jahrhunderten und Jahrtausenden.

Die Gefahr, die in derartigen Fällen besteht – wenn wir einmal etwas aus unserer gemeinsamen Vergangenheit lernen wollen –, ist die Gefahr der Modernisierung in der Auslegung der geschichtlich gewachsenen Verhältnisse; sie zeigt sich in der Art und Weise, wie man die Tatsachen, die Menschen, die Gedankengänge, die Leidenschaften der verflossenen Jahrhunderte heute aufzufassen geneigt ist. Ein marxistischer Historiker in Rußland, ein Freund Lenins, der genau vor 50 Jahren posthum von Stalin demontiert wurde, Pokrowskij, war der Meinung, Geschichte – Historie – sei nichts anderes als die in die Vergangenheit projizierte Politik.

Und für viele Menschen ist es so. Wenn wir heute nach den Wurzeln und Quellen der gegenseitigen Vorurteile oder nach den Wurzeln und Quellen der gemeinsamen Interessen und Eigenschaften zwischen Deutschen und Russen suchen, riskieren wir immer, in eine anachronistische Modernisierung zu verfallen. Es ist verhängnisvoll, wenn man heute über Ereignisse, die zwei-, drei- oder gar siebenhundert Jahre alt sind, in allem Ernst so spricht, als seien sie nach den Maßstäben der Gegenwart zu bemessen, ohne zu wissen, daß es Verkehrung und Mißdeutung ist.

Dieses Problem beschäftigt mich gerade jetzt, da ich zusammen mit einer Arbeitsgruppe an der Wuppertaler Universität daran arbeite, die Geschichte der gegenseitigen Vorstellungen – des Deutschlandbilds in Rußland und des Rußlandbilds in Deutschland, zu untersuchen. Bei dieser Arbeit erkennt man die Notwendigkeit, die Ereignisse von damals nach ihren damaligen Bedingungen und Zusammenhängen zu beurteilen, wenn man nicht zu falschen Ergebnissen und Schlußfolgerungen kommen will.

Die ersten Erwähnungen von Russen findet man in deutschen Chroniken bereits im neunten Jahrhundert: Es heißt da, zu Ludwig dem Frommen seien Angehörige eines Volks mit Namen Rhos gekommen. Die Historiker sind nicht sicher, ob es sich dabei um Russen handelt oder um Normannen bzw. Waräger, die in Diensten russischer Fürsten standen und sich Rhos (= Reußen, Russen) nannten. Selbst der Begriff ist damals also noch nicht eindeutig.

Die erste bedeutende Erwähnung der Deutschen in einer russischen Chronik aus dem 12. Jahrhundert ist sehr schön. Da heißt es: Der deutsche Zar, der für das Grab des Herrn in Palästina kämpfte, ist mit seinen Recken im Kampfe gefallen. Und sie alle sind als heilige Märtyrer aus ihren Gräbern zum Himmel gehoben worden. Es ist die Geschichte von Friedrich Barbarossa. Sie wird als Legende von heiligen deutschen Märtyrern erzählt. Symbolisch scheint mir dies ein guter Auftakt, ein guter Beginn von gegenseitigen Beziehungen.

Wenn man rückblickend vergleicht, was in diesen frühen Jahrhunderten Deutsche und Russen voneinander wußten, so steht eines fest: Bis zur Zeit der Aufklärung, bis zum 18. Jahrhundert, wußte man im Westen, auch in den deutschen Staaten, viel mehr über Rußland und Russen, als man in Rußland, in russischen Ländern über Deutsche, Engländer, Franzosen und andere Völker im Westen wußte. Bereits im 16. Jahrhundert, in der Zeit der Türkenkriege, und ganz besonders in den sechziger bis siebziger Jahren, als Zar Iwan der Schreckliche nach Livland, in die baltischen Gebiete einzudringen versuchte, berichtete man über die Ereignisse aus »Moskowien« in Broschüren und den Flugblätter-Zeitungen. Man berichtete über Schlachten, aber auch über besondere Ereignisse, z. B., daß der Zar seinen Sohn ermordet hatte.

Im 16. Jahrhundert entstand das erste große Buch über Rußland, von Herberstein, dem österreichischen Gesandten, 1549 verlegt, zunächst in Latein, dann in Deutsch. Kaum 100 Jahre später, 1647, erschien das Buch von Adam Olearius.

Ein deutscher Dichter, der Olearius als Junker auf dieser mehrjährigen Reise begleitete, Paul Fleming, schrieb Gedichte über Rußland. Und das hat, so scheint mir, wiederum symbolische, aber auch historische Bedeutung: Die ersten poetischen Würdigungen von Moskau, von Nowgorod und Twer, von Wolga und Wolchow, von russischen Menschen und russischer Landschaft stammten aus deutscher Feder.

Viele Bücher über Rußland wurden im Westen geschrieben, in England, in Italien, aber besonders viele in deutschsprachigen Staaten. Die beiden wichtigsten habe ich vorhin genannt. In Rußland aber gab es um die gleiche Zeit, nämlich im 16. und 17.

Jahrhundert, nur wenige Reiseberichte über Deutschland und den Westen. Das umfangreichste Buch über die Beziehungen zu den Deutschen schrieb ein zugereister Kroate, Juraj Križanić, ein eigenartiger, ganz früher Vorläufer der Panslawisten. Er verfaßte in Moskau ein gehässiges Pamphlet sowohl gegen die Deutschen überhaupt, als auch gegen die Gefahr des Protestantismus – ein eigenartiges Werk katholisch-slawischer Gegenreformation.

Deutsche Bücher über Rußland enthielten nicht nur sachliche Berichte, Reisebeschreibungen u. ä., sondern auch dichterische Werke. Einige Jahrzehnte nach Fleming hat Grimmelshausen seinen Romanhelden Simplicissimus nach »Moskowien« reisen lassen und erzählt von den Abenteuern, die er dort erlebt.

Zur gleichen Zeit wußte man in Rußland sehr wenig über das Leben der Menschen im Westen. Und das ist eine Tatsache, die heute oft zu manchen falschen Schlußfolgerungen führt. Im Herbst 1983 sprach der amerikanische Vizepräsident Bush in Wien und behauptete: »Rußland war in der europäischen Zivilisation schon immer fremd; es kannte nie eine Renaissance, nie eine Reformation und nie eine Aufklärung.«

Rußland kannte wirklich keine Renaissance wie Italien und war jahrhundertelang vom Westen isoliert. – Das bewirkten die 250 Jahre Mongolenherrschaft, die träge Entwicklung des Moskauer Staates, der byzantinische und mongolische Traditionen mitschleppte. Die russische Geschichte kennt keine Kämpfe zwischen Staat und Kirche, wie sie die westlichen Kaiser und Könige gegen Päpste und Bischöfe führten. Es gab in Rußland keinen »feudalen Pluralismus«, den Ihre Großväter mit gutem Grund verdammten. Dieser »Vielstaaterei« aber verdankt die deutsche Kultur auch heute noch die Vielfalt verschiedener Lebensformen, verschiedene Formen geistiger Entwicklung, wie sie auch für die Folgen des Feudalismus in Italien und in Frankreich charakteristisch sind.

Aber Aufklärung gab es auch in Rußland, und zwar in derselben Zeit wie in Westeuropa, in den meisten deutschen Staaten, in Nordamerika, in Polen und in Böhmen.

Nur ging die Aufklärung in Rußland etwas andere Wege als im Westen. In Deutschland begann sie mit Rechtsgelehrten und Theologen und wurde von Dichtern und Philosophen fortgesetzt, bei den Engländern waren es zunächst die Philosophen – die Empiriker –, dann die Moralisten, in Frankreich erst Moralisten und Enzyklopädisten, nachher Dichter.

In Rußland wurde der Kaiser Peter der Große zum aktivsten Aufklärer seines Landes. Er war durchaus ein Pragmatiker. Für ihn waren die naturwissenschaftlichen Studien viel wichtiger als die Geisteswissenschaften; auf seinen Befehl holte man die Aufklärung aus dem Westen. Auch in den deutschen Staaten »importierte« zum Beispiel Friedrich der Große französische Bibliothekare und französische Beamte, die er seinen Landsleuten vorzog. Ebenso verfuhren Peter und seine Nachfolger. Sie holten Wissenschaftler, Handwerker, Techniker, Ärzte, Architekten, Künstler, Offiziere, Buchdrucker u. a. m. aus Deutschland, aus England, aus der Schweiz, aus Holland.

Dabei begann auch eine Annäherung von Mensch zu Mensch: zwischen den russischen und deutschen Wissenschaftlern in Rußland, zwischen den russischen Studenten und ihren deutschen Kommilitonen in Deutschland. Zar Peter selbst hat sich mit Leibniz angefreundet.

Michail Lomonossow, der größte Mann der russischen Wissenschaft und der neuzeitlichen russischen Poesie, studierte in Marburg und in Freiburg.

Zu Beginn des 18. Jahrhunderts wird im Westen, vor allem in deutschen Ländern, Rußland gewissermaßen neu entdeckt. Es entstehen neue Bücher, manche sogar übertrieben idealisierend. Einer der ersten deutschen Aufklärer, Gottsched, empfahl seinen Landsleuten, dem Beispiel des russischen Dramatikers Sumarokow zu folgen und Themen für Tragödien aus der eigenen Geschichte zu wählen, anstatt von den Griechen und Römern Fabeln für ihre Dramen zu entlehnen.

Im 18. Jahrhundert begann das nationale Bewußtsein der europäischen Völker sich auszuprägen. Lob auf Friedrich Barbarossa in den russischen Chroniken und Schimpfworte für den schlimmen Zaren Iwan den Schrecklichen in deutschen Flugschriften waren Zeugnisse nicht für das Verhältnis zwischen Völkern oder Nationen, sondern für Beurteilungen eben dieser konkreten Persönlichkeiten. Das nationale Bewußtsein, wie man es heute versteht, beginnt sich eigentlich erst im 17. bis 18. Jahrhundert zu entwickeln. Und da zu dieser Zeit auch manche nationale Staaten im Entstehen begriffen waren, so keimten damals manche bis heute wirksamen Mißverständnisse, weil man die Staaten und die Nationen gleichsetzte, als identisch begriff.

Darauf habe ich immer besonders nachdrücklich hingewiesen. Diese Identifizierung, die Gleichsetzung von Staat und Nation, ist die Urquelle vieler bitterer Mißverständnisse in den Beziehungen zwischen den Völkern.

Zunächst wurden die Deutschen und andere westliche Ausländer in Rußland meistens freundlich aufgenommen und geachtet. Doch Zar Peter, dessen herrische dynamische Außen- und Innenpolitik immer neue Feldzüge, radikale Reformen und andere großangelegte Unternehmungen, und somit zahlreiche Opfer verlangte, wurde von konservativen, altgläubigen Russen verschiedener Stände als Antichrist verdammt. Man nahm ihm auch übel, daß er nicht nur das ganze Staatswesen, sondern die Lebensweise der Städter rücksichtslos veränderte, allen Staatsangestellten und Adligen die Bärte wegzurasieren befahl, allen neue »westliche« Kleidung vorschrieb und sich selbst anders als die früheren Zaren wie ein westlicher Ausländer benahm. Dabei schlugen auch die Sympathien für Ausländer wieder in Mißtrauen und Feindseligkeit um.

Unter Peter dem Großen kamen die baltischen Gebiete zu Rußland – und damit auch deutsche Bevölkerung, vor allem deutscher Adel. Mit der Zarin Anna Iwanowna, der Nichte Peters, die in den Jahren 1730 bis 1740 regierte, kamen viele Adlige und Kaufleute aus Kurland und aus dem deutschen Westen nach Rußland; viele von ihnen erreichten die höchsten Posten (z. B. Fürst Biron (Bühren), die Generale Ostermann, Münnich u. a. m.). Demzufolge entstanden Rivalitäten, es kam zu sozialpolitischen Konfrontationen, wobei auch nationale Unterschiede, die als nationale Gegensätze erkannt wurden, böse mitspielten.

Dennoch vermochte selbst die direkte Gegnerschaft zwischen Preußen und Rußland während des Siebenjährigen Krieges (unter der Nachfolgerin Anna Iwanownas, der Zarin Elisabeth) die Grundgefühle der Achtung und Sympathie für die Deutschen bei den meisten Russen nicht zu beeinträchtigen.

Davon zeugen die Erinnerungen des Aufklärers Andrej Bolotow, der 1758 bis 1760 als junger Offizier in Ostpreußen gekämpft hatte und dort stationiert war. Seine ausführlichen Berichte über das Land und die Menschen, über sein Leben in Königsberg sind von Verehrung und Sympathie durchdrungen. Für Bolotow war der preußische König ein gefährlicher Feind. Aber an den deutschen Menschen in Ostpreußen und in den baltischen Provinzen rühmte er ihr Geistesleben, ihre Kultur, ihre guten Sitten.

In den achtziger, neunziger Jahren des 18. Jahrhunderts entwickelten sich die deutsch-russischen Verbindungen immer mehr und nicht nur von Staat zu Staat, es erkannten sich gegenseitig die Wissenschaftler, die Literaten – die sich als Angehörige der »übernationalen Gelehrtenrepublik« näherkamen. In deutschen Zeitschriften, in Gottscheds »Das Neueste aus der anmutigen Gelehrsamkeit«, in Schubarts »Deutscher Chronik«, in Wielands »Teutschem Merkur« konnte man viel Freundliches und Wahrheitsgetreues über Rußland erfahren. Ludolf, Bacmeister und Richter widmeten sich für viele Jahre den Übersetzungen russischer Gedichte und Prosa.

Und in Rußland gab es immer mehr begeisterte Freunde deutscher Kultur, deutscher Dichtung und Philosophie. Bereits in den siebziger Jahren des 18. Jahrhunderts entstanden in Moskau und in Petersburg philosophische und literarische Zirkel, die von Freimaurern ins Leben gerufen worden waren und sich hauptsächlich an deutschen Freimaurern orientierten. Sie wurden in den neunziger Jahren von der Zarin Katharina verboten und manche ihrer Anhänger nach Sibirien verbannt.

1789 unternahm ein gebildeter junger Moskauer, Nikolaj Karamsin, seine erste Reise nach dem Westen. Er kam nach Weimar wie ein frommer Pilger. Er hatte bereits viele Werke von Goethe, Schiller, Wieland, Herder gelesen und liebgewonnen. Er besuchte Wieland und Herder, wagte es aber nicht, zu Goethe zu gehen. Er bewunderte ihn von weitem, sah seinen Schatten im Fenster und schrieb darüber einen poetischen Brief.

1801/02 bildete eine Gruppe von Moskauer Studenten eine »Freundschaftliche Gesellschaft für Literatur«. Zu ihr gehörten junge, enthusiastische Aufklärer: die beiden Brüder Turgenew, die beiden Brüder Kajssarow, die Lyriker Merslenkow und Wassilij Shukowskij, damals ein 18jähriger Student, der für Schiller schwärmte und vor allem seine Werke ins Russische übersetzte. In Moskau nannte man sie »unsere Deutschen«.

Die Blütezeit der deutsch-russischen Freundschaft waren die ersten 15 Jahre des 19. Jahrhunderts, ganz besonders die Jahre der Freiheitskriege. Da schwärmten manche deutschen Poetenfür Rußland: Arndt, Körner, Uhland u. a.

Ein Gedicht von Ernst Moritz Arndt enthält folgende Zeilen:

> »Yorck knüpft zuerst das schöne Band,
> der Russ' dem Preußen gibt die Hand,
> wie sonst vereint zum Kämpfen,
> des Feindes Hohn zu dämpfen.«

Körner besang 1812 das brennende Moskau«:

> »Ihr Kirchen, stürzt, Paläste, brecht zusammen,
> der Phönix Rußland wirft sich in die Flammen.«

Und Uhland schrieb um die gleiche Zeit den anfeuernden Vers:

> »Vorwärts! fort und immer fort!
> Rußland rief das stolze Wort«
> ›Vorwärts!‹«

Die Rußlandfreundschaft spiegelte sich auch in Volksliedern. Die preußischen Soldaten sangen 1812/13 ein Lied von einem unbekannten Autor:

>»Ja, der Russ'
hat uns gezeigt,
wie man's machen muß,
im ganzen Kreml
nicht eine Semmel
und auf den Hacken
nur Hunger und Kosaken.«

Aus der vorhin erwähnten »Freundschaftlichen Gesellschaft« gingen viele russische »Göttinger« hervor. Zar Alexander gründete 1809 in seinem Sommerpalast ein Lyzeum für adlige Jugendliche, die zu Staatsmännern erzogen werden sollten. Der erste Direktor des Lyzeums und fünf Professoren waren ehemalige Göttinger Studenten. In diesem Lyzeum lernte auch Alexander Puschkin. In seinem großen Poem »Jewgenij Onegin« beschreibt er seinen Protagonisten, den jungen Lyriker Wladimir Lenskij, in folgenden Versen (ich zitiere die vortreffliche Nachdichtung von Rolf-Dietrich Keil):

>»Ein Jüngling in der schönsten Blüte,
Der Kant las und für Dichtung glühte,
Wladimir Lenskij hieß der Mensch;
An Seele wahrhaft göttingensch,
Bracht' aus Deutschlands Nebeln mit sich
Die Früchte der Gelehrsamkeit:
Den Traum von freier, bessrer Zeit,
Den Geist recht sonderbar und hitzig, [...]

>Er zog hinaus als ein Poete
Ins Land von Schiller und von Goethe,
Aus deren Dichtungsfeuer stammt,
Was seiner Seele Brand entflammt;«

Das ist eines der Zeugnisse aus der besten Zeit der deutsch-russischen Beziehungen.

Doch dann kam eine Abkühlung, die von konkreten politischen Ursachen bestimmt wurde. Am Beispiel von Wassilij Shukowskij läßt sich so etwas wie eine Gesetzmäßigkeit in dieser Entwicklung darstellen.

Der junge Shukowskij nannte sich selbst einen »Vertreter der deutschen Romantik in Rußland«. Er schwärmte für deutsche Dichtung und Philosophie, übersetzte Gedichte von Schiller, Goethe, Bürger und anderen deutschen Autoren, kam auch mehrmals nach Deutschland, wurde von Goethe sehr freundlich aufgenommen. Shukowskij war aber nicht nur Poet, sondern in späteren Jahren gewissermaßen auch Politiker. 1816 wurde er Vorleser der Zarin – die eine preußische Prinzessin war –, zehn Jahre später Erzieher des Kronprinzen. In diesem Amt blieb er fast 20 Jahre lang, bis in die vierziger Jahre.

Er heiratete eine Deutsche, verlebte seine letzten Jahre in Baden-Baden, wo er 1852 starb. Die Entwicklung seiner Beziehungen zu Deutschland war aber zwiespältig. Deutsche Literatur und Philosophie – vor allem Kant, später Schelling – bestimmten in vielem den Inhalt seines ganzen Lebens; aber sein Verhältnis zum politischen Deutschland war ganz anders.

Der Drang zur deutschen politischen Einheit erschien damals den europäischen und den deutschen Aristokraten eher verdächtig. Shukowskij war befreundet mit dem preußischen König Friedrich Wilhelm IV., der ihn sehr achtete und ihm schrieb, er müsse ein richtiger Staatsmann werden. Diese Freundschaft war eine der Quellen für Shukowskijs Mißtrauen gegenüber der Idee eines einheitlichen deutschen Staates. Der preußische König und der russische Zar waren für den Dichter die Repräsentanten der Gesetzlichkeit, des Rechts, der adligen Gesinnung. Den Traum von deutscher Einheit hegten dagegen die Männer, die er als Meuterer, Demagogen und Zerstörer fürchtete. Das Hambacher Fest (1832), die bürgerliche demokratische Opposition in den vierziger Jahren – zuletzt 1848/49 im Frankfurter Parlament – waren für Shukowskij gefährliche Feinde. Seine Voreingenommenheit war nicht ganz unbegründet, denn eben in den Kreisen deutscher Demokratie machte sich damals ein richtiger Russenhaß bemerkbar, ein Haß vor allem auf den Staat und oft auch auf das Volk.

1848/49 wurden in Deutschland erstmals direkte Forderungen nach einem revolutionären Krieg gegen Rußland laut. Ein Nationalhaß gegen Russen wurde gepredigt und geschürt – unter anderem auch von der »Neuen Rheinischen Zeitung« von Marx und Engels. Sie waren damals die größten Russenhasser in Deutschland; sie und auch manche radikalen Demokraten glaubten, daß der Krieg gegen Rußland der sicherste Weg zu einem einheitlichen deutschen Staat wäre.

Shukowskij schrieb 1848 an seinen deutschen Freund Martins:

> »Gott rette Deutschland vor der Operation, die ihr die Reformatoren bereiten. Diese Anatomen wollen einen ganz neuen politischen Körper schaffen, und deswegen verwandeln sie wirklich lebendige Körper zu Leichen und sezieren sie. Sie wollen eine ganz eigenartige arithmetische Aufgabe lösen. Sie machen Österreich zur Null, Preußen zur Null, Bayern zur Null, Sachsen zur Null, alles andere zur Null, und daraus wollen sie eine Einheit, eine Eins, ein Deutschland machen.«

Die Gefahr eines geeinten demokratischen Deutschlands machte Shukowskij bisweilen beinahe deutschfeindlich. Das erkennt man in den Briefen, die er an Friedrich Wilhelm IV. und seine deutschen Freunde schreibt. In ihnen werden sogar überhebliche nationalistische Töne hörbar. Er schreibt etwa so: Wir Russen haben euch Preußen zweimal gerettet, 1807 in Tilsit und 1813/14 im gemeinsamen Feldzug gegen Napoleon, und nun wagt ihr es, mit uns Streit anzufangen!

Von geistiger Freundschaft gelangt er zur politisch bedingten Feindseligkeit. Solches Umschlagen vom Positiven ins Negative vollzog sich in den deutsch-russischen Beziehungen mit einer gewissen Gesetzmäßigkeit, die bis heute andauert.

Heinrich Heine schrieb 1828 in den »Reisebildern« (in der »Reise von München nach Genua«, 30. Kapitel) über Zar Nikolaus als über den großen Liberalen und glaubte, daß die russische Politik viel demokratischer und freiheitlicher sei als die heuchlerische englische. Doch in den vierziger Jahren äußerte er sich über Rußland schon fast feindselig. Um die Mitte des 19. Jahrhunderts war die Russenfeindlichkeit bei dem demokratischen Teil der deutschen Intellektuellen und bei der kommunistisch-sozialistischen Gruppe um Marx und Engels besonders deutlich ausgeprägt. Dagegen waren die preußischen Könige, der konservative Adel und ganz besonders Bismarck in dieser Zeit rußlandfreundlich gesinnt.

Bei den russischen Intellektuellen gab es um diese Zeit sowohl ausgeprägte Sympathien für deutsche Kultur als auch Mißtrauen gegenüber deutscher Politik und dementsprechende Vorurteile.

1870, als der Deutsch-Französische Krieg begann, waren die beiden großen Schriftsteller Turgenew und Dostojewskij zu gleicher Zeit in Deutschland. Es kam zwischen ihnen beinahe zum Duell, als Dostojewskij sich abfällig über Deutschland äußerte. Turgenew widersprach ihm heftig und sagte: Heute bin ich auch ein Deutscher.

Aber nach dem Friedensvertrag, als Frankreich die große Kontribution aufgezwungen bekam und Elsaß und Lothringen in das neue deutsche Reich eingegliedert wurden, übersiedelte Turgenew nach Frankreich und wollte nicht mehr nach Deutschland zurückkommen. So entwickelte sich bei ihm aus einem leidenschaftlichen Bekenntnis zum deutschen Volk und seiner Kultur eine Aversion gegen den Staat.

In Deutschland machte sich in den achtziger Jahren des 19. Jahrhunderts ein neues Verhältnis zur russischen Literatur bemerkbar. Die junge Generation der deutschen demokratischen Intellektuellen unterschied schon deutlich zwischen dem Zaren, dem Staat und dem russischen Volk. Es erschienen immer häufiger Übersetzungen aus dem Russischen – Bücher von Turgenew, Dostojewskij, Tolstoj u.a. wurden verlegt. Die

Ausstellung des russischen Malers Wassilij Wereschtschagin in den achtziger Jahren in Berlin wurde, von der deutschen Presse vielfach besprochen, zu einem großen Ereignis. Wohl die bedeutendsten Kritiker rühmten seine Bilder als eine neue, eigenartige, wahrheitsgetreue, nicht idealisierte und doch moralische Kunst. Die Geschichte der Volksbühne in Berlin begann mit Tolstojs Stück »Macht der Finsternis«.

Um die Jahrhundertwende sind es Rilke, Barlach und Thomas Mann, die den neuen Brückenschlag zwischen deutschem und russischem Geistesleben symbolisieren. Für Rilke war Rußland das größte Erlebnis, sowohl poetisch und ästhetisch als auch geistig. Thomas Mann gebrauchte oft den Begriff von der »heiligen russischen Literatur« – so in seiner frühen Novelle »Tonio Kröger« und in seiner »Russischen Anthologie«.

Die Entwicklung des russischen Symbolismus begann in den neunziger Jahren mit einer Art Goethe-Renaissance. Der Dichter, Theologe und Philosoph Wjatscheslaw Iwanow schrieb 1901 eine Goethe-Monographie, die m. E. bis heute eines der besten Bücher über Goethe in slawischen Sprachen ist. In der Zeitschrift der Symbolisten »Die Arbeiten und die Tage« gab es in jedem Heft eine Rubrik mit der Überschrift »Goetheana«.

Von der tiefen Verbundenheit der russischen Dichtergeister mit Deutschland auch im 20. Jahrhundert zeugt ein Gedicht, das mitten im Ersten Weltkrieg entstand, als der Deutschenhaß von der gesamten russischen Presse angeheizt wurde. Die junge Lyrikerin Marina Zwetajewa aber schrieb ein poetisches Bekenntnis zu Deutschland.

> »Wo finde ich die kühle Vernunft,
> um zu berechnen: Tod für Tod, Blut für Blut?
> Deutschland – du mein Wahnsinn!
> Deutschland – du meine Liebe!«

Im revolutionären Rußland nach 1917 wurden Schillers Dramen während des Bürgerkriegs in allen Rotarmistentheatern gespielt. Das erste nachrevolutionäre Theater in Petersburg – heute heißt es »Großes dramatisches Theater Maxim Gorkij« – wurde im Jahr 1919 mit einer Aufführung des »Don Carlos« eröffnet. Das einleitende Wort dazu über Schiller und seine Dramen sprach der große russische Dichter Alexander Blok.

Vor 1917 und auch nachher hieß es, daß die Verbreitung der Fremdsprachen in der russischen Gesellschaft sozial bedingt sei: Französisch sei die Sprache des Adels und derer, die den Adel nachahmten, sowie der Diplomaten; Englisch sei die Sprache der Sportler, der Marine und der Snobs; Deutsch aber die Sprache der *Intelligenzija*. Es war ein primitives Schema, aber kam doch irgendwie der Wahrheit nahe.

Als die Nazis an die Macht kamen, war ich Student in Charkow und wußte schon damals genau, was in »Mein Kampf« über Rußland stand. Diese Seiten aus »Mein Kampf« hat man übersetzt und oft zitiert, was da über Rußland als bloßem »geographischen Begriff« geschrieben war: über die Unfähigkeit der Russen, Staaten zu bilden und eine Industrie zu schaffen, über die Notwendigkeit, den russischen Raum mit »deutschem Schwert dem deutschen Pflug« zu erschließen. Doch wir haben ganz deutlich die Nazis von den Deutschen schlechthin unterschieden – nicht nur, weil in vielen sowjetischen Städten deutsche Emigranten lebten und man in ihnen die wahren Deutschen sah, sondern auch weil es für uns selbstverständlich war, den herrschenden Staat vom beherrschten Volk zu unterscheiden. Das war schon eine vorrevolutionäre humanistische Tradition, die durch die Ereignisse nach 1917 bestätigt und bekräftigt wurde. So hatten meine Altersgenossen und ich es in der Schule, bei den jungen Pionieren, bei der kommunistischen Jugend gelernt und erlebt.

Später, in den finsteren Zeiten des Stalinschen Terrors, begann die offizielle Propaganda, sich auf den großrussischen Chauvinismus auszurichten, die Begriffe »Internationalismus«, »internationale Verbindungen« u. ä. wurden allmählich ausgehöhlt. Die Partei- und Staatsführung schürte eine wilde Spionomanie; viele ausländische Kommunisten und Antifaschisten hat man ebenso wie die eigenen »Volksfeinde« verhaftet, ihre Angehörigen und manche, die mit ihnen verkehrten, wurden verdächtigt.

Aber selbst noch in den Jahren des schlimmsten Terrors (1937 bis 1939) erschienen russisch übersetzte Werke von Lessing, Goethe, Schiller, Kleist, erschien ein Buch des Leningrader Germanisten Wiktor Shirmunskij: »Goethe in Rußland«. Daß in einer Zeit der Schreckensherrschaften im eigenen Land und in Deutschland Beziehungen zu deutschen Dichtern weiterentwickelt wurden, war ein deutliches Zeichen von dem wahren Verhältnis des geistigen Rußlands zum geistigen Deutschland.

Der Zweite Weltkrieg brachte viel Schlimmes mit sich. Da erlebte man viele bittere Enttäuschungen – auch an den Idealen des Internationalismus. Die Verbrechen der Nazis und die eigene Kriegspropaganda förderten und schürten bitteres Mißtrauen und spontanen Deutschenhaß in allen Schichten der Bevölkerung. Die chauvinistische Ideologie wurde in Schulen, Hochschulen, Kasernen noch eifriger eingetrichtert, in Büchern und Zeitschriften noch vordergründiger ausgedrückt.

Der Deutschenhaß steigerte sich besonders in den letzten Kriegsjahren, was zu manchen gräßlichen Folgen in den umkämpften und besetzten deutschen Gebieten führte. Aber in den späteren Jahren ist er allmählich abgeflaut.

Ich verbrachte viele Jahre nach dem Krieg im Gefängnis und im Straflager. Als ich im Dezember 1954 frei kam, da war Deutschenhaß kaum noch zu spüren. Ende der fünfziger und in den sechziger Jahren, in der Zeit des sogenannten Tauwetters, als die frühere Stalinsche Zensur nicht mehr wirkte, erschienen bei uns Bücher von Heinrich Böll, Erich Maria Remarque, Anna Seghers, Wolfgang Borchert, Leonhard Frank, Siegfried Lenz, Paul Schallück, Erwin Strittmatter, Hans Werner Richter und anderen deutschen Autoren; sie haben entscheidend dazu beigetragen, die Reste des Hasses und des Mißtrauens abzubauen.

Erinnerungen an die früheren Vorurteile und die damit verbundenen bösen Gefühle kamen noch wieder im August 1968 auf, nach dem Einmarsch in die Tschechoslowakei. Da gab es Flüsterpropaganda: Die westdeutschen Revanchisten hätten 40 Divisionen an der tschechischen Grenze stehen, in Prag seien Tausende westdeutscher Spione und Fallschirmjäger als Touristen verkleidet am Werk. Und es gab auch Menschen, die diesen Zwecklügen glaubten.

Doch zum wichtigsten Feindbild wurde im letzten Jahrzehnt der »böse Amerikaner«. Wir haben jetzt keinen Überblick, was nun in der Sowjetunion geschieht. Doch das, was ich jetzt immer noch erfahre, berechtigt mich zu sagen, daß kein Deutschenhaß mehr besteht, auch keine Angst vor den Deutschen. Man unterscheidet wohl Ost- oder Westdeutsche; wobei man den disziplinierten und ideologisch geschulten DDR-Deutschen mit einer gewissen Ironie begegnet.

Doch auch jetzt in unserer politisch so grausam und absurd verwirrten Zeit glaube ich fest an die Zukunft der deutsch-russischen Beziehungen, wie sie Thomas Mann voraussehen wollte, als »Kameradschaft zweier großer, leidender und zukunftsvoller Völker«. (»Russische Dichtergalerie«.) Ich glaube an diese Kameradschaft, die zu keiner Waffenbrüderschaft ausarten soll. Denn wie Waffenbrüderschaften sein können, das zeigt diejenige von Hitler und Stalin, die auf dem blutgetränkten Boden Polens den Zweiten Weltkrieg ausgelöst hat.

Aussprache

Dr. Krämer: Herr Kopelew, allerherzlichsten Dank. Nach einem solchen Exkurs, der die wirklich komplizierten und vielfältigen Beziehungen zwischen Russen und Deutschen so tief verwurzelt geschildert hat, kann man nichts anfügen. Wir danken Ihnen und wir würden es natürlich ganz gerne sehen, wenn die eine oder andere Frage, vielleicht auch zu den Entwicklungen der letzten Wochen und Monate, die Sie ausgespart haben, jetzt in der Aussprache noch behandelt werden könnte.

Frage: Herr Kopelew, kann ich noch einmal an den letzten Satz anschließen. Sie haben gesagt, Sie glaubten fest an die geistige Kameradschaft. Ist denn dieser Glaube in den letzten Wochen, in den Monaten und Jahren, in denen Sie im Westen sind, gewachsen, oder hat er gelitten?

Kopelew: Ich glaube daran, trotz und dank aller verschiedenartigen Erfahrungen. Der Austausch von geistigen Werten wird in den letzten Jahren gehemmt. Von der sowjetischen Seite aus wird er gehemmt aus politischen und strategischen, taktischen, propagandistischen, von der westlichen aber aus kommerziellen, marktwirtschaftlichen Erwägungen. Wir haben unsere liebe Not hier, gute russische Bücher bei den Verlagen anzubieten. Das Erlernen der russischen Sprache und das Studieren russischer Geschichte, Literatur usw. hat in den letzten Jahren nachgelassen. Dies ist übrigens auch politisch bedingt. Daß man drüben versucht, sich abzukapseln, ist verständlich. Aber daß auch hier manche Politiker die gleiche Strategie betreiben, wie ihre Kollegen drüben, ist absurd. Leider bestehen auch manche meiner Landsleute aus der alten und der neuen Emigration darauf, alles in der Sowjetunion zu boykottieren, nicht hinzufahren und die Leute von drüben nicht einzuladen. Sie vergessen anscheinend, daß den Eisernen Vorhang doch Stalin brauchte, nicht die westlichen Demokratien. Die innerdeutschen Einrichtungen mit Minen und Selbstschußanlagen, die Berliner Mauer – haben ja die anderen von drüben gebaut. Warum soll man sie von dieser Seite auch noch fester machen? Man soll sich vor offenen, beharrlichen Gesprächen nicht scheuen. Man soll hinfahren und von drüben Menschen einladen, aber dabei soll man klare Sicht behalten und höflich, aber offen sprechen, unverblümt, nicht im Diplomatenstil. Die Staatsmänner haben wohl ihre konventionellen Verhaltensformen, aber Politiker ohne Staatsposten, Wissenschaftler, Literaten, Künstler, Journalisten, Geschäftsleute, alle, die mit dem Osten verkehren, müssen es endlich begreifen: Man soll nicht boykottieren, aber auch nicht verzagt schweigen, nicht mit formeller Höflichkeit leere Floskeln von Frieden und Freundschaft nachschwätzen. Man muß unzweideutig verlangen, bitten, beraten: Befreit politische Gefangene, achtet die Menschenrechte!

Frage: Herr Prof. Kopelew, wenn ich die Frage noch etwas erweitern darf. Sie waren ja in den letzten sechs bis acht Jahren sowohl in Rußland als auch in Deutschland. Wo glauben Sie denn, ist die Bereitschaft, ich spreche jetzt nicht vom Staat, von der Nation, zur Kameradschaft größer, sichtbarer, in Ihrem Land oder hier?

Kopelew: Um solche Vergleiche zu machen, müßte ich irgendwelche Umfragen durchführen. In den Kreisen, die ich kenne, sind die meisten Menschen drüben schon seit langem dazu bereit, sie drängen danach. Eben deswegen werden manche dafür bestraft, deswegen die neuen Gesetze. Das letzte Gesetz, das zu Andropows Zeiten veröffentlicht wurde, war eine Erweiterung des Gesetzes über die Einhaltung von Staatsgeheimnissen. Es zielt ganz deutlich darauf hin, jeglichen Verkehr mit Ausländern zu einem gefährlichen, ja strafbaren Vergehen zu machen.

Und diesseits – ja, ich kenne Menschen von »amnesty international«, auch manche meiner Freunde unter den Literaten, die bestimmt dazu bereit sind. Im letzten Jahr in Amerika hatten wir eine Auseinandersetzung mit einem amerikanischen Freund. Der verlangte die Internationale Moskauer Buchmesse zu boykottieren und glaubte, damit sehr progressiv, demokratisch und freiheitsliebend aufzutreten. Wir sagten ihm: »Lieber Freund. Wen bestrafst Du durch diesen Boykott? Breschnew, Tschernenko lesen nicht die Bücher von der Buchmesse. Und ihre Leute, die sich Bücher aus dem Ausland wünschen, werden sie beziehen können. Aber Du solltest Dich erinnern an die meilenlangen Schlangen vor diesen Internationalen Buchmessen in Moskau, an die Menschen, die die Bücher dort lasen – oder auch mitgenommen haben. Ja, ja die Vertreter der Verlage haben dabei schon ein Auge zugedrückt. Und niemand soll

»neutral« sein, wenn er drüben ist. Fragt nach dem Schicksal Sacharows, nach dem Schicksal Orlows! Äußerst Eure Gedanken darüber! Ihr riskiert nur, daß Ihr vielleicht ein paar Tage früher zurückkreisen müßt...« Also Bereitschaft besteht beiderseits. Aber hier wird sie durch Vorurteile beschränkt und dort durch Polizeimaßnahmen.

Frage: Welche Möglichkeiten hat heute der Mann auf der Straße, sich zu informieren, was hier im Westen geschieht, und welche Möglichkeiten hat jemand von der Intelligenz?

Kopelew: Die einzige Möglichkeit, die noch bleibt für die meisten, ist der Rundfunk. Obwohl immer neue Störsender eingesetzt werden. Man hat sie nach der Helsinki-Konferenz abgestellt; man störte keine ausländischen Sendungen mehr – bis auf Radio Liberty: Liberty wurde immer gestört. Aber im August/September 1980 setzte man die Störsender wieder ein, zunächst noch sparsam und nur gezielt, wenn es um Polen ging. Sie konnten von der Deutschen Welle, vom BBC, von »Voice of America« alles mögliche hören – sogar, daß Breschnew ein alter Narr ist. Keiner störte. Aber kaum hieß es: »Danzig«, »Lech Wałęsa« – da ging das Zischen und Pfeifen los. Nachher störte man alles – oder fast alles. Aber die Störsender wirken ja nur in den Großstädten, auch nicht überall. Zum Beispiel in Moskau gibt es immer noch Bezirke, wo man hören kann. Auf dem flachen Land auch. Das ist eine Quelle der Nachrichten. Früher waren es auch noch die Journalisten. Leider hat es sich mit der neuen Generation westlicher Korrespondenten in Moskau sehr verschlechtert, ich weiß nicht, woran es liegt, an Sonnenflecken oder am Regierungswechsel. Die sind viel »zahmer« geworden, zahm gegenüber der dortigen Obrigkeit.

Frage: Herr Kopelew, bei den Möglichkeiten des Austausches zählten Sie auf Journalisten, Wirtschaftler usw., Politiker. Sie haben die Touristen nicht genannt.

Kopelew: Touristen unbedingt auch. Habe ich die nicht genannt? Das war ein Fehler. Unbedingt Touristen.

Frage: Es fällt uns Deutschen sicher sehr schwer, eine Verbindung auf gedankliche Art herzustellen zwischen der Installation von Raketen und einem Vertrag für den Austausch von Technologien und Wissenschaften. Es sollten Kommissionen gegründet werden beidseitig, die sich abwechsend in Moskau und in Deutschland treffen. Es ist auch eine enge Verflechtung, und es ist merkwürdig, daß trotzdem die Verständigung zwischen dem russischen und dem deutschen Volk gar nicht vorankommt, einfach stagniert.

Kopelew: Die Verständigung zwischen Behörden ist eines, Verständigung zwischen Völkern etwas ganz anderes. Oft bringt man sie durcheinander, und das eben möchten die Herren drüben. Einige Beispiele der gegenseitigen Mißverständnisse.

Die meisten Menschen in der Sowjetunion haben kein Verständnis für die Friedensbewegung im Westen – kein Verständnis, weil drüben Friedensbewegung etwas Offizielles ist, wofür in den Zeitungen Reklame gemacht wird. Zu den Friedenskundgebungen wird man abgeordnet und muß mitmarschieren, mitstimmen. Nun glaubt man, daß die Friedensbewegung im Westen das gleiche sei. Ich weiß, daß die Grünen, als sie in Moskau waren, auch mit solchen Mißverständnissen zu tun gehabt haben. Viele Moskauer haben sie einfach nicht akzeptieren wollen. Das sind Mißverständnisse zwischen Völkern, weil man sich die Dinge unterschiedlich vorstellt. Neulich in West-Berlin trafen wir einige junge Leute aus der DDR, die eben »frisch freigekauft« waren; sie verstanden sich mit meiner Frau und mir in manchen Dingen viel besser als mit mehreren Westberlinern. So geschah es in einer größeren Versammlung, als einige Damen und Herren aus West-Berlin diese jungen Freigekauften aufforderten, ausführlich zu erzählen, wie sie da drüben »gekämpft« hatten und wie der »Kampf« weitergehe, ob sie auch Verbindung mit ihren Freunden, die dort geblieben sind, aufrechterhalten usw. Die Befragten waren bestürzt, und da mußte ich eingreifen, und die Frager bitten, sie sollten doch verstehen, daß ein solches Gespräch die Angehörigen dieser jungen Leute in Gefahr bringen könne, daß solche Fragen nicht angebracht seien... Das ist ein kleines Beispiel für manche, auch größere Mißverständnisse zwischen Landsleuten, zwischen Einwohnern ein und derselben deutschen Stadt.

Wenn es um Geschäfte mit sowjetischen Firmen und Behörden geht, soll man auch diese Beziehungen nicht auf die »Verhandlungsebene« beschränken oder auf die Weihefeiern um eine neue Pumpenanlage und dergleichen. Man muß auch über Menschenrechte dabei diskutieren, sich nicht abfinden, was da gesagt wird, sich nicht mit Kaviar und Wodka abspeisen lassen. Sprechen Sie mit den Menschen offen, kritisch und aufrichtig.

Frage: Zu den Fragen der Menschenrechte. Erwarten Sie, daß mit der neuen sowjetischen Regierung eine Änderung eintritt?

Kopelew: Ich danke Ihnen für die Frage, die muß beantwortet werden. Was die neue sowjetische Führung anbetrifft, so weiß ich nicht, was man von ihr erhoffen kann. Es ist bestimmt ein Machtkampf im Gange, und Tschernenko ist gewiß eine Kompromißlösung. Ich weiß nicht – hier sind ja Physiker, sie werden mich korrigieren, wenn ich es falsch sage: Es gibt solche Situationen, wo eben die Null zum Gleichgewichtspunkt für verschieden gerichtete Kräfte wird: das Gleichgewicht entsteht im Nullpunkt. Dieser Herr erscheint mir als so ein personifizierter Nullpunkt. Aber für die Machthaber dort sind außer den pragmatischen materiellen Interessen auch immer ihre Vorstellungen von Prestige maßgebend. Die größten Verletzungen der Menschenrechte in den letzten Jahren – die immer zugenommen haben – waren ein Prestigeproblem des Herrn Andropow, den man hier in manchen Zeitungen als einen Intellektuellen und beinahe als Liberalen hingestellt hat. Na, Gott sei ihm gnädig, über die Toten soll man nicht schlecht reden. Aber er war verantwortlich für diese gesetzwidrige, gemeine Verbannung Sacharows; er war verantwortlich für die Hetze gegen Frau Bonner-Sacharow, die im letzten Jahr, im Sommer, besonders aber im Herbst einsetzte. Er war verantwortlich für diese von keinem Gesetz, von keinen konkreten Interessen des Staates und der regierenden Partei erklärbare langsame Tötung von zwei Menschen, von Sacharow und seiner Frau. Das ist ja etwas Absurdes: Ein Mann, der ein Stolz seines Volkes ist, ein genialer Physiker, ein Friedensnobelpreisträger, wird so behandelt, daß dieser Fall zur nationalen Schande wurde. Das aber war ein Problem von Andropows Prestige.

Wenn die neue Führung unter Tschernenko in dem Machtkampf, der sie nach oben brachte, den Kräften entgegensteht, die seinerzeit Andropow hinaufdrängten, hinaufdrückten, dann kann man hoffen, daß man heute etwas für die verfolgten Menschenrechtler erreicht. Aber man darf sich nicht allein auf diese Hoffnung verlassen. Man muß den Menschen, die dort am Ruder sind, mit denen Sie zusammenkommen, die Ihre Zeitungen lesen, immer wieder erklären: das ist ja Schmach und Schande, daß eine Supermacht vor wenigen Menschen solche Angst hat, daß ein Staat mit all seinen Raketen und seinem superzentralisierten Propagandaapparat, mit Dutzenden Millionen Parteigenossen und Jungkommunisten und all den zentral geleiteten Journalisten – Menschen verfolgt, die nur ihre Schreibmaschinen haben, die jedesmal wieder konfisziert werden. In Millionenauflage erscheinen die von oben kontrollierten, geleiteten Zeitungen. Sacharows Arbeiten dagegen konnten ja höchstens in vier, fünf Exemplaren von ihm getippt und dann von Freunden auf höchstens hundert Exemplare vervielfältigt werden. Wie kann man Angst davor haben?! Erklären Sie ihnen, daß sie sich selbst und den Staat, den sie vertreten, in den Dreck ziehen, daß es letzten Endes auch ein Problem des Prestiges ist, die Menschenrechte zu achten, die Vereinbarungen, für die sie in Helsinki ihre Unterschriften gegeben haben – und in Madrid wiederholten. Dabei darf man nicht nachlassen, nicht aufhören. Die sowjetischen Machthaber hoffen ja immer auf die Vergeßlichkeit des Westens.

Ich habe schon zigmal erzählt, wie Sacharow 1973 zum Zentralkomitee zitiert wurde. Da saß dieser Herr Malarow, der damals das Ressort für Innenpolitik beim ZK leitete – heute ist er, glaube ich, Vorsitzender des Obersten Gerichts oder Justizminister, irgend so ein großes Tier. Und der versuchte auf

Sacharow einzureden: »Geben Sie doch Ihre Tätigkeit auf, alle diese Einsätze für Krimtataren, für die Juden, die nach Israel wollen, für die Deutschen, die nach Deutschland wollen, für die Dissidenten.. Lassen Sie das, Sie sind ja als Wissenschaftler weltbekannt. Worauf hoffen Sie? Auf den Westen? Wenn wir Sie einsperren, wissen Sie, was geschieht? Es werden ein paar Kundgebungen sein, vielleicht schlägt man in einigen Botschaften die Fenster ein, vielleicht verbrennt man ein paar Diplomatenwagen. Aber dann, in der nächsten Woche schon wird man Sie vergessen haben. Niemand, kein Hahn kräht danach.«
Er hat sich damals geirrt. Manche Hähne krähen immer noch. Und geirrt hat er sich damals auch, als er über Nixon sagte: »Wenn Sie glauben, daß diese Journalisten, diese Schreibfritzen, Nixon stürzen können, da irren Sie sich. Er wartet nur ab, dann schlägt er mit der Faust auf den Tisch, und alle diese ›Washington Post‹-Leute werden weggefegt sein.« Auch darin hat er sich geirrt. Aber das Prinzip bleibt: Sie bauen auch heute auf die Vergeßlichkeit.

Frage: Sie haben gesagt, daß Sie Ihren amerikanischen Freund gebeten hätten, er solle doch an der Buchmesse in Moskau teilnehmen. Wie sehen Sie jetzt Boykottmaßnahmen, die ja auch zur Diskussion standen, die teilweise ja auch praktiziert wurden, im wirtschaftlichen Bereich?

Kopelew: Computer für die sowjetischen Raketen würde ich nicht liefern. Strategische Rohstoffe würde ich nicht liefern. Auch bei manchen anderen wirtschaftlichen Problemen würde ich härter verhandeln und immer wieder auch humanitäre Bedingungen stellen. Das ist ja ein altes Vorurteil, das noch aus den vergangenen Jahrhunderten stammt: Politik ist Politik, Wirtschaft ist Wirtschaft und Geistesleben ist Geistesleben. Heute weiß man, daß Wirtschaft und Politik nicht zu trennen sind. Aber die Probleme der Menschenrechte, die will man abseits halten, die will man ausklammern. Ein Wirtschaftler, der nicht nur um heutige Profite besorgt ist, muß danach trachten, daß auch die Probleme der Menschenrechte in einen Wirtschaftsvertrag über Gasröhren einbezogen werden. Das muß gelernt werden, das ist ja etwas Neues. Die Sowjets, die ihre Verbündeten beliefern, die stellen Bedingungen – nicht moralische, Gott behüte, sondern strategische, taktische, politische. Die deutschen Industriellen und die deutschen Financiers brauchen keine Basen in der Sowjetunion. Aber sie können über Abrüstung sprechen und sollten auch in den Verhandlungen über die Menschenrechte reden. Denn die Menschenrechte sind die Kriterien der Vertrauenswürdigkeit dieses Staates.

Der Sowjetstaat besteht 67 Jahre. In diesen 67 Jahren hat er mehrfach internationale Verträge zunichte gemacht – viel mehr als das »schlechte« Amerika in 200 Jahren. Eben deshalb ist das Vertrauen in die Sowjetunion so brüchig geworden. Die Menschenrechte sind die sicherste Garantie für die Vertrauenswürdigkeit einer Regierung. Solange solche Menschen wie Sacharow, Orlow, Rudenko und andere Menschenrechtler mundtot gemacht werden, kann keine Unterschrift eines sowjetischen Staatsmannes mehr wert sein als das Stück Papier, auf dem sie steht. Das müßten auch die Wirtschaftler begreifen.

Also, Buchmessen, wo Menschen zu Menschen kommen, sind etwas ganz anderes als die Lieferung von Computern oder Gasröhren.

Frage: Von Wirtschaftsverträgen haben die Sowjetbürger, also das Volk, wie Sie eben gesagt haben, relativ wenig.

Kopelew: Ja bestimmt. Da gibt es ja keine Arbeitslosigkeit von der Art wie hier. Es gibt eine geheime Arbeitslosigkeit, deren Ausmaß keiner kennt. Aber sie ist unabhängig von diesen Verträgen. Sie ist durch ganz andere Dinge, durch Mißwirtschaft im Lande bestimmt.

Frage: Ich glaube, wir sind uns alle einig, daß in der aktuellen Situation wirklich nur etwas bewegt werden kann, wenn die sowjetische Führung und die amerikanische Führung miteinander reden. Wenn Sie aber sagen, daß die derzeitige russische Führung eine personifizierte Null ergibt, und wenn in Rußland Ihre Meinung über Bush geteilt wird, was können wir da eigentlich erwarten?

Kopelew: Wenn man schon im Ernst darüber spricht, welche Kräfte in der Sowjetunion am Werk sind, soweit man es nach den kargen Informationen beurteilen kann, die wir auch, als wir dort lebten, nur haben konnten, sind es vor allem zwei große Kraftströmungen, die nichts mit der Ideologie gemeinsam haben: die zentrifugale und die zentripetale Entwicklung. Die zentripetalen, die imperialen Kräfte, sind in Moskau von solchen Menschen wie diejenigen, die Breschnew zu ihrem Führer machten, vertreten und von Stalin bis zur höchsten Spitze getrieben worden, und sie wurden und werden von der Armee, der Staatssicherheit, zum großen Teil auch vom Parteiapparat getragen. Die zentrifugalen, die dezentralisierenden Tendenzen erkennt man in der Entwicklung der Unionsrepubliken. Auch bei manchen Managern, die mehr Autonomie haben wollen, die als Pragmatiker besser wirtschaften möchten. Die Sowjetunion ist kein einheitlicher Staat, sie ist ein Vielnationen- und ein Ständestaat. Inmitten jedes Standes gibt es verschiedene hierarchische Niveaus. Zum Beispiel der Parteiapparat ist ein Stand für sich. Aber der Parteiapparat in Moskau, in den Republiken, in den Großstädten und auf dem Lande – das sind verschiedene Schichten, verschiedene Zellen. Beim Militär sind in den letzten 20–25 Jahren solche Stände entstanden, von denen ich einfach nichts sagen kann. Ich kenne keinen Menschen aus solchen Ständen wie die neue Marine, die nach dem Kriege verzehnfacht oder vielleicht verfünfzehnfacht wurde, oder die Raketentruppen. Ich weiß nicht, wer die Menschen sind, die diese großen Machtzusammenballungen kommandieren, leiten, und was für politische Ambitionen sie haben. Ich vermute, daß sie eher zentralistisch sind. Aber die Wirtschaft können sie nicht ankurbeln und produktiv leiten.

Also, worauf kann man in der Sowjetunion hoffen? Ich glaube, man muß auf die geistigen, schaffenden Kräfte der Völker hoffen – die Kräfte der Russen und Ukrainer, der Georgier und der Esten. Es gibt Intellektuelle, es gibt Dichter, es gibt Wissenschaftler, die auch heute wirken, sogar in der offiziellen Tagespresse, in der offiziellen Buchproduktion und in den offiziellen Fachzeitschriften, und die heute vielleicht mehr als vor zwanzig Jahren zu Wort kommen. Auf sie kann man bauen, sie wollen Wahrheit, vernünftige Wirtschaftsführung, wollen auch Verbindungen zum Westen, und sie sind in diesem Sinne sowohl nach Westen wie nach dem japanischen Osten ausgerichtet.

Aber was man von dem regierenden Apparat zu erwarten hat, das sollten die Botschafter besser wissen als ich, die Diplomaten, die mit diesem Apparat verkehren. Wenn sie nur vernünftig genug sind, um das Machbare zu erraten und zu erkennen. Man kann ganz freundschaftlich den sowjetischen Staatsleuten beweisen, wie schlecht sie wirtschaften, wie gefährlich ihre Tageserfolge für ihre Jahres- und Jahrzehnteperspektiven sind. Man sollte Argumente auch aus ihren eigenen Erfahrungen schöpfen: Was haben sie seinerzeit nicht alles in Ägypten hineingepfercht an Waffen und auch in den Dammbau investiert, der zum ägyptischen Verhängnis wurde. Und was haben sie davon geerntet? Was alles haben sie in Somalia und Moçambique hineingesteckt – und was haben sie davon gehabt? Und was sie jetzt jeden Tag an Blut und Material in Afghanistan opfern – sinnlos. Sie morden Menschen in Afghanistan, sie opfern ihre eigenen jungen Leute. Sie ernten ja nichts davon außer Schmach und Haß, und doch verlangen sie nach neuen Opfern. Man sollte das alles nicht im Ton solcher Predigten sagen, wie es Herr Reagan sich leistet, sondern im Duktus ruhiger, vernünftiger Ratschläge, besonnener Diskussionen. Die Journalisten können es auf ihre Art und Weise machen. Manche meiner Landsleute, die nach dem Westen kommen, erleben hier viele Enttäuschungen, richtige Frustrationen. Sie sind deprimiert von der westlichen Freiheit »für alle«, vom westlichen Pluralismus, von den Mißverständnissen und der Unkenntnis hier über die Verhältnisse drüben. Und dann gefällt ihnen die vordergründige Deklamation eines Reagan besser als ruhige Versuche, vernünftig zu analysieren, realistisch zu handeln... Man müßte so eine Art Einheitsfront in der EG erreichen, in der NATO und in der »Internationalen Republik der Gelehrten«, eine bestimmte Arbeitsteilung in der Ostpolitik. Was ein Staatsmann sich leisten kann in Verhandlungen mit Staatsleuten drüben, ist eines; was ein oppositioneller Politiker sich erlauben darf, ist etwas anderes; was Wissenschaftler, Industrielle, Financiers, die viel höher geachtet werden als alle Politiker, tun können, ist wieder etwas anderes und kann sehr effektiv sein.

Die sowjetischen Herrscher sind seit langem keine Marxisten mehr. Marxisten habe ich hier im Westen in diesen drei Jahren zigmal mehr getroffen als in den letzten 30 Jahren in der Sowjetunion. Aber eines haben sie drüben vom marxistischen Materialismus behalten: daß ein Schmidt geht, ein Kohl kommt; daß ein Kohl gehen, vielleicht ein Strauß kommen wird; aber ein Flick bleibt und ein Krupp bleibt, und alles, was damit verbunden ist, bleibt. Und mit diesen Herren sprechen sie ganz anders. Die wären die Einflußreichsten. Andererseits aber auch die Wissenschaftler, die leider oft so überaus höflich sind. Da muß ich den amerikanischen Wissenschaftlern eher die Lorbeeren zusprechen als ihren deutschen Kollegen im Einsatz für Sacharow: Die sind viel entschiedener, viel eindeutiger als manche deutschen Nobelpreisträger, die sich zu beinahe höfisch zeremoniellen Manieren gegenüber den sowjetischen Kollegen verpflichtet fühlen, und es nicht wagen, ihnen manche bitter notwendigen Wahrheiten zu sagen.

Deutsche in Moskau

Paul Fleming (1609–1640) kam mit der holsteinischen Gesandtschaft nach Rußland, die über Rußland nach Persien fuhr,
erstmalig 1634, im zweiten Jahrzehnt des Dreißigjährigen Krieges. In deutschen Landen wurden Städte bald von kaiserlichen,
bald von schwedischen Truppen belagert, erstürmt, gebrand-
schatzt; Tausende und Abertausende Menschen starben und
überall herrschte bittere Not. Um so mehr beeindruckte den
jungen Dichter Moskau, das ihm als eine reiche, sich friedlich
entwickelnde Stadt erschien, obwohl kaum zwanzig Jahre vergangen waren, seit diese Hauptstadt eines Riesenreiches von
grausamen Raubzügen und Straßenschlachten in der Zeit der
Wirren (1605–1613) schwer heimgesucht worden war. Fleming
besang Moskau pathetisch im Stile seiner Zeit.

> Du edle Kaiserin, der Städte der Ruthenen
> Groß, herrlich, schöne, reich...
> ... Ich rühme billig dich du Hauptstadt deiner Welt
> Weil deiner Göttlichkeit hier nichts die Waage hält,
> Und du der Anzug bist von Tausenden der Reußen...

In einem Abschiedsgedicht wandte er sich 1639 an den Fluß
Moskwa:

> Fleuß sanfte, wie du thust, in deinen Ufern hin,
> Fleuß deine Stadt vorbei, die große, die gepreiste,
> Die nun das andermal sich uns so gut erweiste,
> Durch welcher Urlaub wir nun in den Aufgang ziehn.

Verbleib' ich so gesund, als wie ich itzo bin,
Und komm' ich wieder heim, als wie ich ab verreiste,
So sei dirs zugesagt mit Mund und ganzem Geiste,
Du solt mir nimmermehr nicht kommen aus dem Sinn.

Johann Gottfried Seume (1763–1810), ein Aufklärer mit aben-
teuerlichem Lebenslauf, ein Freund Schillers, ein Bewunderer
der Französischen Revolution, ein begabter Autor und unermüdlicher, wißbegieriger Reisender, war im Sommer 1793 in
Polen und Rußland. In den Briefskizzen »Mein Sommer«
(1805) beschrieb er unter anderem ausführlich seine Reise durch
Polen, Litauen, Estland, Petersburg, von da nach Moskau,
dann zurück.
Unterwegs machte er in den Dörfern Bekanntschaft mit Bau-
ern, alten und jungen. An den russischen Menschen fand er
Gefallen: »So lebendig und mutig und kraftvoll... Es ist eine
Wohltat, wieder unter Menschen zu sein, die den Mut haben,
sich als Menschen zu fühlen. Die Dörfer sind hier zwar alle von
Holz gebaut, aber schön und groß, ... sehr freundlich und
Wohlhabenheit zeigend.«
Von Moskau erzählt er mit Sympathie. »Moskau ist beträcht-
lich größer an Umfang als Paris, ob es gleich weit weniger
Einwohner hat. Der Kreml liegt auf einer kleinen Anhöhe am
Flusse, mitten in der Stadt; und dieser Turm ist außerdem noch
der größte von allen, so daß man hier rundumher die ganze
sonderbare Herrlichkeit übersehen kann. Es ist hier ein eigenes
Gemisch alter neugriechischer, halborientalischer Erscheinungen und besserer neuerer Architektur aus Italien, was man in
Moskau sieht. Das Sonderbarste ist wohl die Kathedrale, die an
Gold und Steinen vielleicht alle übrigen Kirchen der Christen-
heit übertrifft... St. Peter in Rom ist ein gar armer Mann gegen
diese Heiligen.«
In Petersburg traf Seume einen Bekannten: Friedrich Maximi-
lian Klinger (1752–1831). Der Autor des Schauspiels »Sturm
und Drang«, das einer ganzen Epoche deutscher Kulturgeschichte den Namen gegeben hat, war damals Kurator der

Universität in Dorpat (heute: Tartu). Es boten sich in Gesprächen Vergleiche Dorpat–Petersburg–Moskau an:
»Die hiesige Universität ist ebensowohl nur erst im Werden als Dorpat, ob sie gleich beträchtlich älter ist. Auswärts übertreibt man alles, das Schlimme wie das Gute. Moskau findet mehr Unterstützung als Dorpat, da der russische Adel weit humaner und liberaler ist, als der livländische sich bis jetzt in der Kollision gezeigt hat... Die Professoren, welche aus Deutschland hingekommen sind, loben übrigens durchaus die freundliche Aufnahme und die gute Begegnung, die sie dort erfahren, von Russen sowohl als Deutschen, die schon längst dort sind; und das von allen Ständen.«

Friedrich Joseph Haass wurde im Jahre 1780 in Bad Münstereifel geboren, als Sohn eines Apothekers und Enkel eines Arztes. Er studierte Philosophie in Jena und Medizin in Wien. Bald nach Beendigung der Universität behandelte er erfolgreich einen in Wien erkrankten russischen Würdenträger, Fürst Repnin. Die Familie des Fürsten überredete ihn, nach Rußland zu kommen, nach Moskau.
Im Jahre 1806 folgte der junge Haass dieser Einladung. In Moskau erlangte er bald große Volkstümlichkeit als »Hausarzt«, wobei er allgemeines Erstaunen hervorrief, weil er sich selbstlos ebenso um kranke Leibeigene kümmerte wie um prominente Patienten. Bald wurde er zum Chefarzt eines Militärhospitals ernannt.
In den Jahren 1812 bis 1814 begleitete er als Arzt die russischen Truppen von Moskau bis nach Paris. Auf dem Rückwege machte er einen Abstecher nach Bad Münstereifel. Das war sein letzter Besuch in der Heimat. Er kehrte nach Moskau zurück und blieb dort bis zu seinem Tode.
In den ersten drei Jahrzehnten seines Lebens in Moskau brachte es Haass zu einem beachtlichen Vermögen. Er besaß ein Dorf mit hundert Leibeigenen, eine Tuchfabrik, ein großes Haus im Stadtzentrum. Seine schneeweißen Traber waren stadtbekannt. In den Jahren 1824 und 1825 war er der Leiter des Gesundheits-

amtes für ganz Moskau. Der Generalgouverneur Fürst Golizyn bezeichnete ihn als Freund seiner Familie.

Im Jahre 1828 wurde Fjodor Petrowitsch, wie man Haass auf russische Art nannte, Mitglied des »Komitees für Gefängnisfürsorge«, das auf besonderen Befehl des Zaren geschaffen worden war. Von den ersten Tagen an war die treibende Kraft des Komitees Doktor Haass. Er sorgte nicht nur für die Gefangenenkrankenhäuser, sondern nahm sich auch vieler Gefängnisinsassen an, auch der Verbannten und Zuchthäusler, die man aus verschiedenen Gegenden Rußlands über Moskau nach Sibirien trieb.

Haass schuf auch die ersten Gefängnisbibliotheken und gründete zwei Schulen für die Kinder von Gefangenen und für unbeaufsichtigte Halbwüchsige, die von der Polizei gewöhnlich schlichtweg nach Sibirien abgeschoben wurden.

Haass mußte viele Widerstände überwinden, bei der Polizei, der bürokratischen Verwaltung. Man nannte ihn einen »outrierten Philanthropen« und einen »Sonderling«.

Als Haass starb, begleiteten mehr als 20000 Moskowiter den Sarg auf den »Deutschen Friedhof« – eine derartige Beisetzung hat es sonst im ganzen Jahrhundert nicht gegeben.

Sogar während des Krieges, in den Jahren der Revolution und des Bürgerkrieges wurden Blumen an sein Grab gebracht. Auch jetzt finde ich jedesmal, wenn ich zu diesem Grabe komme, dessen Umzäunung mit Ketten geschmückt ist, frische Blumen.

Auf dem Grabstein ist seine Devise eingemeißelt: Beeilt euch, Gutes zu tun!

Rainer Maria Rilke kam 1899 nach Moskau. Das war nicht die Reise eines neugierigen Touristen. Seit seiner Jugend kannte er die russische Literatur gut: Turgenew, Tolstoj, Dostojewskij, Tschechow. Er bereitete die Reise mit Hilfe seiner Freundin Lou Andreas-Salomé, einer deutschen Schriftstellerin, die in Rußland geboren war, sorgfältig vor. Er erlernte die russische Sprache, übersetzte Lyrik und Prosa, Lermontow und Tschechow.

Der erste Aufenthalt in Moskau im Frühling 1899 wurde zu

einem außerordentlich wichtigen Ereignis im Leben Rilkes. Drei Jahre später schrieb er in einem Brief an A. Suworin: »Mir fehlen die Worte, Ihnen zu sagen, welches Ereignis es war, Moskau zu sehen, meine ganze Kindheit... tauchte wieder auf wie eine versunkene Stadt, und als ich in einer Osternacht mit meiner kleinen Kerze auf dem Kreml stand, da schlug die Glocke auf dem Iwan Welikij so gewaltig und groß, daß ich glaubte, das Herz des Landes schlagen zu hören, das auf seine Zukunft wartet.«

Und zwei Jahre später, am 31. März 1904, dachte er in einem Brief an Lou erneut an jene Osternacht in Moskau: »Mir war ein einziges Mal Ostern; das war damals in jener langen, ungewöhnlichen, ungemeinen, erregten Nacht, da alles Volk sich drängte, und als der *Iwan Welikij* mich schlug in der Dunkelheit, Schlag für Schlag. Das war mein Ostern, und ich glaube es reicht für ein ganzes Leben aus; die Botschaft ist mir in jener moskauer Nacht seltsam groß gegeben worden, ist mir ins Blut gegeben worden und ins Herz. Ich weiß es jetzt: *Christos woskres!*«

Es vergingen noch einige weitere Jahre, da schrieb er einer schwedischen Freundin, der Verfasserin einer wissenschaftlichen Arbeit über sein Schaffen, Ellen Key: »Als ich zuerst nach Moskau kam, da war mir alles bekannt und altvertraut... Es war die Stadt meiner ältesten und tiefsten Erinnerungen, es war ein fortwährendes Wiedersehen und Winken, es war Heimat.«

Bei dieser ersten Reise entwickelte sich eine Freundschaft Rilkes mit dem Maler Leonid Pasternak, dessen Sohn, der Dichter Boris Pasternak, von Jugend an das Werk Rilkes liebte, seine Gedichte übersetzte, ihn seinen Meister nannte.

Im Mai 1900 war Rilke wieder zusammen mit Lou Andreas-Salomé in Moskau. Seiner Mutter schrieb er: »... ich... komme nach Hause nur um zu schlafen. Es gibt so unendlich viel hier zu sehen, Menschen und Dinge sind im gleichen Maße bedeutend und eigentümlich und jeder Tag bringt Überraschungen und Erfahrungen mit sich, die tief in das Erleben eingreifen.«

Die Eindrücke auf diesen Reisen brachten Rilke Moskau und Rußland immer näher, näher den Menschen, Büchern, Liedern, Künsten, dem Geist der russischen Kultur und den seelischen Tiefen der russischen Dichtung. Diese Nähe bleibt einzigartig, ich kenne keinen anderen ausländischen Schriftsteller oder Künstler, der vom russischen Geist so essentiell durchdrungen war wie Rilke. Sein Rußlanderlebnis spiegelte sich immer wieder, verkörperte sich in vielen seiner Werke. Am deutlichsten, im »Stundenbuch« und in mehreren Essays, auch im »Malte Laurids Brigge« und in seinen letzten Gedichten. Rilke erkannte diese tief verwurzelten Verbindungen genau und schrieb und sprach wiederholt von ihnen: »... Das Entscheidende war Rußland: weil es mir, in den Jahren 1899 und 1900, nicht allein eine mit nichts zu vergleichende Welt, eine Welt unerhörter Dimensionen, eröffnete, sondern auch, durch seine humanen Gegebenheiten, mir gewährte, mich unter Menschen brüderlich eingelassen zu fühlen...« In diesem Bekenntnis ist der Poet Rilke mit dem Arzt und Menschenfreund Haass für alle Zeit brüderlich verbunden.

Drei Jahrhunderte nach Flemings Sonetten entstand erneut ein deutsches Sonett über Moskau, geschrieben von Johannes R. Becher (1891–1958):

> Von allen Städten, die ihr nennt und preist,
> Ist sie die Stadt, die wächst und sich vollendet.
> Sie reicht viel weiter, als ihr Stadtbild weist,
> Und niemand weiß, wo ihre Grenze endet.
>
> Du bist die Stadt, die mehr verlangt als wir
> Gewesen sind, und nie ruht ein Verlangen.
> Ihr, die ihr eingeht, wißt: ihr werdet hier
> Vergangen sein mit allem, was vergangen.
>
> Von allen Städten, die ihr preist und nennt,
> Ist sie die Stadt, die strebt nach Raum und Dauer
> Und ordnet sich nach einem neuen Sinn.

Kommt her und seht! Auf bestem Fundament
Ist sie erbaut. Das Volk ist dein Erbauer,
Du freie Stadt, du Weltbezwingerin!

Johannes R. Becher lebte von 1935 bis 1945 als politischer
Emigrant in der Sowjetunion. Er redigierte die deutsche Ausgabe der Zeitschrift »Internationale Literatur«.
Das war eine furchtbare Zeit in der Geschichte unseres Landes
und in der Geschichte Moskaus – Jahre des grimmigsten und
blindwütig-unsinnigsten Terrors (1936–1939), dann Jahre grau-
siger Kriegserfahrungen. In dieser Zeit wich die althergebrachte
Moskauer Treuherzigkeit manchmal dem unerbittlichen Druck
der stalinistischen »Wachsamkeit«, dem argwöhnischen Mißtrauen gegenüber allen Ausländern und besonders gegenüber
Deutschen.
Becher und die anderen antifaschistischen Emigranten in Moskau erlebten bittere Enttäuschungen, Schrecken, Zweifel,
manche auch Verzweiflung, obwohl sie nicht einmal einen
Bruchteil dessen wußten, was in Wirklichkeit vor sich ging. Sie
wußten nichts von ihren in den Jahren 1937 bis 1939 verhafteten Gefährten. Unter diesen befanden sich auch Bechers Freunde, der Schriftsteller Herwarth Walden, die Schauspielerin Ca-
rola Neher und andere. Sie wußten auch nicht, daß das Stalinsche NKWD (»Volkskommissariat für innere Angelegenheiten«) im Jahre 1940 einige hundert deutsche und österreichische
Antifaschisten, die unter der Anklage der »Konterrevolution
und Spionage« verhaftet worden waren, der Hitlerschen Gestapo einfach »zum Geschenk« machte.
In der Aphorismen-Sammlung »Macht der Poesie« zitiert Becher Rilke: »Wer spricht von Siegen, Überstehen ist alles.« Er
führt diese Worte mit naserümpfendem Tadel an. Denn sie
drücken angeblich »den Verzicht aus, die Welt zu ändern und
dem Guten zum Sieg zu verhelfen«. Dabei war eben das
»Überstehen« wesentlich für seine eigene Existenz sowohl damals als auch zehn Jahre nach dem Kriege, als er bereits
Minister in der DDR war. Während dieser ganzen Zeit blieb als

einzige innere Rechtfertigung für ihn die Überzeugung: »Überall handelt es sich bei mir um Verteidigung der Dichtung, welche Funktion ich auch innehabe, wenn auch nicht unmittelbar über Dichtung gesprochen wird.« (»Das poetische Prinzip«)

Während seiner Moskauer Jahre bewältigte Becher die Entwicklung vom revolutionären Expressionismus seiner Jugend bis zu jener Mischung aus dogmatischem Neoklassizismus und einer parteilichen neuen Sachlichkeit, die man »sozialistischen Realismus« nennt.

Becher hat neun Sonette über Städte geschrieben: »Neun Städte sind's, als wären Städte Musen.« Sie sind gewidmet: Tübingen, Jena, Dinkelsbühl, München, Berlin, Rom, Florenz, Paris und Moskau. Die ersten vier Gedichte gefallen mir vorzüglich. Aber das den Abschluß bildende Moskauer Sonett unterscheidet sich von allen anderen vor allem durch das Fehlen konkreter Züge und eines lyrischen »Ich«. In ihm gibt es kein Personalpronomen. Seine poetische Rhetorik beruht auf hohen, aber abstrakten Begriffen.

Viele deutschsprachige Autoren haben im 20. Jahrhundert über Moskau geschrieben, die unterschiedlichsten, was Begabung und Weltanschauung betrifft: Franz Weiskopf, Bertolt Brecht, Walter Benjamin, Erich Weinert, Anna Seghers, Theodor Plivier, Egon Erwin Kisch, Gustav Regler, Heinrich Böll, Rudolf Hagelstange, Max Frisch und andere. Hier sind nur diejenigen genannt, deren dichterische und essayistische Schriften über Moskau ich mit Freude an »freundlicher Verfremdung« bekannter Bilder gelesen habe. Stellvertretend für sie alle hier ein Auszug aus dem Gedicht von Eva Strittmatter »Gedenkminute für Blok«.

> Moskau mitten im Winter:
> Die Bäume wie graviert
> Gegen den Schnee und den Himmel.
> So weiß ist kein wirklicher Schnee. [...]
> Da war die Luft voll Gebäckduft,

Und die schweren Parfums mischten sich
Mit dem Rougegeruch von Puder.
Und Moskau roch heimatlich
Nach Benzin mit der fremden Oktanzahl.
Und die Luft schien doch gläsern und rein. [...]
Und die Laternen brannten.
Und manche waren so alt,
Daß sie wohl Blok noch kannten.
Ich machte bei einer Halt. [...]
Nacht. Apotheke. Laterne.
Straße. Es leidet mein Herz,
Wenn ich an Moskau denke.
Doch das ist heilbarer Schmerz.*

Für einige russische Leser könnte vielleicht dieses Gedicht
ungewöhnlich erscheinen. Es vereinigt Erinnerungen an Moskau mit den Zeilen des großen Dichters Blok, die auf Petersburg bezogen sind. Es ist eine überraschende und schöne
Einheit. Auch viele von uns Moskauern empfinden unsere Stadt
und die Erinnerungen an sie als einen unstillbaren, aber auch
»heilbaren« Schmerz. Und jedes Mal, wenn wir ähnliche, verwandte Empfindungen bei Freunden aus anderen Städten und
anderen Ländern, so wie bei dieser deutschen Lyrikerin, erkennen, ist es eine Freude.

* (Kursiv: Zitate von Blok)

III. Im Spannungsfeld
zwischen den Welten

Das Buch, das verhaftet wurde

Die Arbeit an seinem Roman »Leben und Schicksal« hat Wassilij Grossman schon 1960 beendet und ihn bei der Redaktion einer Zeitschrift abgeliefert. Kurz darauf erschienen bei ihm Beamte des sowjetischen Staatssicherheitsdienstes KGB und verlangten von ihm und seiner Schreibkraft alle Kopien seines Manuskripts, Notizbücher, Entwürfe, ja sogar das Kohlepapier und die Farbbänder. Der Roman wurde, wie es auf Befehl der höchsten Instanzen der Staats- und Parteibehörden hieß, »verhaftet«. Jetzt, mehr als 20 Jahre später, ist das Buch – Familienroman, Zeitgeschichte, Kriegsbericht in einem – im Verlag A. Knaus erschienen – ein Jahrhundertroman über die Jahrhundertkatastrophe: den Zweiten Weltkrieg.

Wassilij Grossman, geboren 1905, hatte als junger Chemie-Ingenieur einige Erzählungen publiziert, war von Maxim Gorkij »entdeckt« und als äußerst begabter, realistischer Epiker gefördert worden. Zwischen 1941 und 1945 war er Frontberichterstatter. Seine Skizzen gehörten zu den bedeutendsten literarischen Zeugnissen des Kriegsgeschehens. Aber bald nach dem Kriege griff die offizielle Kritik sein Drama »Wenn man den Pythagoräern glaubt« (1946) heftig an. Ihm wurde »abstrakter Humanismus« und »idealistischer Kulturpessimismus« vorgeworfen.

Noch heftiger und bedrohlicher waren die Attacken, als er den Stalingrad-Roman »Für die gerechte Sache« (1952) veröffentlichte. Man bezichtigte ihn der »Schwarzmalerei«, der »Abwertung heroischer sowjetischer Kriegführung«. Anders als die meisten seiner Kollegen aber ließ sich Grossman nie zu Schuldbekenntnissen zwingen. Er blieb verschlossen, schwieg und mied alle Diskussionen.

Seine Standhaftigkeit und seine ruhige Würde flößten auch den gehässigsten Funktionären Respekt ein. Selbst nach der »Verhaftung« des Manuskripts »Leben und Schicksal« wurde er nicht aus dem Schriftstellerverband, nicht einmal aus der Partei ausgeschlossen. Das alles geschah ja in den Jahren des »Tauwetters«, als Alexander Solschenizyns Erzählung »Ein Tag im Leben des Iwan Denissowitsch« in Millionenauflage gedruckt wurde und Chruschtschow persönlich den Autor allen sowjetischen Schriftstellern als Musterbeispiel pries.

Grossman wagte mehr. 1963 verfaßte er einen Kurzroman, »Alles fließt«, in dem er offen und leidenschaftlich mit dem sowjetischen System abrechnete und erstmals in der sowjetischen Literatur die schreckliche Hungersnot der Jahre 1932/33 schilderte. Dieses Manuskript übergab er dem *Samisdat* (Selbstverlag) (Deutsche Ausgabe 1972). Ein Jahr später, im September 1964, starb der Autor. Kurz vor seinem Tode sagte er zu einem Freund: »Man nennt es Krebs, aber in Wirklichkeit hat man mich in einem dunklen Torweg erwürgt.«

Sein Roman »Leben und Schicksal« erschien 1980 in russischer Sprache in der Schweiz. Noch immer ist es nicht möglich, die dramatische Geschichte der geretteten Kopien bekanntzugeben. Nur einer der aktiven Retter darf genannt werden: Wladimir Wojnowitsch, der heute in München lebende Epiker, Dramatiker, Lyriker und Essayist, Autor des satirischen Romans »Die denkwürdigen Abenteuer des Soldaten Iwan Tschonkin«. Er war es, der das mehr als 1000 Seiten starke Manuskript von »Leben und Schicksal« mehrmals fotografiert hatte und die Filme bereits 1975 in den Westen schaffen ließ.

Als Lew Tolstoj an dem Roman »Krieg und Frieden« arbeitete, schrieb er in einem Brief: »Bei dem Historiker erhalten die einzelnen Personen ihre Bedeutung durch den Anteil, den sie an den historischen Ereignissen nehmen, durch ihre Verbindung mit den Ereignissen. Für den Schriftsteller wäre es falsch, die Menschen nur aus dieser Verbindung heraus zu zeigen. –

Für den Historiker ist der Held dazu da, daß er irgendein Ziel verwirklicht. Bei dem Künstler darf und kann es keine Helden in diesem Sinne geben. Mit allen ihren Gedanken müssen die dargestellten Personen mit allen Seiten des Lebens zusammenhängen, keine Helden sein, sondern Menschen.« Tolstoj betonte damals: »Ich werde nicht über Napoleon und nicht über Alexander schreiben, sondern über freie Menschen, über unabhängige Menschen...«

Diese Grundsätze von Tolstojs historischer Prosa sind auch die Grossmans. Er schildert nicht nur die Ereignisse an der Front, im Hinterland, in sowjetischen und deutschen Konzentrationslagern, nicht nur Leben und Schicksale einzelner Menschen. Ihm geht es um »Zusammenhänge«. »Leben und Schicksal« ist ein historischer, sozialpolitischer und philosophischer, gleichzeitig aber auch ein Familienroman. Im Mittelpunkt der Handlung steht die Sippe der Schaposchnikows, Männer und Frauen aus drei Generationen. Sie, ihre Freunde, ihre Geliebten, Kollegen und Widersacher gehören allen sozialen Schichten an. Sie leben an verschiedenen Orten, wirken in verschiedenen Berufen. Den Rahmen aber bildet Stalingrad, die entscheidende Schlacht des Zweiten Weltkriegs.

Und erstmals wird in der sowjetischen, in der internationalen Literatur überhaupt eine unwiderlegbare Wahrheit deutlich: daß es gewöhnliche Menschen sind – Russen, Deutsche, Ukrainer, Tataren –, die sich verzweifelt bekämpfen. Und daß diese Völker von zwei nur äußerlich unterschiedlichen, ihrem Wesen nach aber grundsätzlich verwandten, unmenschlich grausamen Staatsmachten verführt und unterdrückt wurden.

Eine Rechtfertigung des Nazireichs gibt es nicht. Der Hitler-Staat begann einen Eroberungskrieg und führte ihn mit mörderischer Rücksichtslosigkeit.

Doch zeigt der Künstler und Historiker Grossman auch, daß der Stalin-Staat in diesem – für die Russen und die meisten Sowjetvölker wirklich vaterländischen – Krieg an all den Leiden und Opfern mitschuldig wurde.

Grossmans Epos ist durchdrungen von einer allumfassenden

Liebe zu Rußland, zu seinem Volk und zu seiner Sprache. Diese Liebe wird nicht vordergründig, nicht nur rhetorisch verkündet; sie lebt und wirkt in allem, was der Autor plastisch gestaltet – wie er es tut und die Leser mitfühlen und mitleiden läßt. Auf Grund seiner jüdischen Abstammung, der Erinnerungen an seine Kindheit und seine frühe Jugend ist er besonders empfänglich für die Schrecken und Greuel der Hitlerschen Endlösung.

Die zentrale, politisch-symbolische Passage des Romans: Die Soldaten der kleinen Abteilung des Hauptmanns Grekow – Verteidiger des hart umkämpften Hauses »sechs Strich eins« – trotzen den an Zahl und Waffen weit überlegenen Gegnern, trotzen allem bis zum letzten, tödlichen Gefecht. Auf diesem winzigen Fleck ihrer Heimaterde, abgeschnitten von all den anderen Truppenteilen, kämpfen sie nicht für eine Ideologie, sondern als freie und unabhängige Menschen. Eben deswegen sind die politischen Offiziere in den höheren Kommandostellen besorgt und mißtrauisch. Sie wittern in dem verwegenen Haufen gefährliches, antisowjetisches »Partisanentum«. Realistisch und sinnbildlich zugleich sind hier die Gesetzmäßigkeiten verdichtet, die der ganze Roman vielfach gestaltet, die letztlich auch das Schicksal des Autors, die »Verhaftung« seines Manuskripts verursachten.

Selbstlose Heimatliebe und der durch den Krieg wiederbelebte uralte Freiheitsdrang, der feste Glaube an die Ideale des Sozialismus und die ungebrochene soldatische Fahnen- und Kameradentreue, das sind die geistigen Kräfte, die den sowjetischen Widerstand 1941/42, die siegreichen Offensiven 1943 und 1945 und das Leben von Wassilij Grossman bestimmten. Doch auch manche bösen Gewalten wirkten dabei mit: der altbolschewistische Fanatismus, die neu-stalinistische »Kadermacht« und Opportunismus jeder Art – aus Angst, aus Einfalt, aus Gewohnheit.

Die Schlacht um Stalingrad ist eine historische Tragödie. Der heldenhafte Einsatz der gewöhnlichen Menschen an der Front und in der Rüstungsindustrie fügte dem Hitlerreich die verdiente zerschmetternde Niederlage zu. Zugleich brachte er dem unmenschlichen Stalinschen Staat einen unverdienten Triumph.

Eben diese Tragödie schildert Grossmans Roman: Hier sind die unvergänglichen Lebensgesetze der Menschlichkeit und zeitbestimmten Schicksale erkennbar, ebenso wie die Wurzeln und Quellen der vergangenen und gegenwärtigen historischen Entwicklungen, auch die sozialpsychologische Vorgeschichte der heutigen Nomenklatura! Gestalten wie die Kommissare Getmanow und Neudobnow könnten auch Breschnew oder Tschernenko heißen.

Das KGB sah sich gezwungen, die Manuskripte »zu verhaften«, und die Parteiführung mußte versuchen, den Dichter mundtot zu machen. Aber das Manuskript entkam und wurde zum Buch »Leben und Schicksal«.

Wer die Wahrheit über die schicksalsschwere gemeinsame Vergangenheit von Deutschland und der Sowjetunion, über den Verlauf und die entscheidenden Antriebskräfte des Zweiten Weltkriegs, über die Wesenszüge der totalitären Staatsmächte erkennen will, wer es heute ernst mit Freiheit und Frieden meint, der muß »Leben und Schicksal« aufmerksam und geduldig lesen – immer wieder.

Sind Wahrheit und Moral mit Politik vereinbar?

1.

Nach Erscheinen dieser Besprechung des Grossman-Romans erhielt ich viele freundliche, zustimmende, aber auch einige kritische, und einige ganz böse Briefe.

In den letzteren kamen solche oder ähnliche Meinungen und Mißverständnisse zum Ausdruck wie die, die hin und wieder auch früher von jüngeren Lesern und Hörern als Gegenargumente zu meinen zeitpolitischen Ansichten geäußert wurden. Deswegen muß ich mich mit diesen Erwiderungen so objektiv wie möglich auseinandersetzen.

Die heftigsten meiner Kritiker behaupten, daß ich durch eine abwertende und negative Darstellung des »russischen Staates« ein falsches Bild von der Sowjetunion vermittle und damit den politischen Reaktionären im Westen diene; daß ich den sowjetischen Staat mit dem nationalsozialistischen gleichzustellen wage und dadurch Haß auf die Russen und auf ihre Freunde im Westen lenke, Feindbilder zu erzeugen helfe; daß ich den friedlichen Kräften, die von der UdSSR angeführt würden und die unterdrückten Völker der Dritten Welt in ihrem Kampf gegen den Imperialismus unterstützten, Schaden bringe, dagegen aber den kapitalistischen Westen unterstütze usw.

Als ich solchen altbekannten propagandistischen Thesen die unbestreitbaren Tatsachen, die schlichte Wahrheit über die Ereignisse der Zeitgeschichte, die jedermann erkennen kann, entgegenhielt, wurde ich entweder einfach überhört oder kurz und wenig höflich abgewiesen, – »nicht sein kann, was nicht sein darf« – oder aber wortreich darüber belehrt, daß ich nichts von der historischen Dialektik und nichts von der Soziologie des Ost-West-Konflikts verstünde, daß Wahrheit, Menschlichkeit, Moral nur abstrakte Begriffe seien, die von der bürgerlichen Propaganda als Instrumentarium mißbraucht würden, und ich nur nicht kapieren wolle, daß, wenn es um Politik gehe, es keine gewöhnliche Wahrheit geben könne. Die Anspruchslosesten meiner Opponenten beriefen sich einfach auf »Klassenstandpunkte«, auf politische Interessen und Parteilichkeit im alten Stil der Leninschen und Stalinschen Rhetorik. Die intelligenteren Kritiker traktierten mich verächtlich mit Spekulationen über »Funktionalisierung« oder »Instrumentalisierung« der Wahrheit, um zu beweisen, daß ein so abstrakt moralistischer Einfaltspinsel wie ich in konkreten soziologischen und politischen Problematiken nichts zu suchen habe.

Auf solche Vorwürfe habe ich mehrmals in Gesprächen und einige Male auch in Briefen folgendermaßen geantwortet.

Die Behauptung, daß ich den »russischen Staat« und die Russen abfällig darstelle, trifft nicht zu, denn jedesmal spreche oder schreibe ich von dem *Stalinschen* oder *sowjetischen Staat,* der das russische Volk noch schlimmer als alle anderen Völker in seinem Herrschaftsbereich unterdrückt. 1945 wurde ich verhaftet und später zu zehnjähriger Haft verurteilt, weil ich das deutsche Volk, die deutsche Nation nicht mit dem NS-Staat und seinem Machtapparat gleichsetzen wollte, was übrigens meinen damaligen marxistischen Ansichten durchaus entsprach. Um so weniger könnte ich heute die Russen mit dem sowjetischen Staat identifizieren.

2.

An dieser Stelle will ich keinen von meinen Kritikern beim Namen nennen. Ich möchte niemanden kränken, andererseits aber auch niemandem zu überflüssiger Publizität verhelfen, denn es geht ja nicht darum, wer besser, geschickter, erudierter argumentiert, sondern um den schlichten Grundsatz: Eine Politik, die nicht auf Wahrheit aufgebaut ist, ist falsch, ist menschenfeindlich, unabhängig davon, mit welchen Idealprogrammen oder wohlgemeinten Zielen und wissenschaftlichen Theorien sie motiviert wird.

Schädliche Wahrheit, ich ziehe sie vor dem nützlichen Irrtum. Wahrheit heilet den Schmerz, den sie vielleicht uns erregt.

(Goethe)

Manche der jüngeren politischen Theoretiker von heute glauben leider, daß Goethe veraltet beziehungsweise bürgerlich und deswegen für sie nicht maßgebend sein könne. Doch sowohl Marx wie Lenin, die ihnen vielleicht eher passen, haben sich oft und gerne auf Hegels Maxime: »Die Wahrheit ist konkret« berufen. Das war übrigens auch der Wahlspruch von Bertolt Brecht.

Den »dialektischen« Kunstgriff der Trennung zwischen Wahrheit und ihrer Funktion benutzten sowohl die nazistische wie die stalinistische Propaganda und Pädagogik, waren sie doch auf zweckbewußten Verzerrungen oder Relativierungen konkreter Wahrheiten begründet.

Einst gehörte auch ich zu denen, die glaubten, daß es nützliche und schädliche Wahrheiten gebe, daß die »große Wahrheit« der Partei (oder des Staates, der Nation, der eigenen Ideologie) dazu berechtige, alle ihr widersprechenden Tatsachen als »kleine Wahrheiten« zu unterdrücken oder rücksichtslos zu leugnen, dagegen aber strategisch und taktisch effektive Zwecklügen ohne weiteres zu verwenden.

Die Erfahrungen unseres Jahrhunderts zeugen eindeutig davon, daß manche gräßlichen Verbrechen totalitärer Gewaltherrschaft auch darum begangen wurden und werden, um die Wahrheit, die ihren Mythen und Legenden widerspricht, brutal zu bekämpfen. Vor Stalins Tod waren es Millionen, heute sind es »nur« mehrere tausend Menschen, die verhaftet, gefoltert und jahrelang eingesperrt werden, weil sie offen den Behörden unangenehme Wahrheiten sagten oder schrieben.

Manche westliche Links-Intellektuelle reden und schreiben ungestört und ungefährdet über Willkür und Unmenschlichkeit in ihren Ländern und auch in anderen Teilen der Welt, allerdings nur soweit es ihrer parteilichen Einstellung entspricht. Dabei verschweigen sie die Wahrheit über den Massenmord in Afghanistan, über die fünfjährige Folterhaft von Sacharow, über ungerechte Verfolgungen in der UdSSR, in Polen, in der Tschechoslowakei.

Dort werden Wahrheitssucher verhaftet und verurteilt, oft nur, weil ihre Gedanken – eben bloß Gedanken und Worte – den Behörden mißfallen. Alle diejenigen, die solche Tatsachen verneinen oder bagatellisieren, weil sie zu ihren theoretischen Doktrinen und ihren tagespolitischen Parteiinteressen nicht passen, machen sich dadurch mitschuldig an den Verbrechen gegen die Menschlichkeit, kaum viel weniger als die bewußten Zyniker, die als Söldner einer Lügenpropaganda angeheuert werden.

Es ist eine konkrete Wahrheit unseres Jahrhunderts, daß totalitäre Staaten, die unterschiedlich genannt werden – nationalsozialistisch oder »real«-sozialistisch, faschistisch oder volksdemokratisch, christlich-konservativ oder islamisch-revolutionär –, sich in politischen und administrativen, besonders in geheimpolizeilichen Strukturen wesentlich gleichen, denn sie alle sind auf Willkür und Verachtung der Menschenrechte aufgebaut. Sie entrechten nicht nur einzelne Menschen, sondern auch ganze Stände, ethnische Gruppen. So wurden in der UdSSR Krimtataren, Wolgadeutsche, Kalmücken, Tschetschenen, Inguschen eben als ganze Völkerschaften entrechtet und Tausende von Kilometern weit von ihren Heimatorten verbannt. So werden heute Ungarn in Rumänien und in der Slowakei, Türken in Bulgarien, Kurden im Iran und in der Türkei, alle Schwarzen in Südafrika diskriminiert und unterdrückt.

Was berechtigt mich, in vielen Fällen den Sowjetstaat mit dem Nazistaat zu vergleichen, daß es einigen Kritikern beinahe frevelhaft erscheint?

1931–32, als die Stalinsche Regierung die Komintern bereits endgültig in ein Werkzeug ihrer imperialen Weltpolitik verwandelt hatte, zwang sie die KPD zu einem verhängnisvoll selbstmörderischen Kampf gegen den »Sozialfaschismus« (SPD), gegen alle demokratischen Parteien Deutschlands und ebnete damit der NSDAP den Weg zur Macht. Das könnte noch als strategischer Fehler gelten. Aber mehrere Historiker haben nachgewiesen, daß Stalin und Molotow bereits 1934 und 1935 geheime Verhandlungen mit Hitler begonnen hatten, von denen sogar der damalige sowjetische Außenminister (Volkskommissar) Litwinow nichts wußte. Ebenso geheim waren vorher (1923–25) sowjetische Waffenlieferungen an die »Schwarze Reichswehr« und 1924–33 die verborgenen Offiziersschulen der Reichswehr in den kleinen russischen Städten Lipezk und Wolsk.

Hitler, Goebbels, Himmler und Ley haben viel aus den Erfahrungen der UdSSR gelernt, sowohl für die propagandistischen, organisatorischen Praktiken der HJ, der Arbeitsfront, der »Kraft durch Freude«, als auch für die terroristisch-polizeilichen Methoden der Gestapo, der ersten KZs (Dachau, Oranienburg und andere), die in manchem den Vorbildern der GPU/NKWD und der sowjetischen Straflager (Solowiki, Weißmeer-Kanal) nachgebaut wurden. Ihrerseits lernten auch Stalin, Molotow und Berija von den deutschen »Kollegen«, so an dem Beispiel des 30. Juni 1934, als angebliche Röhm-Putschisten massakriert wurden. Am 1. Dezember desselben Jahres wurde Kirow, Stalins treuer Freund, den er aber als Rivale verdächtigte, ermordet; darauf folgten die Jahre des Terrors. 1935–41 wurden neun bis zehn Millionen Menschen verhaftet, Zehntausende von ihnen zu Tode gefoltert, hingerichtet; Hunderttausende starben in Straflagern. Die Verurteilten und Hingerichteten waren überwiegend loyale Staatsbürger, linientreue Parteigenossen, überzeugte Anhänger Stalins, unter ihnen auch ausländische Kommunisten und Antifaschisten: Deutsche, Polen, Ungarn und andere.

Vom Ausmaß des Terrors dieser Jahre wurde während des »Tauwetters« 1956–62 in der Sowjetunion auch offiziell einiges bekannt: z.B., daß zwei Drittel aller Delegierten des XVII.

Parteitages, der 1934 tagte, und drei Viertel des von ihm gewählten Zentralkomitees in Gefängnisse und Lager kamen. Die meisten wurden erst 1954–56 posthum rehabilitiert.

1939 konnte der Zweite Weltkrieg erst nach Abschluß des Hitler-Stalin-Pakts ausgelöst werden. Sowjetische Truppen fielen als Hitlers Bundesgenossen dem verzweifelt kämpfenden Polen in den Rücken; die aggressiven Reiche teilten das Land untereinander auf. Daraufhin wurden die drei baltischen Republiken, Bessarabien und die Bukowina dem Sowjetimperium einverleibt. Nur der einmütige Widerstand des finnischen Volkes rettete es vor dem gleichen Schicksal. Sowjetische Lieferungen von Öl und anderen Rohstoffen, Getreide usw. trugen entscheidend zu den Erfolgen der Wehrmacht 1940 im Westen bei. Als der deutsche Botschafter am 22. Juni 1941 die Kriegserklärung überbrachte, sagte Molotow: »Das haben wir nicht verdient.« Mit Recht: Die Sowjetregierung hatte bis dahin treu an diesem Teufelspakt festgehalten.

1941–45 waren Millionen sowjetischer Staatsbürger an der Front und im Hinterland der Staats- und Parteiführung, dem Oberkommando bedingungslos ergeben, obwohl auch damals manche wußten, daß die schrecklichen Niederlagen des ersten Kriegsjahres – die schwersten Opfer unserer Völker und Armeen – auch von der eigenen Führung mitverschuldet waren. 1936–41 wurden 82 000, mehr als vier Fünftel aller höheren Offiziere des Heeres, der Luftwaffe, der Marine und viele Rüstungsfachleute verhaftet und zum Teil umgebracht. Die Rote Armee verlor im Frieden mehr an Führungskräften, als eine nach schwersten Niederlagen dezimierte Armee verlieren konnte. Im Juni 1941 waren weder die Streitkräfte noch die Rüstungsindustrie auf einen Krieg vorbereitet. All das wurde in vollem Ausmaß erst viel später bekannt. Darüber schrieben viele russische Autoren. Bücher von Wladimir Wojnowitsch, Semjon Lipkin, Pjotr Grigorenko sind auch in der Bundesrepublik auf deutsch erschienen. Besonders umfassend gestaltet Wassilij Grossman dieses Problem in seinem Roman »Leben und Schicksal«.

Die Schlußfolgerung meiner Besprechung, die von einigen Lesern so heftig verurteilt wird, zog ich bereits früher aus anderen Erkenntnissen. Ich schrieb 1976 aus Moskau in einem Beitrag für die ZEIT:

> Am 22. Juni 1941 verurteilte Hitler sein Imperium zum Untergang, damit zugleich rettete er das Stalinregime vor Zusammenbruch und Bankrott. Der Krieg... wurde für das russische Volk und die Mehrheit der übrigen Völker der Sowjetunion zum Vaterländischen Krieg. Er weckte die besten Kräfte im Land, die trotz der Niederlagen und Verluste, trotz anderslautender rationaler Berechnungen fremder Strategien ständig wuchsen. Unser Volkssieg vollendete den verdienten Zusammenbruch des Hitlerschen Totalitarismus, er führte zugleich damit zum unverdienten Triumph des Stalinschen Totalitarismus. Zu diesem Triumph trugen die ungeheuerlichen Barbareien der Okkupanten und die dilettantische Strategie des »Führers« nicht wenig bei.

Selbstverständlich vergleiche ich in diesem Zusammenhang nicht die gegensätzlichen Weltanschauungen. Die sozialistischen und kommunistischen Ideale von Marx und Engels, denen meine Freunde und ich bedingungslos anhingen, sind bis heute nicht verwirklicht worden. Der sogenannte »reale Sozialismus« ist nichts als eine Pervertierung der ursprünglichen utopischen Modelle.

Manche Menschen im Westen empören sich, wenn Stalinismus und Nationalsozialismus »auf eine Stufe« gestellt werden. Wenn diese Empörung begründet werden soll, erweist sich, daß der Nationalsozialismus ihnen deswegen unvergleichlich schlechter als der Stalinismus erscheint, weil die Nazis alle demokratischen Freiheitsideale offen verneinten und ihren Rassismus, ihre unverhohlene Eroberungssucht lauthals verkündeten. Dagegen aber beschworen die Stalinisten (Maoisten, Titoisten, Polpotisten und andere) so inbrünstig die proletarische Demokratie, den Sozialismus, Frieden und Völkerfreundschaft, daß man ihnen einige totalitäre Schönheitsfehler nachsehen zu können meint.

Solche »Logik« überraschte mich mehrmals in Schriften und Reden, sowohl bei linken, marxistischen wie liberalen, konservativen, christlichen Opponenten. Kaum einer von ihnen wollte anerkennen, daß der Grund für seine Verharmlosung des sowjetischen Systems, die von ihm selbst als Russenfreundschaft aufgefaßt wird, in einer »bewußt unbewußten« Überheblichkeit liegt. Diese Überheblichkeit besteht darin, daß man der »sozialpsychologischen Eigenart« des russischen Volks – seiner angeblichen Gewöhnung an autokratische Herrschaft – und der »geheimnisvollen russischen Seele« – ihrer unendlichen Leidensfähigkeit – glaubt zumuten zu können, was man als Westeuropäer für sich und seinen Staat ablehnen würde.

Aus der Geschichte kann man erkennen, daß, obwohl die *staatspolitischen Traditionen* von Iwan dem Schrecklichen über andere schlimme Zaren zu Stalin führen, die *geistigen Traditionen* des russischen Volkes, der russischen Nationalkultur, sich dagegen im steten Widerstand zu diesen Überlieferungen entwickelten – in einem offenen oder stillen Widerstand oder auch unabhängig von den Ansprüchen aller alten und neuen Tyranneien.

3.

Mit keinem bewußten oder gutgläubigen Wahrheitsspalter will ich persönlich darüber diskutieren – gleich ob er sich christlich, sozialistisch, grün oder liberal nennt, ob er ein Salonkommunist oder ein Neonazi ist –, mit welchen idealen und uneigennützigen Absichten er sein Mißachten der Wahrheit begründet. Es ist keine theoretische Polemik für mich, sondern eine Auseinandersetzung mit einer absolut unmoralischen Haltung angesichts höchst wichtiger, alle Menschen angehender politischer Probleme.

William E. Gladstone, der große britische Liberale, pflegte zu sagen: »Was moralisch falsch ist, kann auch politisch nicht richtig sein.«

1864 schrieben Marx und Engels in den Schlußsätzen ihrer »Inauguraladresse der internationalen Arbeiter-Assoziation«

(die man später die I. Internationale nannte), daß ihr Ziel sei: »...die einfachen Gesetze der Moral und des Rechts, welche die Beziehungen von Privatpersonen regeln sollten, als die obersten Gesetze des Verkehrs von Nationen geltend zu machen.«

1877 schrieb Dostojewskij: »Was für den Menschen als Person recht ist, das soll auch für die ganze Nation billig sein.«

Und etwa ein Jahrzehnt später schrieb Wladimir Solowjew: »Die völlige Trennung zwischen Moral und Politik gehört zu den hauptsächlichen Verirrungen und Übeln unserer Zeit.«

Diese großen Männer vertraten ganz verschiedene, ja entgegengesetzte Weltanschauungen, sie waren in Politik und Philosophie unversöhnliche Gegner. Aber in ihren Ansichten über Moral und Politik stimmten sie überein. In unserem Jahrhundert, in dem politische Unmoral zu einer planetaren Katastrophe führen kann, ist eine solche Übereinstimmung in Ansichten und Praktiken verschiedener Völker und verschiedener Parteien lebensnotwendig für die gesamte Menschheit.

Es geht um Wahrheit

(Ein Gespräch mit Gertrud Höhler)

Höhler: Herr Kopelew, Sie wehren sich, wenn man Sie einen Dissidenten nennen will. Was verbinden Sie mit diesem Begriff, und wie würde man Sie besser bezeichnen?

Kopelew: Dieser Begriff ist teils durch die Massenmedien im Westen, teils durch eigene Leute zu einer Art von parteilichem Begriff geworden. Ich gehöre aber zu keiner Partei und will auch zu keiner gehören. Ich setze mich für Menschenrechte ein, aber ebenso wie Andrej Sacharow im Namen der absoluten Gesetze der Menschlichkeit, im Namen auch der existierenden internationalen Vereinbarungen und der offiziellen Gesetze der Sowjetunion. Das ist mein ganz persönliches Programm, und dazu bekenne ich mich. Ich setze mich für kein politisches Programm ein.

Höhler: Wenn Sie die bevorstehenden Feiern zum 8. Mai 1945 und ihre Vorbereitungen und die Diskussionen betrachten, wie könnten wir denn wohl diesen Tag begehen?

Kopelew: Mit Wahrheit über die Vergangenheit. Und das heißt, es sollte nichts verheimlicht werden von den Verbrechen, die im Dritten Reich, die während der Schreckensherrschaft der Nazis begangen wurden. Aber auch die Verbrechen des Stalinschen Regimes sollen nicht geheim bleiben, so wie man es jetzt im Osten zu machen versucht. Dort wagt man ja gerade zu diesem Anlaß eine neue Rehabilitierung Stalins. Es darf nicht vergessen werden, daß der Krieg, der im Mai 1945 endete, im August 1939 begann, und zwar erst nachdem Hitler und Stalin ihren Teufelspakt geschlossen hatten; daß kurz nachdem die Wehrmacht Polen überrannt hatte, die Truppen der Roten Armee als

Verbündete ihr vom Osten entgegenkamen; daß den Vertrag über die Teilung Polens Ribbentrop und Molotow unterschrieben haben – Molotow, der erst kürzlich in Moskau rehabilitiert wurde.

Das alles darf am 8. Mai nicht vergessen werden. Denn wenn man die Vergangenheit vergißt, dann riskiert man, die alten Fehler, die alten Verbrechen neu zu erleben.

Höhler: Sie sind ja nun damals im Zweiten Weltkrieg ein Soldat gewesen in der russischen Armee, der geglaubt hat, dies sei der letzte aller Kriege.

Kopelew: Ja, das glaubte ich. Ich habe mich freiwillig gemeldet, am ersten Kriegstag, für Rußland der erste, am 22. Juni 1941, und blieb bis April 1945 Propaganda-Offizier für die Gegnertruppe. Bis zuletzt glaubte ich, daß es ein gerechter Krieg war, den wir führen mußten. Wir kämpften um die nationale Existenz aller Völker der Sowjetunion. Und die Niederlage, die katastrophale Niederlage der Hitlerschen Wehrmacht und des Hitlerschen Staates wurde ja zum großen Teil von unseren Menschen erkämpft. Die Entscheidung fiel bei Stalingrad, bei Orel, noch bevor die Offensive im Westen begann. Aber die gerechte Niederlage der Naziherrschaft führte gleichzeitig zu einem ungerechten Triumph des Stalinschen Regimes. Man darf nicht die Opfer vergessen, die die Völker der Sowjetunion an der Front gebracht haben, aber auch nicht die Opfer, die später von ihnen verlangt wurden. Sowjetische Soldaten, die in der Kriegsgefangenschaft waren, Frauen und Männer, die als Ostarbeiter im Dritten Reich ausgebeutet wurden, kamen zum größten Teil wieder in Lager, in Stalinsche Lager. Diese Opfer darf man auch nicht vergessen.

Höhler: Und Sie sind ein solches Opfer Stalinscher Lager ja selbst gewesen, fast ein Jahrzehnt lang.

Kopelew: Ich bin nicht verhungert, bin nicht gestorben. Viele aber sind verhungert, viele sind gestorben. Man darf auch nicht die Opfer der vertriebenen Völker vergessen.

Höhler: Und wenn Sie jetzt als jemand, der hier lebt, teilnehmen an diesen Monaten des Jahres 1985. Denken Sie, daß Sie etwas tun können, um zu korrigieren, was da womöglich falsch gemacht oder was vergessen wird?

Kopelew: Immer wieder daran erinnern! Eben das sollen meine Freunde und alle, die so denken und fühlen wie wir. Immer wieder daran erinnern. Die Krimtataren, ein Volk, das 1945 aus seiner Heimat, der Krim, vertrieben wurde, dürfen immer noch nicht zurück. Die Wolgadeutschen, die Meßchen (islamische Georgier) dürfen es auch noch nicht. Die Kalmücken, Tschetschenen, Balkaren, Inguschen wurden in den Jahren des Tauwetters rehabilitiert, und die Überlebenden kehrten nach zwölf bis vierzehn Jahren Verbannung zurück in ihre Heimatorte. Als Völker waren sie vertrieben worden, sie waren auch Kriegsopfer. Das darf man auch nicht vergessen. Und es werden immer noch Opfer gebracht. Der krimtatarische Menschenrechtler Mustafa Dshemilew, für den Sacharow sich mehrmals einsetzte, ist zum sechsten oder siebten Mal wieder verhaftet.

Höhler: Sie sind ja nun immer schon, auch durch das Fach, das Sie studiert haben, ein Kenner Deutschlands und der deutschen Literatur gewesen, und Ihre Anklage damals am Kriegsende hat gelautet: Glorifizierung der bürgerlichen deutschen Kultur und Mitleid mit dem Feind. Dem Feind, in dessen Land Sie heute leben. Wie erklärt sich eine solche Anklage, wie haben Sie sie damals verstanden?

Kopelew: Was ich damals getan und gesagt habe, habe ich mit bestem Wissen und Gewissen, als überzeugter Kommunist und Marxist gesagt und getan.

Höhler: Erzählen Sie mal, was Sie da getan haben, als Sie deutschen Soldaten begegnet sind und deutscher Bevölkerung.

Kopelew: Ich war da nicht der einzige; das wird hier immer so dargestellt, als ob ich ein Ausnahmefall gewesen wäre. Ich war kein Ausnahmefall. Ich habe nur mehr leiden müssen; viele meiner Kameraden und Freunde haben ebenso gedacht und gehandelt wie ich. Wir waren fest überzeugt, daß man das Nazireich und das deutsche Volk nicht gleichsetzen darf. Die

Nazis, die sind für kurze Zeit da, aber das Volk existiert Jahrhunderte, Jahrtausende, und so ist es in allen Ländern, bei allen Nationen. Staatsmacht und Nation dürfen nicht gleichgesetzt werden. Das behauptete ich, darüber sprach ich auch damals. Deswegen war ich gegen alle wüsten Aufrufe zur Rache. Es waren nicht alle Sowjetsoldaten, nicht mal die Mehrheit, die sich gemein benommen haben. Es waren einige Tausende von Millionen. Aber den Opfern, denen, die darunter gelitten haben, schien es oft, alle Rotarmisten plünderten, vergewaltigten, mordeten. Ich wurde verhaftet, weil ich zu laut gegen solche Verbrechen protestierte und weil meine Vorgesetzten mich nicht mochten.

Höhler: Sie sprachen laut, und Sie tun das eigentlich immer, und Sie haben viel von der Macht des Wortes gesagt. Nicht nur in Ihrer Rede zum Friedenspreis des Deutschen Buchhandels 1981, sondern eigentlich in allen Ihren Büchern, auch in den Erinnerungsbüchern. Sie glauben an die Macht dessen, was gesagt und geschrieben wird. Sie machen darauf aufmerksam, daß immer die Bücher als besonders gefährlich empfunden werden, wenn ein totalitäres Regime seine Macht antritt und erhalten will. Und wenn Sie diese Macht des Wortes für so gewaltig halten, kann man sie denn für die Menschenrechte, für den Frieden tatsächlich auch heute für wirksam halten?

Kopelew: Ja – kann man, soll man, muß man. Das hat ja Ihr Landsmann Heinrich Böll sehr schön ausgedrückt, er nannte die Sprache »den Hort der Freiheit«. Heute ist für mich die Sprache, das Wort die einzig annehmbare Waffe. Denn alle anderen Waffen können zum Auslöser einer Weltkatastrophe werden. Heute lesen wir in der Zeitung über den Prozeß in Thorn, wo die Vertreter einer bewaffneten Macht auf der Anklagebank sitzen – die Geheimdienstoffiziere, die Mörder des Priesters Popiełuszko. Das ist ein Beispiel des siegreichen Wortes. Popiełuszko ist tot. Aber sein Wort und sein Geist siegt. Siegt schon jetzt, unabhängig davon, was noch kommen kann.

Höhler: Ja, Sie haben einmal gesagt: Einzelne Leben sind sehr kurz, wenn man diese Siege des Wortes beobachten will. Ihr eigenes Leben ist nun sicher eines, in dem sehr viel möglich wurde, auch an Siegen, durch Sprache, durch Worte. Sacharow ist einer, dessen Worte für ihn selbst Unfreiheit zur Folge haben, keine Freiheit.

Kopelew: Ja, aber er bleibt innerlich ein freier Mensch. Das hat er im letzten Jahr bewiesen. Man hat ihn ja im Mai in ein Sonderkrankenhaus gebracht. Man hat ihn bis August mit Hypnose, mit Drogen behandelt. Man wollte ihn zwingen zu leugnen, was er früher gesagt hatte. Das wurde ja bereits angekündigt. Einer der ideologischen Funktionäre hat im Juli versprochen: Bald werden Sie eine Erklärung von Sacharow lesen. Und nachher mußten sie diese Filme – die zunächst in der Bild-Zeitung und dann auch im Fernsehen kamen – zeigen, als eine Art Entschädigung dafür. Sie konnten Sacharow nicht klein kriegen, seinen Willen nicht brechen. Und sein Schicksal ist symbolisch, ist exemplarisch für das vieler Menschen. Er ist ein genialer Wissenschaftler, er ist einmalig in seiner menschlichen Erscheinung. Aber zugleich vertritt er den wahren russischen nationalen Geist. Er vertritt die russische *Intelligenzija*, ihre hundertjährigen Traditionen. Und seine innere Freiheit bleibt ungebrochen, trotz alledem und alledem.

Höhler: Ja, was halten Sie denn von dem Verhalten der westlichen Länder gegenüber dem Problem Sacharow?

Kopelew: Da muß ich sagen, hier in der Bundesrepublik erlebe ich hin und wieder Enttäuschungen. In der massenmediösen Szene heißt es immer wieder, Sacharow sei keine »Story« mehr, das Thema sei nicht mehr sensationell genug. So haben die sowjetischen Propagandisten gerade das erreicht, was sie wollten – erst durch falsche Meldungen über seinen Tod, dann Dementi, dann dieser Film. Die kennen die Psychologie der Leute in westlichen Massenmedien. Sie sollten beruhigt werden: Der Sacharow lebt ja, also alles ist o.k., und man muß sich damit abfinden. – Nun ist er wieder zurück in seiner Wohnung in Gorkij, das heißt: in der Verbannung, in der Isolierung. Aber jetzt ist auch seine Frau verbannt, sie darf nicht aus Gorkij heraus, konnte nicht einmal ihre warme Kleidung für den Winter besorgen. Das soll alles gutgeheißen werden, weil es besser ist als der Tod, der bereits gemeldet wurde? Die amerikanischen Wissenschaftler verteidigen Sacharow viel aktiver als ihre bundesdeutschen Kollegen. Und eben solcher Aktivität, dem Druck von hier, dem Druck auch der vielen gewöhnlich nicht Prominenten aus der »amnesty international«, den Demonstrationen, die die »amnesty« und die »Internationale Gesellschaft für Menschenrechte« durchgeführt haben, dürfte es zu verdanken sein, daß man Sacharow aus dem Krankenhaus entlassen hat, um die schlimmsten Nachrichten über ihn dementieren zu können. Auch das ist ein Beispiel dafür, daß die Kraft des Wortes Erfolge erzielen kann. Und von der Kraft des Wortes zeugt auch, daß dieser Riesenstaat gegen einen Menschen so vorgehen zu müssen glaubt – dies wie auch alle Repressalien gegen die sowjetischen Menschenrechtler, die Dissidenten, gegen einen Geistlichen, Vater Gleb Jakunin, der seit Jahren im Lager sitzt, gegen Schriftsteller wie Leonid Borodin, Soja Krachmalnikowa, Felix Swetow, die eben nur durch ihr Wort gefährlich erscheinen, durch Gedichte und Romane, die sie schreiben. Daß diese Supermacht gegen wenige hundert Menschen so vorgeht, das zeugt ja von der Gewalt, die sie hinter ihnen vermutet.

Höhler: Aber Sie würden sagen, man könnte von hier aus noch mehr ausrichten?

Kopelew: Noch mehr – und man sollte es tun. Es ist sehr gut, daß jetzt in Genf Gromyko mit Shultz konferiert hat, gut, daß sie gesprochen haben. Aber Garantien, die einzig wahren Garantien für den Erfolg solcher Verhandlungen, gibt nur die Freiheit des Wortes. Die sowjetischen Behörden sollten die Menschenrechte achten auch gemäß den Vereinbarungen, die Gromyko selbst einst in der UNO und vor zehn Jahren in Helsinki unterzeichnet hat. Menschenrechte sind das Kriterium und die sicherste Garantie für die Vertrauenswürdigkeit einer Regierung.

Höhler: Sie haben, was die westliche Seite jetzt angeht, von den

Regierungen gar nicht gesprochen. Sie sprechen von Wissenschaftlern, von den Medien, von »amnesty international«. Glauben Sie, daß die...

Kopelew: Ja, auch von den Großindustriellen, von den Großfinanziers will ich sprechen; die haben dort in Moskau mehr Einfluß als die Regierung.

Höhler: Sie meinen, die haben mehr Einfluß auf die staatlichen Stellen?

Kopelew: Staatsmänner, die haben ihre Methoden zu verhandeln. Wissenschaftler und Politiker, die nicht zur Regierung gehören, Vertreter der Großindustrie und der Finanzen, der Literatur, der Kunst haben viele Möglichkeiten, um auf die sowjetischen Behörden einzuwirken und allein mit den Waffen des Wortes den Menschen in den Ländern des Ostblocks zu mehr Sicherheit und dadurch der Bundesrepublik in der ganzen Welt zu mehr Ansehen zu verhelfen.

Höhler: ... Meinen Sie, daß Ihre Erinnerungsbücher, die Sie geschrieben haben über die eigenen ideologischen Veränderungsprozesse, die Sie ja auch durchlaufen haben, der heutigen Jugend helfen können für die Zukunft?

Kopelew: Das möchte ich hoffen. Aber heute erscheint mir ganz besonders wichtig, was ich jetzt in Wuppertal, an der Bergischen Universität mache. Dort haben wir ein Forschungsprojekt »Deutsch-russische Fremdenbilder«. Wir untersuchen, wie Deutsche und Russen sich einander seit Jahrhunderten gegenseitig kennenlernten, sahen, beurteilten. Der erste Band, den wir 1985 herausgeben, enthält Beiträge von Fachwissenschaftlern verschiedener Universitäten und Institute der Bundesrepublik und Österreichs.

Sie haben erforscht und nachvollzogen, wie Rußland und Russen im deutschen Schrifttum vom frühesten Mittelalter bis zu Leibniz dargestellt und beurteilt wurden. Es wird ein Parallelband folgen, wie Deutschland und Deutsche im russischen Schrifttum vom frühesten Mittelalter bis zur Zeit der Aufklärung dargestellt wurden. In den nächsten Bänden werden Materialien aus späteren Jahrhunderten verarbeitet.

Höhler: Haben Sie denn als ein Kenner Deutschlands und ein Kenner Rußlands den Eindruck, daß diese beiden Völker sich besonders fremd sind? Oder daß sie nicht entdeckt haben, daß sie verbunden sind?

Kopelew: Nein, so eindeutig würde ich es nicht formulieren. Aber früher entstanden manche schlimmen Fremden- und Feindbilder, weil man voneinander einfach zu wenig wußte, weil man zu wenig Information hatte. Heute aber entstehen auch manchmal schlimme Feindbilder aus der Sintflut der Informationen, aus bewußt falschen oder einseitigen Berichten.

Die Schicksale der Deutschen und der Russen sind in Jahrhunderten fest verwoben. Zwei große russische Dichter dieses Jahrhunderts, Marina Zwetajewa und Boris Pasternak, fühlten sich mit Deutschland von Kindheit an wahlverwandt. In manchen ihrer Werke kann man deutsche geistige Quellen erkennen. Die einzige Stadt in der Welt, wo es eine Gedenktafel für Pasternak und auch eine Pasternak-Straße gibt, ist Marburg. In Moskau dagegen hat der Schriftstellerverband im Oktober 1984 das Landhaus in dem Dorf Peredelkino bei Moskau, in dem Pasternak 25 Jahre lebte und starb, von seinem Sohn und seinen Enkeln zurückverlangt. Die Vertreter des Schriftstellerverbands drangen, nachdem die Pasternak-Erben sich weigerten, das Haus zu verlassen, mit brachialer Gewalt ein, zerstörten brutal manches im Archiv und sogar das Klavier, auf dem außer Pasternak selbst die größten russischen Musiker – Heinrich Neuhaus, Maria Judina, Swjatoslaw Richter u.a. – spielten.

Die Pasternak-Straße in Marburg ist eines der Zeugnisse der wahren Verhältnisse zwischen unseren Völkern, zwischen dem geistigen Leben in Rußland und Deutschland.

Was russische Kultur und russische Literatur für Thomas Mann, Rainer Maria Rilke, Bertolt Brecht, Heinrich Böll, Anna Seghers u.a. große Deutsche bedeutet und was für Rußland die Werke der deutschen Klassiker und dieser eben genannten deutschen Autoren bedeuten, das vergeht niemals, das bleibt. Die Feindschaft, die im Kriege entstand, verging. Die geistigen Beziehungen, die in Jahrhunderten gewoben wurden, die bleiben.

Höhler: Würden Sie denken, wenn das gelingt, daß man konsequent auch zurück in die Geschichte solche Völkerverbundenheit – Sie haben das manchmal auch Kameradschaft genannt – beschreibt, glauben Sie, daß das Arbeit am Frieden der Zukunft ist?

Kopelew: Ja, die allerproduktivste, die allerwirksamste Arbeit am Frieden ist die mit dem Wort geleistete.

Höhler: Wie weit sehen denn wohl Ihre Freunde und die Schriftsteller, die noch in Rußland leben, was Sie hier tun? Wissen sie etwas davon? Gibt es Nachrichten?

Kopelew: Ja, einiges wissen sie schon... Es gibt sehr viele Literaten, die emigrieren mußten, die zur Emigration gezwungen wurden. Hier in der Bundesrepublik leben fünf sehr bedeutende russische Schriftsteller: Georgij Wladimow, Wladimir Wojnowitsch, Boris Chasanow, Alexander Sinowjew und der Lyriker Lew Druskin.

Höhler: Sie haben alle Verbindung untereinander?

Kopelew: Hin und wieder gibt es auch Verbindungen untereinander, obwohl manche verschiedener Ansicht sind. Doch sie alle sind russische Autoren, die über Rußland schreiben. Leider erscheinen nur wenige ihrer Bücher in deutscher Sprache und auch nicht so schnell, wie es sein sollte.

Höhler: Wo man Sie nun in den letzten Jahren sieht, tragen Sie dieses Abzeichen der polnischen »Solidarität«. Sie tun das sicherlich bewußt. Wenn es Abzeichen anderer Art gäbe, würden Sie sie wohl auch tragen. Aber damit wollen Sie etwas ausdrücken?

Kopelew: Ja, eben den Glauben an die Macht des Geistes. Denn Solidarność besteht ja bald fünf Jahre. Sie besteht und kämpft gewaltlos, tapfer, zäh und fruchtbar.

Höhler: Sie sehen mehr Sieg als Niederlage?

Kopelew: Ja, trotz aller Rückschläge, trotz aller schweren Schicksale, trotz des Märtyrer-Todes von Pfarrer Popiełuszko, trotz jahrelanger Haft mancher Solidarność-Leute. Sie behaupten sich immer wieder im gewaltlosen Kampf, im gewaltlosen Widerstand. Das ist ein Sieg des Geistes, des Wortes.

Höhler: Man hat häufig, wenn Sie Ihre Zuversicht äußern, sich gewundert, woher Sie diese Zuversicht nehmen. Sie haben auch christliche Glaubensinhalte häufig zitiert. Sie haben das Schicksal Christi selbst zitiert. Sie haben die Bergpredigt eine der gewaltigsten geistigen Botschaften genannt. Könnte man sagen, daß Sie aus christlichen Vorstellungen Ihre Zuversicht nehmen, oder ist das zu eng gefaßt?

Kopelew: Ich gehöre keiner Konfession an, und ich kann gewiß sagen, daß wenn ich in China oder in Indien gelebt hätte, würde ich mich vielleicht auf Buddha oder Laotse berufen. Heute ist für mich die christliche Botschaft das Höchste, was der Mensch erkannt hat, was die Menschen durch Jahrtausende weitergetragen haben; und trotz allerschwerster Prüfungen, trotz falscher Propheten und fanatischer Usurpatoren bleibt diese Botschaft ungeschwächt. Am Anfang war das Wort, und das Wort bleibt. Und das alles ist schon ein Sieg. Die Bergpredigt konnte man weder durch alle Mißdeutungen, noch durch alle Verbrechen, die im Zeichen des Kreuzes begangen wurden, zunichte machen.

Höhler: Sie denken also in sehr großen zeitlichen Dimensionen. Das ist etwas, was Ihnen womöglich leichter fällt als den Leuten in den reichen westlichen Ländern?

Kopelew: Dafür braucht man, glaube ich, ganz wenig Phantasie, um so denken zu können. Wenn man sich bloß erinnert, was vor drei-, vierhundert Jahren hier in Deutschland geschah, an die Bauernkriege, an den Dreißigjährigen Krieg, an die Zeit, wo Katholiken und Protestanten einander grausam bekämpften. Das alles ist vorbei. Noch vor hundert Jahren waren Monarchisten und Republikaner unversöhnliche Feinde. Sozialdemokraten wurden als vaterlandslose Gesellen verfolgt. Das hat sich alles gründlich verändert.

Höhler: Sie haben in Ihrer Friedenspreisrede gesagt: »Deutschland war in meiner Kindheit die Heimat meiner Träume?« Nun ist der Traum Wirklichkeit geworden, wie sieht es aus damit?

Kopelew: Manchmal sieht es recht schön aus. Allein in den letzten Wochen habe ich eine Verwirklichung mancher Träume erlebt. Ein Weihnachtskonzert: Bach in der Kirche »Maria im Kapitol«, die nach jahrelangen Restaurationsarbeiten aus Ruinen auferstanden ist. Und dann eine Reise nach Worpswede, die Bilder von Paula Modersohn-Becker, die ich früher nur in Reproduktionen gesehen habe - das waren großartige Erlebnisse, die ich kaum beschreiben kann. Und die Arbeit, die ich jetzt in Wuppertal mache, ist ja auch ein verwirklichter Traum. Aber es gibt noch mehr unverwirklichte. Vor zwanzig Jahren war ich in Weimar im Goethe-Haus und in Berlin im Brechthaus. Auch die möchte ich noch einmal wiedersehen. Und wenn das möglich wäre, dann könnte ich auch nach Moskau fahren. Aber das ist ein Glück, von dem ich heute noch nicht einmal zu träumen wage.

»Der Mensch dem Menschen ein Helfer«

Das Gedicht »An die Nachgeborenen« schrieb Bertolt Brecht
1937/38:

> Wirklich, ich lebe in finsteren Zeiten!
> Das arglose Wort ist töricht. Eine glatte Stirn
> Deutet auf Unempfindlichkeit hin. Der Lachende
> Hat die furchtbare Nachricht
> Nur noch nicht empfangen.

> Was sind das für Zeiten, wo
> Ein Gespräch über Bäume fast ein Verbrechen ist
> Weil es ein Schweigen über so viele Untaten einschließt!
> Der dort ruhig über die Straße geht
> Ist wohl nicht mehr erreichbar für seine Freunde
> Die in Not sind?

Brecht endete das bitter weise und traurige Gedicht mit einem
vertraulichen und hoffnungswarmen Vers:

> Ihr aber, wenn es so weit sein wird
> Daß der Mensch dem Menschen ein Helfer ist
> Gedenkt unsrer
> Mit Nachsicht.

Seitdem ist nun bald ein halbes Jahrhundert vergangen. Die
Nachgeborenen, die Brecht angesprochen hatte, sind auch meine Kinder und Enkel, meine Freunde, Bekannten, Leser, Hö-

rer – eigentlich alle jüngeren Menschen in der Sowjetunion, in Deutschland und in allen Ländern unserer Erde, auf der Verbindungswege und Verkehrsmittel immer besser, sicherer, schneller, aber manche Trennungsmauern und Grenzsperren immer dichter und gefährlicher werden.

Was kann, was darf heute unsereiner den Nachgeborenen, den Menschen des 21. Jahrhunderts, sagen? Einer, der einen Weltkrieg, der sowjetische Straflager erlebt hat, der von den ersten Atombomben und vom »kalten Krieg« als Zeitungsleser und Rundfunkhörer erfuhr, einer, der wohl aus der Ferne, aber mitleidend, mithoffend, den ungarischen Aufstand 1956, den Prager Frühling 1968, den verzweifelten Kampf der afghanischen Mujaheddins und den tapfer gewaltlosen Einsatz der Solidarność verfolgte; einer, der Andrej Sacharow und seine Freunde in ihrem Kampf für die Menschenrechte und Menschenwürde zu unterstützen versuchte...

Was kann, was darf ich aus all diesen Erkenntnissen und Erfahrungen schlußfolgern, das mich glauben ließe, es würde auch den Nachgeborenen irgendwie nützlich oder mindestens bemerkenswert erscheinen? Tolstoj, Tschechow, Kropotkin, Gorkij, Majakowskij, Brecht und andere mehr, jeder auf seine besondere Art, aber sie alle, ebenso wie einst Kant, Diderot, Goethe und Puschkin, glaubten an eine bessere Zukunft, hofften, daß ihre Nachkommen vernünftiger, menschlicher leben werden. Nun aber haben wir so gut wie nichts von den Träumen und Hoffnungen dieser Vorfahren verwirklicht und fühlen uns oft viel schwächer, viel weniger zuversichtlich und weniger zukunftsgläubig, als sie es waren. Heute können wir genau wie damals Brecht bekennen: »Wirklich, ich lebe in finsteren Zeiten!«

In den Tagen, da ich dieses schreibe, jagen sich böse Nachrichten: Der polnische Geistliche Popiełuszko wurde ermordet, Millionen Polen trauern, zürnen und bangen vor der Gefahr eines Bürgerkriegs – eines Massenbrudermordes. Indira Gandhi wurde erschossen. Fanatische Sikhs wollten die Unterdrückung ihrer Glaubensgenossen rächen. Darauf zogen Mengen rachedurstiger Hindus brandschatzend und mordend durch die Städte, chaotische, brutale Gewalt herrschte im Lande, wo Mahatma Gandhi einst mit erfolgreichem gewaltlosem Widerstand die Unabhängigkeit seiner Heimat erreichte. In Afghanistan sterben täglich Freiheitskämpfer, und sowjetische Hubschrauber bombardieren wehrlose Dörfer, Tausende Frauen und Kinder werden verstümmelt und getötet. In Chile und in Südafrika schießen Polizisten und Soldaten auf Menschen, die Gerechtigkeit verlangen. In Äthiopien, in den meisten Ländern Afrikas, Lateinamerikas und Asiens verhungern täglich Tausende von Kindern, und in Nordamerika und in Westeuropa verfaulen Millionen Tonnen von Lebensmitteln, und man zahlt den Bauern Prämien dafür, daß sie weniger Milch, weniger Getreide und Gemüse produzieren.

Staatsmänner und Politiker in allen Ländern reden unaufhörlich von Frieden, Freiheit, Humanität. Zugleich krachen Schüsse, krepieren Granaten, donnern Explosionen in London, in Brighton, in Beirut, in San Salvador, in Nicaragua, in Kambodscha, in Angola, im Baskenland.

Hier lebe ich in einem freien Land. Es liegt so fern von den Gefahrenzonen, wo geschossen und gemordet wird, daß die meisten meiner bundesdeutschen Mitbürger sich ganz und gar unbedroht wähnen. Aber andere Sorgen und Ängste mehren sich. Man könnte auf die Idee kommen, Brecht zu korrigieren: Man spricht und man schreibt nämlich von den Bäumen sehr viel. Für Brecht waren Bäume das Sinnbild der heilen Natur. Und das mit gutem Grund. Heute sind die Wälder in Europa tödlich bedroht. Da wird es zum Verbrechen, von den Bäumen zu *schweigen*. Leidenschaftlich streitet man jetzt über Geschwindigkeitsbeschränkung bei Autos. Die Umweltschützer verlangen, daß sie nicht schneller als 100 Stundenkilometer fahren sollen. Noch heftiger diskutiert man über die skandalösen Enthüllungen der Flick-Spenden an Politiker und Parteien. Mehrere Stunden verfolgte ich eine nächtliche Fernsehdiskussion zur Frage, ob es die allerschwerste politische Krise in der Geschichte der Bundesrepublik sei.

Wer von unseren Vorfahren hätte bei den Nachgeborenen solche Probleme vorausahnen können? Sie alle sind bestimmt sehr
wichtig. Ebenso wichtig sind die Probleme der Arbeitsplatz-
beschaffung, der Nordseeverschmutzung, der Preissteige-
rung…

Dafür habe ich Verständnis. Doch zugleich ist mir bitter und
schmerzlich, wenn all die wortreichen und temperamentvoll
engagierten Zeitkritiker so wenig Aufmerksamkeit, so wenig
Worte für das Schicksal eines Andrej Sacharow und seiner Frau
Jelena Bonner und vieler anderer verfolgter leidender Menschen
finden. Es ist bitter und schmerzlich, daß die klang- und
farbenreiche Aktivität der Massenmedien hier »ein Schweigen
über so viele Untaten« einschließt. Soll man den Nachgeborenen darüber lieber gar nicht oder nur behutsam berichten?

Goethe sagte einst einem Freund: »Weil die Menschen die
Gegenwart nicht zu würdigen, zu beleben wüßten, schmachte-
ten sie so nach einer besseren Zukunft, kokettierten sie so mit
der Vergangenheit.« *(Gespräch mit F. v. Müller, 7. September
1827.)* Und mehr als hundert Jahre später schrieb Nikolaj
Berdjajew: »Unsere Arbeit soll sich nicht im Namen der Zukunft vollziehen, sondern im Namen des ewig Gegenwärtigen,
in dem das Künftige und das Vergangene eine Einheit
bilden.«

Das glaube auch ich und will für die Gegenwart leben und
arbeiten.

Aus allem, was ich erlebt, erfahren und erkannt habe, kann ich
nur einige schlichte, aber grundsätzliche Schlußfolgerungen
ziehen, die mir für den Rest des Lebens bestimmend sind: Kein
noch so erhabenes Ziel kann böse Mittel heiligen. Lügen,
Gewalttaten – Folter und Mord – können weder von den besten
idealen Zukunftsplänen noch von den idealistischen, selbstlo-
sen Bemühungen um das Wohl der Nachkommen gerechtfertigt
werden. Böse Mittel vernichten jedes anfänglich gute Ziel.

Brecht und viele vor, mit und nach ihm träumten davon und
glaubten daran, daß die Zeit kommt, in der »der Mensch dem
Menschen ein Helfer ist«. Doch ich glaube, diese Zeit braucht

man nicht in die Zukunft aufzuschieben. *Heute schon* kann jeder ein Helfer sein für die Hilfsbedürftigen, gleich ob nah oder fern. Jeder kann helfen, den Notleidenden, den zu Unrecht Verfolgten, den von Willkür Bedrohten; er kann helfen mit Rat und Tat, mit Einspruch oder Spende. Und so hilft er auch sich und den Seinigen, sorgt auch für die eigene geistige und soziale Umwelt.

Das sind wohl die wichtigsten Lehren der Vergangenheit für die Gegenwart, die mir jetzt notwendiger erscheinen als je zuvor, lebensnotwendig für alle Menschen, auf allen Kontinenten.

Ich glaube, daß diese Grundsätze auch für die Nachgeborenen in absehbarer Zeit gültig bleiben; doch sie müssen wieder und wieder von jeder Generation – immer von neuem und von Grund auf – erfahren, erkannt und nachvollzogen werden. Sie pflanzen sich nicht automatisch fort. Ich vermute, daß die Nachgeborenen von uns keine Ermahnung brauchen. Indem jedoch heute jeder einzelne Mensch anfängt, »dem Menschen ein Helfer« zu sein, baut er mit an einer besseren Zukunft.

Eine Erklärung von Andrej Sacharow

Andrej Sacharow   *Gorkij, 3. Februar 1980*

Lew Kopelew im Feuer der Anschuldigungen

Die Zeitung »Sowjetskaja Rossija« griff Lew Kopelew mit Anschuldigungen an, die soweit gehen, daß er ein Faschist genannt wird. Lew Kopelew ist mein Freund seit vielen Jahren, ebenso ist er ein duldsamer, aktiv gütiger Freund für sehr viele Menschen, die untereinander oft ganz unterschiedlich, ja oft gar unvereinbar sind. Wir alle wissen: sobald Lew Kopelew gehört hat, daß jemand ins Unglück geraten ist, wird er zunächst maßlos traurig, dann aber verwirft er alle Nichtigkeiten und eilt, um zu kämpfen, um zu helfen, wenn nur die geringste Möglichkeit einer Hilfe besteht, oder um einfach neben dem zu sein, der im Unglück ist. Er beschrieb in einer Reihe autobiographischer Bücher seinen Lebensweg, seine Träume und seine Fehler, und auch die Grundsätze der Toleranz und des Pluralismus, die er um einen hohen Preis erlangt hat. Seine Tragödien waren die Tragödien seiner Generation, und daß er aus ihnen ungebrochen und nicht verbittert, sondern im Gegenteil menschlich tolerant und gütig herausgekommen ist und alles Überstandene beschrieben hat, damit es andere wissen – das ist von unvergänglichem Wert. Es ist nicht seine Schuld, daß er sich auf seinem Wege immer weiter von dem Strom der engstirnigen, unduldsamen und grausamen Gewalten entfernte. Nun aber rächen sie sich an ihm und nicht zum erstenmal. Sie rächen sich für die Wahrheit über die Greuel des Krieges und der Straflager, für die Wahrheit über die »organisierte« Hungersnot der dreißiger Jahre. Und ganz besonders rächen sie sich an ihm für seine aktive Verteidigung der Andersdenkenden – der ganz unterschiedlichen Menschen, die nur durch die Ungerechtigkeit, die ihnen angetan wird, vereint sind.

Ich solidarisiere mich mit Lew Kopelew. Wahrheit und moralische Kraft sind auf seiner Seite. Und ich bin überzeugt, daß auch die Sympathien sehr vieler ehrlicher Menschen auf seiner Seite sind.

Am 3. Februar 1980 erschien in der Moskauer Zeitung »Sowjetskaja Rossija« ein Feuilleton »Judas in der Rolle eines Don Quichote«, in dem ich als ein »Feind der Partei und des Staates« beschimpft wurde.

Dieser unheilverkündende Artikel wurde auch im Rundfunk übertragen und in anderen Städten in vielen Zeitungen nachgedruckt.

Andrej Sacharow war zehn Tage vorher – am 22. Januar – in Moskau festgenommen und nach Gorkij verbannt worden, wo er unter strengster Bewachung leben sollte. Doch schon am selben Tag, am 3. Februar, schrieb er diesen Brief und verschickte ihn an mehrere Freunde in Moskau und in Leningrad. Dieser Fall ist exemplarisch, eines von vielen Beispielen dafür, wie Sacharow handelt. Das, was er über mich so freundlich übertreibend schrieb, gilt uneingeschränkt für ihn: Er eilt zur Hilfe, ohne Rücksicht auf sein eigenes Schicksal; trotz der Gefahren, die ihm selbst drohen, stellt er sich vor einen Gefährdeten.

In der Verbannung, in der Isolation, angesichts einer grausamen, feindlichen Übermacht bleibt er so, wie er stets war: den Menschen ein Helfer.

Anmerkungen

»Der verschwundene Kontinent«:
1 Berlin 1922, 40 S.
2 Ebenda, S. 16
3 Ebenda, S. 17
4 Ebenda, S. 28
4a Ebenda, S. 31
5 Ebenda, S. 39f.
6 Maxim Gorkij: O Russkom Krestjanstwe, Berlin 1922
7 Russkij Berlin, Paris 1983, S. 35f.
8 J. W. Goethe. Sämtliche Werke in 18 Bänden, Zürich/München 1977, Bd. 9, S. 629

»Fremdenbilder in Geschichte und Gegenwart«:
1 Vgl. Konrad Lorenz: Die Rückseite des Spiegels. Versuch einer Naturgeschichte menschlichen Erkennens. München und Zürich 1975, S. 27 und 295f.; Alexander Mitscherlich: Auf dem Weg zur vaterlosen Gesellschaft. Ideen zur Sozialpsychologie. 13. Aufl. München 1980, S. 17-20, 49-52, 151-160, 227.
2 Irenäus Eibl-Eibesfeldt: Liebe und Haß. Zur Naturgeschichte elementarer Verhaltensweisen. 10. Aufl. München und Zürich 1982, S. 252f.
3 Heinz Friedrich: Kulturkatastrophe. Nachrufe auf das Abendland. Hamburg 1979, S. 16f.
4 Friedrich Nietzsche. Werke in sechs Bänden. Hrsg. von Karl Schlechta, Bd. 1, München und Wien 1980, S. 209-285.
5 Hans Peter Duerr: Traumzeit. Über die Grenze zwischen Wildnis und Zivilisation. Frankfurt/M. 1978, S. 158.
6 Justin Stagl: Die Beschreibung des Fremden in der Wissenschaft. In: Der Wissenschaftler und das Irrationale. Erster Band: Beiträge aus Ethnologie und Anthropologie. Hrsg. von Hans Peter Duerr. Frankfurt/M. 1981, S. 273-295, hier S. 289.
7 Konrad Lorenz: Die acht Todsünden der zivilisierten Menschheit. 12. Aufl. München 1980, S. 44.

8 Georg Simmel: Exkurs über den Fremden. In: G. S.: Soziologie. Untersuchungen über die Formen der Gesellschaft. Bd. 2, 5. Aufl. Berlin 1968, S. 509-512. Vgl. außerdem Munasu Duala M'Bedy: Xenologie. Die Wissenschaft vom Fremden und die Verdrängung der Humanität in der Anthropologie. Freiburg und München 1977; Der Wissenschaftler und das Irrationale. Erster Band: Beiträge aus Ethnologie und Anthropologie. Hrsg. von Hans Peter Duerr. Frankfurt/M. 1981.

9 Anitra Karsten: Einleitung zu: Vorurteil. Ergebnisse psychologischer und sozialpsychologischer Forschung. Hrsg. von Anitra Karsten, Darmstadt 1978, S. 1-11, hier S. 5.

10 Kripal Singh Sodhi/Rudolf Bergius/Klaus Holzkamp: Urteile über Völker. Versuch einer Problemanalyse. In: Vorurteil. Ergebnisse psychologischer und sozialpsychologischer Forschung, a.a.O., S. 157-184, hier S. 157.

11 Ebenda, S. 177.

12 L[ucien] Lévy-Brühl: Das Denken der Naturvölker. Wien und Leipzig 1921.

13 Ebenda, S. 343.

14 Ebenda, S. 340-346.

15 Wladimir Solowjew: Die nationale Frage vom sittlichen Standpunkt aus. In: W. S. Deutsche Gesamtausgabe der Werke. Fünfter Band. Hrsg. von Ludolf Müller, München 1976, S. 403-432, hier S. 411.

16 Ders.: Die sittliche Organisation der Menschheit in ihrer Gesamtheit. In: W. S. Deutsche Gesamtausgabe der Werke, a.a.O., S. 579 bis 660, hier S. 605.

17 Karl-Heinz Ruffmann: Das Rußlandbild im England Shakespeares. Göttingen 1952, S. 176.

18 Willi Radczun: Das englische Urteil über die Deutschen bis zur Mitte des 17. Jahrhunderts. Berlin 1933, S. 106f.

19 Ebenda, S. 114.

20 Vgl. Lew Kopelew: Staatsmacht und Nation. In: L. K.: Im Willen zur Wahrheit. Analysen und Einsprüche. Frankfurt/M. 1984, S. 94 bis 204.

21 Wladimir Solowjew: Die nationale Frage vom sittlichen Standpunkt aus. In: W. S. Deutsche Gesamtausgabe der Werke, a.a.O., S. 427. (Hervorhebungen nach dem Original.)

22 Friedrich Meinecke: Weltbürgertum und Nationalstaat. 5. Aufl. München und Berlin 1919.

23 [Johann Heinrich Zedler:] Grosses vollständiges Universal-Lexicon Aller Wissenschafften und Künste, [...] Drey und Zwantzigster Band, Leipzig und Halle 1740, Sp. 903.

24 Zit. nach: Chester Noyes Greenough. Collected Studies. Cambridge 1940, S. 234.

25 Zit. nach: Ebenda, S. 234f.; vgl. auch Franz K. Stanzel: Der literarische Aspekt unserer Vorstellungen vom Charakter fremder Völker. In: Anzeiger der österreichischen Akademie der Wissenschaften. Philosophisch-Historische Klasse. 111 (1974), S. 63-82, hier S. 67.

26 Tafelbild: »Kurze Beschreibung der in Europa Befintlichen Völkern und Ihren Aigenschaften«. Abgedruckt in: Alois Eder: Lieben den Adel und erkennen für ihren Herrn einen Erwählten. Zum Stereotyp des Polen auf einer österreichischen Völkertafel des frühen 18. Jahrhunderts. In: Studia Historica Slavogermanica 9 (1980). Uniwersytet im. Adama Mickiewicza w Poznaniu. Instytut historii, S. 23-53.

27 [Johann Heinrich Zedler:] a.a.O., Sp. 1248ff.

28 Encyclopédie, ou dictionnaire raisonné des sciences, des arts et des métiers, […]. Tome onzième, Neufchastel 1765, S. 36.

29 Vgl. H. Fyfe: The Illusion of National Character. London 1946; O. Klineberg: Der Charakter der Nationen. In: Vorurteil. Ergebnisse psychologischer und sozialpsychologischer Forschung, a.a.O., S. 286-299.

30 Johann Georg Hamann. Sämtliche Werke. Hrsg. von Josef Nadler. Bd. 2, Wien 1950, S. 122.

31 Immanuel Kant. Anthropologie. Zweiter Teil. C. Der Charakter des Volks. In: Immanuel Kants Werke. Hrsg. von Ernst Cassirer. Bd. 8, Berlin 1922, S. 204-214, hier S. 205.

32 Georg Christoph Lichtenberg. Schriften und Briefe. Hrsg. von Wolfgang Promies. Bd. 1, München 1968, S. 351.

33 Wilhelm von Humboldt. Werke. Hrsg. von Albert Leitzmann. Bd. 4, Berlin 1905, S. 423f.

34 Arthur Schopenhauer: Über Schriftstellerei und Stil. In: Schopenhauer's Sämmtliche Werke in fünf Bänden. Großherzog Wilhelm Ernst Ausgabe. V. Band: Parerga und Paralipomena: Kleine philosophische Schriften. Hrsg. von Hans Henning. Leipzig o.J. (1850), S. 562.

35 Friedrich Nietzsche. Werke in sechs Bänden. a.a.O., Bd. 4, S. 593.

36 Karl Vossler: Die Nationalsprachen als Stil. In: Jahrbuch für Philologie 1, München (1925), S. 4.

37 Wolfgang G. Müller: Der Topos »Le style est la nation«. In: W. G. M.: Topik des Stilbegriffs. Zur Geschichte des Stilverständnisses von der Antike bis zur Gegenwart. Darmstadt 1981, S. 118 bis 123.

38 J. Koty: Nationalcharakter. In: Wörterbuch der Soziologie.

Hrsg. von Wilhelm Bernsdorf. Stuttgart 1969, S. 731-735, hier S. 731.

39 Ebenda, S. 735.

40 Ebenda, S. 735.

41 Vgl. Arvid Brodersen: Der russische Volkscharakter. Neuere englisch-amerikanische Forschungen. In: Kölner Zeitschrift für Soziologie und Sozialpsychologie 8 (1956), S. 477-507; Robert C. Williams: The Russian Soul. A Study in European Thought and Non-European Nationalism. In: Journal of the History of Ideas 31 (1970), S. 573-588.

42 Alexander Mitscherlich: Auf dem Weg zur vaterlosen Gesellschaft, a.a.O., S. 311, 317f.

»Das Deutschlandbild der alten Russen«

1 In diesem Sinne ist seine eigene Gesamtdarstellung der russischen Geschichte verfaßt: Russkaja istorija s drewnejschich wremen (Erstausgabe 1910–1914 in fünf Bänden, ab 3. Ausg. [1922] in vier Bänden, jetzt nach der 7. Ausg. [1924–1925], der letzten zu Lebzeiten des Autors. In: M. N. Pokrowskij: Isbrannye proiswedenija w tschetyrech knigach, Bd. 1 u. 2, Moskau 1966 und 1965 [sic!]), und das gilt ebenso von allen späteren sowjetischen Gesamtdarstellungen. Zuletzt: Istorija SSSR s drewnejschich wremen do naschich dnej. 11 Bände, Moskau 1966–1980.

2. Deutsche Übersetzung des Chroniktextes nach: Polnoe Sobranie Russkich Letopisej, t. 2: Ipatewskaja Letopis. Sankt Petersburg 1908, S. 667f. (Reprint Moskau 1962).

2a Vgl. A. N. Nassonow: Nowgorodskaja perwaja letopis starschego i mladschego iswodow. Moskau und Leningrad 1950, S. 46–49 bzw. die deutsche Übersetzung: Die erste Novgoroder Chronik nach ihrer ältesten Redaktion (Synodalhandschrift) 1016–1333/1352. Hrsg. und übersetzt von Joachim Dietze. Leipzig und München 1971, S. 79–83.

3 Übersetzt nach: Gramoty Welikogo Nowgoroda i Pskowa. Hrsg. von S. N. Walk. Moskau und Leningrad 1949, S. 57 (Nr. 29).

3a Vgl. Liselotte Richter: Leibniz und sein Rußlandbild. Berlin (Ost) 1946 und Ernst Benz: Leibniz und Peter der Große. Berlin 1947.

4. Beide zitiert nach: Reisebericht eines unbekannten Russen (1437 bis 1440). Übersetzt, eingeleitet und erklärt von Günther Stökl. In: Europa im XV. Jahrhundert von Byzantinern gesehen. (= Byzantinische Geschichtsschreiber Bd. 2) Graz, Wien und Köln, 2. verbesserte Auflage 1965, S. 156f. und 158.

5 Kiew gehörte damals zum Großfürstentum Litauen. Der Metropo-

lit Grigorij (Zamblak), seiner Herkunft nach ein Bulgare, war daher in besonderer Weise mit der lateinisch-römischen Kirche konfrontiert. Er hat im Auftrag des polnischen Königs auch an der Endphase des Konstanzer Konzils teilgenommen. Vgl. Andrej Nikolajewitsch Popow: Istoriko-literaturnyj obsor drewne-russkich polemitscheskich sotschinenij protiw Latinjan. (XI–XV ww.). Moskau 1875, S. 321, 325. (Reprint London 1972).

6 Die meisten Philologen sowohl in Rußland als auch in anderen Ländern erklären die Entstehung des Begriffs »nemez« aus dem in fast allen slawischen Sprachen vorkommenden Wortstamm »nem« = stumm, undeutlich sprechend. Andererseits glaubte bereits im 18. Jahrhundert Michail Lomonossow, daß dieser Begriff zunächst aus dem Namen eines germanischen oder keltischen Volksstamms »Nemet« entstand, der einst westlich des Flusses Neman (Memel) lebte, später aber von den Slawen weiter nach Westen verdrängt wurde. Auch in einem kurzen Artikel, der, der russischen Zeitschrift »Westnik Jewropy« entnommen, in Haideckes »Russischem Merkur« aus dem Jahre 1805 (6. Stück, S. 496-499) abgedruckt ist, findet sich diese These, die noch in den folgenden Jahrhunderten von bedeutenden Wissenschaftlern vertreten wird, im 20. Jahrhundert beispielsweise von A. Schachmotow und N. Marr. – Vgl. zu dieser Frage u.a. Herbert Jelitte: Die Bedeutungsentwicklung von nemec, germanec und verwandten Bezeichnungen im Russischen. In: Zeitschrift für den Russischunterricht 6, 1, 1971, S. 11-21 und 6, 2, 1972, S. 14-20.

7 Zitiert nach: Reisebericht eines unbekannten Russen (1437–1440). Übersetzt, eingeleitet und erklärt von Günther Stökl, a.a.O., S. 160.

8 Vgl. Westi-Kuranty 1600–1639 gg. Moskau 1972; Westi-Kuranty 1642–1644 gg. Moskau 1976; Westi-Kuranty 1645–1646, 1648 gg. Moskau 1980.

9 Deutsche Übersetzung des russischen Textes nach: Drewnjaja Rossijskaja Wiwliothika, 2. Aufl., Teil 4, Moskau 1788, S. 319–320. (Reprint The Hague und Paris 1970).

10 Vgl. dazu A.L. Goldberg: Juraj Križanić und Adam Olearius. (Aus der literarischen Polemik des 17. Jahrhunderts.) In: Studien zur Geschichte der russischen Literatur des 18. Jahrhunderts. Hrsg. von H. Graßhoff und U. Lehmann. Band 2, Berlin (Ost), 1968, S. 94-113 und S. 390-394.

11 Deutsche Übersetzung des russischen Textes nach: Jurij Križanić: Politika. Moskau 1965, S. 544 und 547.

12 Vgl. Josef Matl: Der Anteil des deutschen Geistesleben an der Verwestlichung der ukrainischen und großrussischen Kultur (15.

bis 17. Jh.). In: Südostdeutsche Forschungen 4, 1939, S. 40.

13 Der Text galt lange Zeit als verschollen und wurde erst durch zwei kritische Editionen nach dem Zweiten Weltkrieg wieder bekannt.
1. André Mazon und Frédéric Cocron: La Comédie d'Artacerxès (Artaxerxowo dejstwo) présentée au Tsar Alexis par Gregorii le pasteur. Paris 1954. (Deutscher und russischer Text nach einer Handschrift der Bibliothèque de la ville de Lyon.)
2. I. M. Kudrjawzewa (Hrsg.): Artaxerxowo dejstwo. Moskau und Leningrad 1957 (Handschrift der 1. Wologodskaja oblastnaja biblioteka).
Wie diese Handschriften an ihren gegenwärtigen Aufbewahrungsort gekommen sind, ist ziemlich rätselhaft, aber auch die begründeten Vermutungen sind ein sehr hübsches Beispiel für die Kompliziertheit der deutsch-russischen Beziehungen.

14 Vgl. Josef Matl: Der Anteil des deutschen Geisteslebens an der Verwestlichung der ukrainischen und großrussischen Kultur, a.a.O., S. 46. Außerdem: Pjotr Ossipowitsch Morosow: Otscherki is istorii russkoj dramy XVII–XVIII stoletij. Sankt Petersburg 1888; Nikolaj Sawwitsch Tichonrawow: Sotschinenija II, Moskau 1898; W. Flemming: Deutsches Barockdrama als Beginn des Moskauer Hoftheaters (1672). In: Maske und Kothurn 4 (1958), S. 97–124; H. Geissler: Wie in Moskau zum ersten Male Theater gespielt wurde. Einem alten Bericht nacherzählt. In: Zeitwende 31 (1960), S. 388–396; Kurt Günther: Neue deutsche Quellen zum ersten russischen Theater. In: Zeitschrift für Slawistik 8 (1963), S. 664–675.

15 Günther Stökl: Russische Geschichte. Von den Anfängen bis zur Gegenwart. 4., erweiterte Auflage, Stuttgart 1983, S. 330.

16 Zitiert nach einem unveröffentlichten Manuskript mit dem Titel »Der Reisebericht eines russischen Anonymus über seinen Aufenthalt in Westeuropa im Zeitraum 1697/99«, das im ersten Band der Sammelreihe »Deutschland und Deutsche aus russischer Sicht« des Wuppertaler Projekts publiziert wird.

Drucknachweis

Der Verlag dankt allen Rechteinhabern, die freundlicherweise ihre Zustimmung zum Abdruck gegeben haben. Der Autor hat sämtliche Beiträge für diese Ausgabe überarbeitet.

Der verschwundene Kontinent
Vorwort in: Helmut Altrichter, Die Bauern von Tver. Vom Leben auf dem russischen Dorfe zwischen Revolution und Kollektivierung, R. Oldenburg Verlag, München 1984.

Eine Prinzessin erlebt die Revolution
Rezension über: Katherina Prinzessin Sayn-Wittgenstein, Als unsere Welt unterging. Tagebuch aus den Tagen der Russischen Revolution. Berlin 1984. (Frankfurter Allgemeine Zeitung vom 11.12.1984)

Moskau in uns
Unter dem Titel »Liebeserklärung an Moskau« in: Swiss Review of World Affairs (Dezember 1982). (© 1982 by Neue Zürcher Zeitung, Zürich)

Was ist meine Heimat?
Bayerischer Rundfunk (II. Programm am 27.11.1981)

Karl Schlögel findet Moskau
Rezension über: Karl Schlögel, Moskau lesen. Berlin 1984. (Frankfurter Allgemeine Zeitung vom 22.1.1985). Gemeinsam mit Raissa Orlowa-Kopelew.

Das geistige Leben in der Sowjetunion
Vortrag, gehalten unter dem Titel »Die gegenwärtige geistige und religiöse Situation in der Sowjetunion« vor dem Europäischen Forum Alpbach am 22.8.1984.

Zuflucht und Brückenschlag
Beitrag in: Horst Claussen/Norbert Oellers (Hrsg.), Beschädigtes Erbe, Beiträge zur Klassikerrezeption in finsterer Zeit, Bouvier-Verlag, Bonn 1984.

Ist Freiheit in Rußland möglich?
Vortrag in Hamburg am 19.1.1983.
Beitrag unter dem Titel »Bürgerrechte und Menschenrechte als Prüfsteine einer freien Gesellschaft« in: Dietrich Wellershoff (Hrsg.), Freiheit, was ist das?, Verlag E. S. Mittler und Sohn, Herford 1984.

Was geschah seit dem Frühling 1945?
Norddeutscher Rundfunk (Fernsehen, III. Programm am 7.9.1984)

Wer sind die »Andersdenkenden«?
Gespräch unter dem Titel »Die größte Hoffnung« mit Welf Schröter in Tübingen am 9.11.1984 für das Osteuropa-Info.

Die Hoffnung heißt Andrej Sacharow
Beitrag in: Hans Jürgen Schultz (Hrsg.), Liebhaber des Friedens, Kreuz-Verlag, Stuttgart 1982

Fremdenbilder in Geschichte und Gegenwart
Einleitung in: Mechthild Keller (Hrsg.) unter Mitarbeit von Ursula Dettbarn und Karl-Heinz Korn, unter der Leitung von Lew Kopelew, West-Östliche Spiegelungen, Bd. 1, Russen und Rußland aus deutscher Sicht 9.–17. Jahrhundert, Wilhelm Fink Verlag, München 1985.

Das Deutschlandbild der alten Russen
Vortrag, gehalten unter dem Titel »Was wußte man im alten Rußland (bis 1700) über die Deutschen?« vor dem Nordostdeutschen Kulturwerk e.V., Lüneburg am 26.11.1983. (Vorgesehen als Einleitung für den 2. Band der »West-Östlichen Spiegelungen«, Wilhelm Fink Verlag, München 1986.)

Verständnis und Mißverständnis in deutsch-russischen Beziehungen
Vortrag, gehalten unter dem Titel »Deutsch-russische Beziehungen. Verständnisse und Mißverständnisse.« auf der NWK-Winterreise (Nordwestdeutsche Kraftwerke) in Malente, 21. Februar 1984.

Deutsche in Moskau
In: Merian-Heft »Moskau« (4/80)

Das Buch, das verhaftet wurde
Rezension über: Wassilij Grossman, Leben und Schicksal. München 1984. (Stern, 25.10.1984)

Es geht um Wahrheit
ZDF am 13.1.1985

»Der Mensch dem Menschen ein Helfer«
Beitrag in: Hans-Jürgen Schultz (Hrsg.), Die neuen Alten. Erfahrungen aus dem Unruhestand, Kreuz-Verlag, Stuttgart 1985.

Eine Erklärung von Andrej Sacharow
Offener Brief vom 3. Februar 1980

»Ich will frei sein von jeder wie auch immer gearteten Abhängigkeit des Geistes. Nie wieder werde ich einem Götzen dienen, nie wieder höheren Mächten gehorchen, um derentwillen man die Wahrheit verbergen, andere und sich selbst betrügen, Andersdenkende verfluchen oder verfolgen muß.«

Lew Kopelew

Verbietet die Verbote!
In Moskau auf der Suche nach der Wahrheit.
Vorwort von Max Frisch.
128 Seiten, davon 16 Seiten s/w-Abbildungen, broschiert.

Und schuf mir einen Götzen
Lehrjahre eines Kommunisten.
424 Seiten, gebunden.

Tröste meine Trauer
Autobiographie 1947–1954
416 Seiten, davon acht Seiten s/w-Abbildungen, gebunden.

Der heilige Doktor Fjodor Petrowitsch
Die Geschichte des Friedrich Joseph Haass — Bad Münstereifel 1780 – Moskau 1853 — erzählt von Lew Kopelew. Mit einem Vorwort von Heinrich Böll.
232 Seiten mit 15 s/w-Abbildungen, gebunden.

Hoffmann und Campe